穿越文化层

董晓萍 著

中华书局

图书在版编目(CIP)数据

穿越文化层/董晓萍著. —北京:中华书局,2017.10
(《文史知识》编委文丛)
ISBN 978-7-101-12199-5

Ⅰ.穿… Ⅱ.董… Ⅲ.民俗学-研究 Ⅳ.K890

中国版本图书馆 CIP 数据核字(2016)第 241994 号

书　　名	穿越文化层	
著　　者	董晓萍	
丛 书 名	《文史知识》编委文丛	
责任编辑	陈若一	
出版发行	中华书局	
	(北京市丰台区太平桥西里 38 号　100073)	
	http://www.zhbc.com.cn	
	E-mail:zhbc@zhbc.com.cn	
印　　刷	北京市白帆印务有限公司	
版　　次	2017 年 10 月北京第 1 版	
	2017 年 10 月北京第 1 次印刷	
规　　格	开本/787×1092 毫米　1/32	
	印张 12¼　插页 6　字数 195 千字	
印　　数	1-4000 册	
国际书号	ISBN 978-7-101-12199-5	
定　　价	40.00 元	

目　录

多师造化

穿过分层

多师造化

知与识

在全球化、现代化和网络信息化时代，人类的思维方式和生活方式趋于"短、平、快"，但在中国这个历史文明古国不同，被数千年的"文化"炉火熬炼出来的"知识"，存于馆阁和民间，藏于纸墨深巷，反而历久弥香。当今世界无论怎样"化"来"化"去，都离不开这些"文化"和"知识"，中国文化的继承发展依靠的正是这份极其深厚的底蕴，它也决定了当代中国文化创新的维护特色、传承导向与未来面貌。《文史知识》正是传播这种"文化"和"知识"的杂志。

《文史知识》在20世纪80年代"文化热"到来之初创办，三十余年来经历了"文化热"的全过程，也经受了其后到来的市场经济与文化较量的考验。它正确地阐释作为中国优秀传统文化主体部分的文史文化知识，在现代社会转型中恪持文化知识的价值和地位，在新时期涌现的难以胜计的杂志中一枝独秀。

好杂志是一种生命，是一种精神的晶体，也是一种物质的实体。虽然再好的杂志也会在社会追捧与公众吸引力褪去之间循环，在盛与衰之间往复，但《文史知识》的生命力却是稳固的。它成功的原因很多，其中重要的一点，就是办刊者有成熟的文化自觉。如果再将《文史知识》的生命力与其物质条件相联系，这种意义也就更为明显。

知识复兴时期的三代人

《文史知识》在现实与理想之间能够坚持正确的方向，在于它重视在团队内部进行学术文化传承。它的第一代作者季羡林、张岱年、钟敬文和程千帆等先生，都是我国现代学术各领域的顶级宗师。在《文史知识》办刊的三十余年中，他们往来稿件达二十年以上，占三分之二的时间。它的第二代作者，有汤一介、金开诚、吴小如、白化文、杨牧之、黄克、瞿林东、田居俭、徐公持和臧嵘等名家。接下来是第三代，他们是第一代学者的入室弟子，追随前辈锲而不舍。他们也是第二代人的学生，第二代人与他们亦师亦友，而这些数据都是有文化意义的，它能证明《文史知识》的文化自觉不是一时一事，而是有长期的规划，正所谓办刊有"格"。

《文史知识》拥有国内第一流的作者团队，但从不以简单地坐拥名家了事。多年来，编辑部主动与名家合作，分析不同时期的文化热点问题，双方共同敲定题目，再磨合成文。这是一种操守很高的编刊之"德"。它对读者是一种恩惠，对编辑部本身却是很强的"约束"。它要求编辑部必须具有文化创意，必须在严谨的学者和以自由形态存在的现代读者之间取得平衡，才能凝聚各方之力，建设杂志的公共阅读新空间。可贵的是，《文史知识》做到了，并将其转化为几代人的实践。

现在的《文史知识》已成为收藏传统文科国宝华章的"博物馆"。它汇聚了一批我国学术文化大家在人生最后岁月的晚秋硕果，包括其文章和墨迹。它将他们长期比较中外多元文化和深刻思考中国文化发展方向的意见加以整理发表，构建了新时期文史文化阅读的系统，对当代国家的社会文化建设产生了极为深远的影响。现在这批大师均已谢世，这批资料已成为中华书局的"镇局之宝"。在这方面，《文史知识》功不可没。而也正是在这些工作中，《文史知识》的位置远远超出了其他普通杂志，表现了独具的学术资源、独特的预测水平和独到的前沿性。这种异乎寻常的创意选择，纵令时光倒流，其他杂志也未必都能做得到。

与政治、经济的功利性相比，文化自觉的特征是其非功利性。在全球化和现代化时期，历史和文化变得很容易被遗忘，快速增长的经济指标助长了功利主义和消费主义的倾向。但也正是在这个阶段，文化的超功利性及其支撑人文传统的本质意义显露出来。《文史知识》是没有功利色彩的，它从不盲目媚俗，不哗众取宠，不追逐时尚。它在一度浮躁的社会氛围中，把文化放进荷塘月色，回归烂漫山野，生动而流畅地加以阐释，展示其对现代知识体系的有用性，令行色匆匆的现代人对它不能不驻足和凝望。三十年的成就证明，文化理念和价值是不能兜售的，它需要依靠编辑部真正站在文化主体性的立场上，用理想、信念和学识去捍卫它。《文史知识》正因为具有这份理念和价值观，才能做出优异的贡献。他们总是在说文化人的话，说读书人的话，说有观点和有体会的话，因此拥有一大批忠实的读者，对其长期追随而热情不衰。

文化自觉的标识是独具风格，《文史知识》是一份风格卓越的杂志。它雍容、典雅、亲切、自信，它的风格是它的内涵的体现。跟它打交道，如同跟一位高尚而又随和的朋友谈话。它的各个专题栏目，如"文史百题""诗文欣赏""学林漫话""民俗志"和"交流与比较"等，也皆有风格，能引领方向，提升影响因子。

有容乃大

《文史知识》推广"知识"的胸怀可用"有容乃大"来形容，此指兼容多元文化。它的稿件总体说侧重上层文化，但也关注中、下层文化，经常刊登民间文学和民俗学方面的文章，这使许多学科的学者都愿意接近它和认同它。

我是20世纪80年代考入钟敬文先生门下攻读博士研究生的后学。在这之前，我只是仰慕《文史知识》大手笔阵容的一个无名晚辈，是它的百万读者中的一分子。我们这批人，从城市来到乡下，又从乡下回到城市，亲眼看到了祖国的城乡差别、工农差别和上下差别，心中有十万个为什么。上了大学以后，对这种种社会差别，寻书问学愿闻其详，于是《文史知识》就成了最适合我们"饿补"的一本杂志。它的文风亲切，堪可抚慰莘莘学子的心灵；

它的选题丰富，给复杂的人文现象以文化意义、历史传统和现实阐释；在民间舆论中，它的地位之高，不亚于后来的任何一本权威社科期刊。等我进入钟门，钟老嘱我读《文史知识》，它又成了一度我的金针。在我忝列《文史知识》的编委和作者后，我不但更多地了解了钟老与《文史知识》的关系，对这份杂志的感情也愈发深厚。

就在20世纪80年代初《文史知识》创办以后，钟老奠基了民间文化诸新学问。他陆续出任了中国民间文艺研究会（即现"中国民间文艺家协会"）和中国民俗学会"两会"的会长，同时兼任两会的刊物《民间文学》和《民间文化论坛》的主编。1984年，国内新编地方志工作铺开，涉及民俗志的搜集编纂工作。1985年很关键，这时他指导的高校民俗学学科建设、全国的民俗学学会机构、学会杂志兴办和各地的民俗志搜集运动都在蓬勃展开，而这些工作都汇集到一个问题：如何正确地解释中国民俗资料与传统文史文献的关系？其中的一个重要的理论问题是：如何看待民俗学与古典文学的关系。

众所周知，在20世纪初现代学术建设运动中，中国民间文艺学和民俗学兴起，当时这两门学问的资料和方法多得益于古典文学。到了20世纪80年代中期以后，我国开始建设新时期的现代化文化，同时西方的外部文化冲击很大，这个问题仍然是一个十分本土化的问题。在钟老看来，摆正民俗学与传统文史文献的关系，关系到民间文艺学和民俗学的学科建设方向。中国的民间文化学问应该中国化，而不是西化而去。正是在这一年，《文史知识》派青年编辑陈仲奇到钟老家约稿。陈仲奇提前打了电话，钟老提前写好了提纲，老少都有充分准备，但这场谈话并不轻松，两人从中国现代史，讲到民俗学的国学根基，再讲到西风乍起的思潮和中国文史文化的性质，涉猎相当广泛。两人还穿越了时空隧道和代际差异，面向普通读者，抽绎可传承的文化知识点，以供刊物发表，打响民俗学研究的号炮。这件事对《文史知识》的编辑是个不小的考验，考验他们的知识储备和学术功底，也考验他们驾驭问题的能力。陈仲奇的表现显然是让钟老满意的，钟老的文章在当年《文史知识》第6期上发表，题目为《民俗学的研究对象、范围、方法及其他——答〈文史知识〉编辑部问》[①]。陈仲奇对钟老思想的传达，将个人的理解融入前辈博大精深的阐述和历史反思之中，发挥要义，又能

①钟敬文《民俗学的研究对象、范围、方法及其他——答〈文史知识〉编辑部问》，原载《文史知识》1985年第6期。钟老此后在《文史知识》第10期发表了《民俗学与古典文学》，将两文合看，可以全面了解钟老1985年学术思想的变化。两文的不同之处在于，《民俗学与古典文学》对民俗学的阐述更有理论系统。

深入浅出，实在是一番增值的创造。

《文史知识》在1985年第10期刊登的《民俗学与古典文学》一文中说：

> 民俗学与古典文学的关系问题，我国过去很少有人研究过。这是因为：一方面我国民俗学在建国以后遭受不公正的待遇，民俗学被视为资产阶级学科，始终没有得到应有的重视，除了民间文学之外，在一段时期里，整个民俗学的研究几乎成了"绝学"。另一方面也由于我国古典文学的研究在相当时期中受国外某些学风的影响，分析问题主要只从文艺学的角度出发，而且大多偏重在作家作品的评价方面。
>
> ……
>
> 把民俗学与古典文学联系起来考虑，仅仅是对古典文学进行综合研究的一个方面。这种考虑的根据在于：民俗学和古典文学研究都属于人文科学，两者都是研究人类社会的文化现象的。人类社会本是不可分割的有机整体，这就决定了两种学科之间是可以乃至应

该互相沟通的。[1]

　　此文从钟老所专治的民俗学切入，梳理了中国传统文史文献与民俗文献的瓜葛，概述了"五四"以来发表的民间文艺观，反思了20世纪50年代"学苏联"的得失，阐述了钟老晚年学术思想的发展。论文主要强调两点：一是指出我国古典文学作家在搜集和利用民间文学方面的地位，二是强调历史主义方法的作用。钟老作为一位文学家和民俗学家，对于当时已被纠偏的极"左"思潮和"学苏联"倾向，特别是对其中几乎完全被否定的某些研究，加以重新观察和分析，实事求是地解释马克思主义社会史方法对我国民俗学、民间文学和文史研究的启示作用，其实这也是我国现代人文社会科学建设都要解决的共性问题。对这个问题，说与不说，在今天改革开放的背景下已无风险，但在当时的情况下钟老敢提出，是出于钟老的学术良知；《文史知识》敢发表，是出于《文史知识》的文化良知；这种一拍即合就是刊物的胆识。次年，钟老在

----

①钟敬文《民俗学与古典文学》，此文在《文史知识》发表后不久便被钟老收入次年出版的自选著作《新的驿程》中，详见钟敬文《新的驿程》，中国民间文艺出版社，1987，第423—424页。

《北京师范大学学报》(1986年第3期)又发表了《给〈西方人类学史〉编著者的信(代序)》一文,正是此文的续篇。1986年和1992年,钟老编"自选集",都选入此文①。此文文末所谈的田野调查法和地域研究法,也在两年后付诸高校民俗学教学实践②。

据说陈仲奇后来赴日留学,钟老不知从哪里听说这个消息,心中便多了一份牵挂。有一次,日本民俗学者百田弥荣子教授来北京举办日本有形民俗艺术展览,钟老请她做学术讲座。百田回国后,钟老门下的一个博士生赴日探亲,钟老特为撰诗一首,托她带给百田,还说有可能的话,也了解一下陈仲奇的近况,诗云:

> 跨海西来问老人,
>
> 讲堂花雨落缤纷;
>
> 君归正及红樱节,
>
> 无福同探上野春。

---

①钟敬文《钟敬文学术论著自选集》,首都师范大学出版社,1994。《民俗学与古典文学》一文在此书的第582—595页。

②钟老关于田野作业和地域研究法的谈话,参见《钟敬文学术论著自选集》,1994,第593—594页。

钟老在诗中表达了对自己早年留学之地的一丝思念，也有对《文史知识》青年编辑的一份祝愿，多年后他还夸《文史知识》有人才。

1987年春，钟老带我飞赴杭州，参加由国务院发起、文化部领导的全国艺术科学规划领导小组召开的中国民族民间文艺十套集成工作会议。这是他从青年时代投身民间文学搜集活动开始，所看到这个事业的最好发展时期，老人的兴奋可想而知。会议休息时，他带我参观浙江近代革命和五四运动的名人秋瑾、鲁迅、俞平伯、郁达夫等的活动旧址，访问了留法女作家陈学昭，还应浙江省文联之邀多次讲学。我们回京后，他嘱我将本次活动发表的讲稿整理成文，分别发表在《北京师范大学学报》和《浙江师范大学学报》上[1]。这时距《文史知识》发表访谈钟老的文章已经两年，全国各地已经广泛地展开了民间文学搜集活动，已整理印制民间故事县卷本逾万卷。如何给这些民间文学资料分类？如何从中提炼民俗学与文史文献研究的新课题？这些已成为钟老需要思考的新课题，这时

---

①钟敬文《我与浙江民间文化》，原载《北京师范大学学报》1988年第2期。钟敬文《浙江民俗学工作的历史、现状及今后应致力的事项》，原载《浙江师范大学学报》1989年第4期。

《文史知识》及时地提供了新平台。

了解西方民俗学的同行都知道，西方人把搜集和研究民间文化资料的学问叫"民族志"。民族志是民俗学的基础。但民族志以国外研究为主，民俗学以本土研究为主，所以钟老主张在中国民俗学中将民族志改为"民俗志"。中国自古有采风听歌的漫长历史，中国民俗志是一座属于中国人的富矿。为了避免将中外民族志和民俗志的研究混淆起来，钟老还主张，应该将中国"民俗志"的研究与中国文史文献遗产的研究结合起来，形成中国自己的特色。1998年，钟老在《文史知识》上发表《谈谈民俗志》一文（《文史知识》1998年第7期），正式提出他对建设"民俗志"的理论构想：

新时期以来，我国学界出现了思想解放、实事求是的学术环境，民俗学得到了较快的发展。例如，现在完成的民间文学三套集成的县、省卷本，已经开始发挥了它们在研究资料上的辅助作用。这项工作，事实上，已成为专业性质的民俗志写作的前奏。与此同时，中外学者在国内开展了多种课题的区域民俗联合调查。在这种情况下，我认为，建立民俗志的科学，条件基本成熟。

我们应该继承历史的遗产，抓住现在的时机，重视和加强民俗志的建设。它是我国民俗学发展进程中的一个必然阶段，也将会推动我国民俗学研究的深入。

几与钟老这一学科建设的构想同步，《文史知识》在同一时期开办了"文学史百题"和"文学人物画廊"等栏目，开始发表将民俗学、民间文学和古典文学进行综合研究的系列文章，其中产生较大影响的有：《汉乐府民歌的叙事艺术》《月里嫦娥毁誉多》《孟姜一哭震天地》《牛郎、织女与七夕乞巧》《古典诗词与节日习俗》《射日与填海》和《源远流长的蓬莱仙话》等[①]，它们的作者是民俗学圈中有名的才女屈育德老师。屈老师深得钟老学术思想的精髓，能将民间文学资料和文史文献的复杂关系阐述得头头是道，颇得钟老赏识。这批文章还赢得了一批中青年学子"粉丝"，他们爱其说理，也爱其文笔。1988年，屈老师将这批文章结集出版，钟老亲自为之撰序，勉励其继续探索，超越师辈：

---

① 屈育德《汉乐府民歌的叙事艺术》《月里嫦娥毁誉多》《孟姜一哭震天地》《牛郎、织女与七夕乞巧》《古典诗词与节日习俗》《射日与填海》和《源远流长的蓬莱仙话》，分别发表于《文史知识》1982年第5期，1986年第1、3、7期，1987年第1、8、10期。

民间文艺学及民俗学研究的对象，是民族的基层文化的一部分。这种文化是集体的产物，是社会生活的表现，也是民族世代相承的文化财富的积淀。这里面，包蕴着民族中广大成员的智慧和创造才能，表现了他们的正当意愿和社会实践，也反映了民族的、人类的文化发展规律。如果忽视这方面文化财富的收集、整理、探究和发扬其优秀部分，我们就不能正确、深入地清理我们祖先的经历和承受他们的珍贵遗产，也不能建立起具有国家和民族特色的社会主义新文化来。因为这种文化决不是可以凭空或东拉西扯地建立起来的。就我们面临的时代来说，这决不是等闲的问题。

……

为学之道，据我个人的经验，首先是务实。……其次，是敢于超越。所谓超越，不但是对于前人的（当然，要正确地承认前人在他们的历史条件下所取得的真正成果），同时也是对于自己。①

屈老师是钟老20世纪50年代的研究生，也是第一个

---

① 钟敬文《代序言》，屈育德《神话·传说·民俗》，中国文联出版公司，1988，第2—3页。

为《文史知识》撰文的钟门弟子。由这批文章开始，钟老除了本人为《文史知识》撰文，也关心《文史知识》的民俗学后续作者，还敦促自己的后学都应该尝试"超越"。

钟老晚年看到全球化和现代化给本土民俗文化带来的变化，提出了民俗学研究的一个大问题，即建立民俗学的中国学派。1999年，他将这个观点率先发表在《文史知识》第4期上，后又以专著形式，由黑龙江教育出版社出版了《建立中国民俗学派》。钟老强调说：

> 像第三世界的发展中国家，比起那些先进的资本主义国家，在经济上是落后的，但在文化上，特别是在民俗上，就不能说谁先进、谁落后。经济上不发达的国家，也是一个国家，她也有自己的历史，有自己的文化独立性，尤其是有自己民俗文化的特点，这是我们应该牢牢记住的。在这个意义上说，中国的民俗学是世界民俗学中的一个独立的组成部分，而不是别人学术的附庸。

> 文化这东西，精神的东西，比起物质的东西，并不是不重要，应该懂得这一点。假如连这点都不懂，我们

实在有愧于做一个国家的高级知识分子。

　　全球化也好，现代化也好，不是把我们自己给化掉，是应该根据我们的需要，去吸收人类文化中的先进的东西，来壮大我们自己，而不是相反。如果反过来，把自己的精华给化为乌有，那就成了悲剧。

进入21世纪以后，我国仍面临着经济发展与文化失重的困惑，钟老在20世纪提出的大问题，至今仍是现实问题，而不是历史问题。它的实质，是在全球化下多元文化发展中，加强中国文化主体性建设，使优秀民俗文化成为中国主体文化的特质成分。他在这篇文章中提到的具体问题有：清理中国各民族民俗文化财富，增加全体国民的文化史知识和民族民俗意识，辅助国家新文化建设的科学决策，等等。在我国迫切需要加强社会文化建设的时期，《文史知识》一次次地发表钟老的凝聚心力之作，也等于一次次地为钟老争取学术话语权。

纸媒时代的人刊亲情

2014年10月，《文史知识》发行第400期，出刊33年，迎来了一个特殊的节点。孤立地看"400"这个数字，也许未必值得纪念，中国人历来对"五百年""一千年"之类的纪年与发挥其意义似乎更感兴趣，很少去谈"400"，但计算期刊的价值含量的方法又应该有所不同。曾在"五四"运动由政治运动转向文化运动的关节点上发挥关键作用的北京大学《歌谣》周刊，轰动一时，名震中外，胡适、刘复、周作人、顾颉刚、钟敬文等都是它的作者，共出刊97期，历时15年。接续创刊的中山大学《民俗》周刊，撰稿人除顾颉刚、钟敬文等原北大《歌谣》周刊的作者外，还加入了一批从欧美学成归来的人类学、民族学和经济学博士，共出刊123期，历时9年。这两份刊物都曾为20世纪初中国现代文化的转型点燃了火炬，也都迫于抗战爆发而停刊。在20世纪中国的种种社会变迁、战争、动荡和改革中，期刊生存艰难，其结果不是戛然而止，就是中途转行，用一位西方汉学家艾伯华（Wolfram Eberhard）的话说：

"中国的期刊大都是短命的。"[①]《文史知识》不同，它竟然办了400期，算是长命之刊，而且目前还在继续。这份杂志还经受住了中国现代化政治经济转型和对外开放环境的考验，穿过了现代社会的传媒工业化、市场价值论和金钱至上的枪林弹雨，而始终平心静气地做学问、讲文化。《文史知识》论期数之多和坚持时间之久，均已超过了其前辈杂志的两三倍不止。这样对比下来，《文史知识》与"400"的关系，就不是简单的计量关系，而是特殊学术事件的标记。

《文史知识》的特殊性在哪里呢？这要从这份杂志与大家作者的联系中去寻找答案。任何好的杂志都有大家作者坐镇，中外皆然。北大的《歌谣》周刊和中大的《民俗》周刊也是有一批大家作者坐镇的。不过这两份杂志还有一个重要的历史特征需要指出，就是提出了大作者与平民建立联系的学术命题。前辈将这个命题付诸当

---

① (德) 艾伯华 *Folktales of China*, The University of Chicago Press, 1965. p21. *in folktales of the world*. 艾伯华，在钟敬文先生20世纪30年代至90年代的文章都使用当时通行的音译中译名，写为"爱伯哈特""爱伯哈德"或"爱柏哈德"，后来钟先生从美国历史学家欧达伟 （R. David Arkush）口中得知艾伯华本人使用的中文名字为"艾伯华"，便依照名从主人的原则，在此后撰写的个人著作中，对其改称为"艾伯华"。钟先生此前撰写的文章和相关书面文献将艾伯华称为"爱伯哈德"等，因为已经公开发表，不能改动，本书作者全部照录原文，以方便读者查找与核对。

时的"白话文学",要求写诗撰文都要明白如话,要能让读者看懂,乐于欣然接受。他们用这种新中文的内容和形式,投身中国的新文化建设,做出了举世公认的历史贡献。《文史知识》是这一命题精神的秉烛者。不仅如此,创办人杨牧之还将前辈的编刊思想加以提炼,生成"大专家写小文章"的新命题,开辟了新的成功之道。先师钟老是《歌谣》周刊、《民俗》周刊和《文史知识》三份杂志的作者。仅从《文史知识》看,他的撰稿自1985年至1999年,历时14年,应该是比较忠实的老作者①。他是一脉相承地力行从"白话文学"到"大专家写小文章"的办刊思想的老作者之一。

我国改革开放后发表学术文化研究成果的期刊很多,高校学报和一些专业刊物尤为尽力,但能够提出"大专家写小文章"的命题,又能真正延续与"五四"以来大家作者的亲缘联系的杂志,唯有《文史知识》一家。

《文史知识》的特殊性缘自纸媒时代。现在我要转向从纸媒时代的视角去谈《文史知识》的特殊性,这是因

---

① 钟敬文先生在《文史知识》发表的主要文章题目有《民俗学的研究对象、范围、方法及其他——答〈文史知识〉编辑部问》(1985年第6期)、《民俗学与古典文学》(1985年第10期)、《谈谈民俗志》(1998年第7期)和《建立民俗学的中国学派》(1999年第4期)。

为这份杂志的好处需要用这种逆序法证明。为什么一定要说纸媒时代？因为《文史知识》在出刊400期期间，遭遇了自纸发明以来最大的挑战——进入网络时代。《文史知识》不必变成网络，但却不能不面对网络时代的巨大变化。网络是无纸之媒，正在蓄势摧毁纸媒。据说美国人提出的21世纪即将消失的事物之一就有纸媒。一条消息还说，某人过生日，当天收到贺信五百条，不可谓不热闹，但他实际上却是在独自一人吃比萨饼中度过的，再无第二人真正来到他身边庆贺。一位研究网络时代的美国学者说，网络就是这样，用一根网线把人们的注意力引向了遥远的世界，却忘了身边的彼此。不过据我有限的听闻，美国人的这种"忘性"也不能都归咎于网络，美籍华裔作家聂华苓曾对我说，美国人之间的亲密性远不如中国人。她的丈夫、著名美国诗人保罗·安格尔，生前粉丝无数，猝然去世后，美国人很快就把他忘记了。在花样翻新的美国风潮中，早有遗忘别人的习惯，网络时代更甚。发明纸的中国人肯定属于另一种文化，在中国文化中，人对人的好，没齿不能相忘。历史悠久的欧洲人也有这种怀旧的性格，与中国人有点像。

　　《文史知识》是把纸媒时代的文化性格做到极致的

杂志，很多在不同程度上参与刊物工作的编委和编辑部人员都对此深有感触。《文史知识》在纪念创办三十周年时曾出过一本书[1]，书内收入了许多编委与作者亲密相处的回忆文章，篇篇写得千回百转、令人动容。

另一位《文史知识》的大家作者程千帆先生[2]，与《文史知识》的老作者启功先生[3]，两人曾经一个写诗，一个挥毫，合作完成一副寿联（在此文中也可称作是一种"纸媒"吧），共贺钟老执教六十周年暨八十寿辰，联曰："风骚共推激，忠义老研磨。"如此"共推激""老研磨"的《文史知识》作者的彼此之缘，在纸媒时代的峰巅人群中是频频出现的。网络时代有否？不知道；将来何人能为？尚有待观察。

《文史知识》在大家作者辞世之后，从未人走茶凉，而是继续珍藏这种人刊亲情。在钟先生辞世多年后，我曾为出版《钟敬文全集》的工作向杨牧之先生几次请教，他总是有求必应，从无官腔和托词。2013年纪念钟先生诞

---

[1]《文史知识》编辑部编《〈文史知识〉三十年》，中华书局，2012。

[2] 程千帆先生在《文史知识》上发表的文章有：《〈史通〉读法》（1982年第5期）、《学诗答问》（1986年第4期）和《辞赋的源流、类型及特点》（1992年第3期）。

[3] 启功先生在《文史知识》上发表的文章有：《有关汉语现象的一些思考——〈汉语现象论丛〉前言》（1992年第7期）和《南朝诗中的次韵问题》（1993年第7期）。

辰110周年，《文史知识》所在的中华书局，经徐俊总经理批准，当年便出版了钟老生前希望重新整理出版的《兰窗诗论集》，《文史知识》编辑部在没有任何经济盈利的情况下，当仁不让地充任主力，执行主编于涛、副主编胡友鸣、编辑陈若一，上上下下出力，很快拿出了该著漂亮的硬壳精装本。同年中华书局还出版了《钟敬文文选》和《北师大民俗学论丛》，由俞国林和罗华彤两位任责编，也都与纪念钟先生的学术活动有关。这种人刊亲情的影响，就不仅涉及一代人，而且涉及后来的几代人。谁能告诉我，面对这样的《文史知识》，该用怎样的词语表达最深的谢意？

正是这些人与事、这种亲与爱，成就了《文史知识》的丰硕成就和高尚声誉。将之与网络时代的彼此遗忘相比，自然会形成强烈的反差。

现在应该谈谈如何界定纸媒时代的人刊亲情。《文史知识》告诉我们，人刊亲情是由人刊合力创新传承中国优秀传统文化的协同之举。纸媒是人刊亲情的物质基础，人刊亲情是纸媒时代的高尚创造，是在任何情况下都要传承人类社会至为宝贵的人文精神的不懈努力。纸媒已有承载这种人文精神的千年历史，故纸媒深入人心。网络失去这种人文精神，网络就败给纸媒。

编辑部的故事

这里所说的"编辑部的故事"，指的是《文史知识》编辑部与编委之间、编委与编委之间的故事，我受到这些故事的多年熏陶，不能忘怀。

（一）编辑部与编委之间的故事

《文史知识》对许多学问大家有很大的吸引力，这与编辑部的负责人有关。第一个还要说到杨牧之先生。他是这份杂志的创办者，在我眼里十分特别。在职位上，他是领导；在领导中，他是编委；在编委中，他是作者；在作者中，他是学者；在学者中，他是能文能武的才俊。对于怎样办好《文史知识》，他主要不是靠行政指挥，而是靠文化自觉。他很早就出版了研究编辑学的专著，为编辑部人员提供了理念和实践上的指南。他让一批批年轻人乐于投入这种共同的追求，并对《文史知识》的编辑出版始终抱有高尚的荣耀感和文化使命感。我从未跟他单独说过话，但这不等于我没有向他学习的愿望。

第二个是胡友鸣先生。论代际批次，他属于我们这拨人。但他入道得太早，早在1981年《文史知识》问世之初，就被杨牧之先生看中，从北大古典文献专业选拔进编辑部。后来在相当长的一段时间里，他都是《文史知识》的实际负责人，所以我们都以为他比我们辈分"高"。由于杨牧之先生和他的率先垂范，《文史知识》编辑部的人员都将对作者上门约稿视为最高境界的文化礼仪，并将之一代代传承下去，形成了编辑部的人文魅力。在我任钟老助手期间，胡友鸣是来访最多的人。他总是彬彬有礼，举止得体，工作作风好，还有独立见解，颇得钟老的赏识。1998年秋，北师大为钟老举办九五大寿的祝寿会，钟老知道他出身北大，就请他帮忙到北大中关园接送张岱年先生，他欣然受命，奔波往来于北大与北师大之间，任劳任怨。他还要在会议中承担听会、撰稿和拍照等许多工作，一心多用，都不耽搁。他是能与老、中、青编委都相处融洽的人。他见识高，品格诚实厚重，对文史文化认识深入，直觉敏锐，文笔又好，还多才多艺，擅长摄影，为人也十分善良，大家都拥他为"兄"。

在20世纪90年代中期以后，为办好"民俗志"栏目，他两次来我家，中间又不断地打电话，一个细节一个细节地具体讨论，把栏目名称、作者对象、组稿方式、选题构思、学术分量、文笔风格和稿件校对等等，都要说好。待文章一"出笼"，虽学问各异，百花齐放，却都有《文史知识》娓娓道来的理论风格。有时稿子到了他的手里，他觉得需要改几句便改，需要加一段便加，让稿件大为增色，他也不说，我事后看到才暗地叫绝。我始知《文史知识》的编辑是怎样唱主角，怎样有责任心，怎样出金点子，怎样付出专业的情感与拼命的投入，否则就没有《文史知识》。我也总想，如果他不是编辑、负责人，而是作者，会是怎样一个好作者。在"民俗志"专栏创办的过程中，我是始终受到他的编辑作风的感染的。

（二）编委与编委之间的故事

《文史知识》的编委们，相处时间长了，便产生一种彼此接受的思路。有几位大专家，如白化文先生、瞿林东先生、田居俭先生、徐公持先生和臧嵘先生等，我都是因为在《文史知识》编辑部开会时认识了他们，才去找他们的书，听他们的学问，也受到他们的感染。白化文先生曾与金开诚、屈育德夫妇是北大同窗，这让我在无形中已向他靠近。瞿林东先生与我同在北师大工作，我们多次在来往于《文史知识》编辑部的路上同车倾谈，他从学问到人品都是我尊敬的老师。有一次，我们一同在西苑宾馆参加北京哲学社会科学优秀著作评审会，我举起电话筒问他一条史料的来历，想不到说着说着又聊到《文史知识》。他告诉我怎样选题，怎样给题目起名，那些思维活动就像金丝银线，穿起宝贵的治学经验，又毫不吝惜地传递给后来者。他在我眼里，就是永远的"书生"。什么是书生？书生者，为读书和写书而生也，这也是他的人生观、工作方式和教育态度。他把这些都带到《文史知识》中，让人纯洁，让人快乐。

在我们这一代人中，由于钟老与季羡林先生、张岱年先生和王瑶先生等多有往来，几老身边的后学编委也在不知不觉中成了朋友。季老的弟子王邦维、张岱年老的弟子陈来、王瑶老的弟子陈平原，还有岳庆平和阎步克等，都是一时之秀，在《文史知识》编辑部里，我们有聊不完的故事。

传与承

很多人问为什么今天还需要民俗学，这就不能不谈到钟敬文先生。当然，治中国民俗学者不止钟敬文先生，还有其他许多知名人物，但他始终是不能绕开的那一位。他在治学从教、文化建设和社会活动等方面的重要贡献值得长久记忆，他的一些流传很广的"教授故事"也值得收藏。

钟敬文与中国民间文艺学

在外国民俗学史上，民间文学属民俗学领域，有时也被纳入人类学和民族学的范畴，钟老本人接触过英、日、法、德、俄、美等学界的同行，他们都是这样。但钟老所研究的中国民间文艺学是不能完全套用外国框架的。在他看来，民间文艺学与民俗学有内在联系，但民俗学是不能取代民间文艺学的。

民俗学是一门拥有广泛国际联系的现代人文科学，它的外国框架与中国格局总是在对号，成为一个长期纠结的问题。但中国民间文艺学有自己的一些概念、价值观和分类原则，其中有些问题是外国民俗学所不具备或不讨论的。钟老解决了中国民间文艺学所要解决的具体问题，这就出现了我们需要思考的中外民俗学相似性中的差异问题及其研究意义。我们的外国同行有一种思维定式，总喜欢以西方民俗学史或在外国发生过的民间文艺学理论思潮为标准，衡量中国民间文艺学的理论和方法，现在这种做法已经遭到越来越多的批评。

钟老研究中国民间文艺学，主要解决了四个问题：一是民间文艺学的研究对象与体裁研究，二是民间文艺学的理论系统与中国特色，三是民间文艺学的搜集史及其民族观和专业技术观，四是民间文艺学的方法论。概言之，他解决了从文学走向民俗学的系列问题。

（一）民间文艺学的研究对象与体裁研究

钟老研究的中国民间文艺学，在20世纪初中国的社会文化改革中起步，要适应当时搜集民间文学的新理念，要用现代科学方法对中国历史上的和现存的民间文学作品做出新解释，并达到学院派的标准，还要在中外比较民间文学研究领域做出新成果，这些都有特殊的历史规定性。在这种形势下，他要能够回答出一些基本的问题，否则民间文艺学在外国发展得再好，在中国也会举步维艰。

1.民间文艺学的社会进步观

中国历史悠久、经典林立、礼俗文化等级关系森严。在这种环境中，要抬升长期处于底层的民间文学的位置，并建成一门科学，会有很多棘手的难题，包括民间文艺学的社会观、民间文艺学与传统国学的异同、民间文艺学对文史文献和口传资料的关系的科学阐释等。

在我国传统文化中，上层文学与民间文学有高下之分，但上层文学并没有完全排斥民间文学。民间文学是上层文学复古理想的佐料，曾被儒家著作编纂，也曾被老庄道学和李杜诗圣欣赏，只是没有进入主流社会理念。晚清时期，出现以"新"字打头的各种革命论，但民间文学还是被用来传播改良的主张，进入"精神科学"（文化科学）的一部分①，而没有进入支配性的社会观。19世纪末20世纪初，在世界范围内，民间文学研究陆续进入各国家民族独立解放的学说系统。在我国的"五四"运动中，搜集研究民间文学的社会实践，正符合社会文化向前发展的理想。于是在北大一经播火，便能燎原。

　　钟敬文是最早投入北大民间文学搜集运动的学者之一，胡适曾将他与顾颉刚等北大其他教授一起评价②。他具有怎样的民间文艺学的社会观，这决定了他投入民间文艺学的觉悟程度和动力。我们从这个角度考察他的文章，能发现他有大量的自述文字都与此有关。他承认自己是五四爱国主义运动之子。他的早期文章都是既谈社会改革、又谈民间文学的。20世纪30年代东渡日本后，他头脑中的这种通过民间文学追求社会文化进步的理念更为明晰。他最早的一篇提出建立中国民间文艺学的论文《民间文艺学的建设》，是1935年在日本写的。这时国

①参见钟敬文《民间文艺学的建设》，《钟敬文民间文学论集》（下），上海文艺出版社，1985，第10页。

②参见胡适《白话文学史》，岳麓书社影印新月书店本，1986。胡适对钟敬文的评价，见《自序》第10页。

内北大的民间文学运动和中山大学的民俗学运动都已停歇，五四新文化运动的理论影响与国内第一次革命战争的历史挫折并存，不少中国学者都有挫折感，他们聚集日本，思考中国学术和社会文化改革的未来。钟敬文身处留日中国人的圈子中，对文化人类学式的虚无的他者社会观提出了怀疑，表示"不赞成"，他认为，民间文艺学的研究不同于自然科学，"在自然科学，对象是个性的、具体的，方法是抽象的、数学的；另一方面，在精神科学，对象是抽象的、理论的，而方法是具体的、个性的"[1]。他认为法国社会学能帮他解决问题，他就去找法国的社会学著作。他指出，民间文艺学的研究对象是"人的科学，把人们的在共同生活中的各种事实加以记述、比较、说明，同样是重要的事"[2]。这时他在建设民间文艺学的对象目标上，对是否存在客观的社会观的两种意见，做出了选择：一种是有客观性的社会观的民间文艺学，一种是"绝对地浮泛于自由的东西的领域"的民间文艺学，他选择了有客观性的社会观的民间文艺学。他说："对于民间文艺

①钟敬文《民间文艺学的建设》，《钟敬文民间文学论集》（下），上海文艺出版社，1985，第9—10页。
②钟敬文《民间文艺学的建设》，《钟敬文民间文学论集》（下），上海文艺出版社，1985，第10—11页。

种种现象形成的条件，我们不能无约束地泛求于自然（地理、生理等），反之，必须主要地寻求于那人类思考的最重大的根源的社会之中。"①这种选择是他研究民间文艺学的一个重要转折点。

他晚年反思民间文艺学的对象论时仍强调，"五四"运动把学术问题与社会文化问题结合起来探索的社会运动实践，给他带来了终生影响："'五四'运动，是我国现代政治史和文化史的伟大开端。"②这也必然成为民间文艺学的开端。20世纪40年代中期以后，他开始接受毛泽东《在延安文艺座谈会上的讲话》的观点。20世纪50年代初期，他又得到俄国汉学家费德林等的帮助③。有了这种基础，他真诚地接受了马克思主义的艺术社会史观，对民间文艺学的社会文化观和对象观形成了完整的认识。

他的这些变化都体现在他在这一时期的论文中，主要有二。第一，增加了人民主体性的概念。他认为，使用

---

① 钟敬文《民间文艺学的建设》，《钟敬文民间文学论集》（下），上海文艺出版社，1985，第12页。
② 钟敬文《把我国民间文艺学提高到新的水平》，钟敬文《新的驿程》，中国民间文艺出版社，1987，第131—132页。
③ 参见钟敬文《〈民间文艺新论集〉付印题记》，钟敬文主编《民间文艺新论集》，北京中外出版社，1950，第461、463页。

这个概念研究民间文学作品,可以提升民间文艺的社会文化价值,使民间文艺进入社会主义意识形态具有新的合理性。新中国成立初期,钟敬文兴奋地说,从此"中国几万万人民依照自己的愿望和意志,建立了一个完全摆脱封建统治和帝国主义压制的国家。现在大家正在中国共产党和人民政府领导下忘我地努力着。我们要在自己的国土上,创造出一种完全属于广大人民的理想的社会制度和文化"①。他还在大学、报社和国家级民间文艺社团杂志上组织人民主体性概念与"新社会制度和文化"的关联的讨论,加快了民间文艺研究的主流化过程,使民间文艺学获得了进入政府社会管理系统和教育体制的准入条件。第二,增加了民间艺人的概念。20世纪50年代初,他在为北京师范大学民间文学课程编辑的参考教材的付印题记中,曾提到"附了一篇关于老解放区的著名民间艺人的记述",他指的是林山写韩起祥的文章②。他以民间艺人为研究对象,也发表了自己的新的看法。他提

---

① 钟敬文《口头文学:一宗重大的民族文化财产》,钟敬文《民间文艺学及其历史》,山东教育出版社,1998,第50页。
② 钟敬文《〈民间文艺新论集〉付印题记》,第461页。关于钟敬文在此文中提到的林山文章,见林山《盲诗人韩起祥》,钟敬文编《民间文艺新论集》,中外出版社,1950,第157—174页。

出，民间艺人是"口头文学的作者，是生息在广大的民间的，是熟悉各种社会现象、关心各种实际生活的。因此在他们的故事中，歌唱中，甚至三言两语的俗谚中，大都能够反映出比较有普遍性的世态人情"①。民间文艺学不是要拣作家文学研究剩下的东西，而是要发现自身研究对象中的社会关系，产生自己的问题，这能让民间文艺学者对自己的研究对象和研究方法产生新思考。

1980年以后，钟老的民间文艺学思想有了新发展。1985年，在给丁乃通（Nai-tung Ting）的书撰写的《序言》中，他提出，应该研究民间文艺的"表演技术"和"演唱的人和情景"②。自1990年开始，他在主编的《民俗学概论》一书中，又提到了对"民间故事讲述人"的资料搜集和研究③。他从关注民间文艺与社会文化观两者的关系，变成关注作品、艺人或讲述人的表演、听众和社会文化观的多层关系。他发现，在民间文艺的流传中，社会文

①钟敬文《口头文学：一宗重大的民族文化财产》，钟敬文《民间文艺学及其历史》，山东教育出版社，1998，第53—54页。
②参见钟敬文《序》，（美）丁乃通《中国民间故事类型索引》，郑建成、李倞、商孟可、白丁译，中国民间文艺出版社，1986，第5页。
③参见钟敬文主编《民俗学概论（第二版）》第九章、第十章"民间口头文学"（上、下），高等教育出版社，2010，第202—204、226—228页。另，参见钟敬文《前言》第Ⅷ页提到的"八年抗战"，即指此书从1990年开始编撰。

化观只是其中的一个因素，民众文化自身规定性也许是更重要的因素。他在1991年发表的谈到藏蒙史诗的文章中，从作品的社会文化观转为本民族对象的社会文化观，提出："不但过去她（指藏蒙史诗）长期地教导、感发着两大民族（其实远不止两民族）的广大人民，直到今天，她还是那些人民心灵的良师益友。"[①]这种研究持续下去，丰富了我国民间文艺学的理论内容。

民间艺人对民间文艺和民俗文化的传递是这项研究中最可实证的部分。在它的逻辑引导下，钟敬文在正式提出建立民俗学的学科之前，发表了《民俗学与民间文学》一文。在此文中，他复述了日本老师西村真次关于民俗携带民间文艺的观点[②]。但他也修正说，从"人"的观点看，民间文艺是带有情感性的艺术现象，不一定都能变成现实。在民间文艺研究中，一定要看到精神活动与物质经济不对称的矛盾。学者不能"自由"地解释民间文艺作品，而是要指出民众精神活动与物质现实的巨大不平衡性。在这个问题上，我国早期教条地学习苏联理论是有

[①] 钟敬文《雪中送炭——在〈格萨尔学集成〉首发式上的讲话》，董晓萍编《钟敬文文文集·民间文艺学卷》，安徽教育出版社，2002，第754页。

[②] 参见钟敬文《民俗学与民间文学》，连树声编《钟敬文文集·民俗学卷》，安徽教育出版社，2002，第151页。

失误的，他本人也不能脱离那个时代。他后来对此做了总结①。他说，比起上层阶级，民间文艺作品的作者在精神活动与物质基础上是有明显差距的，而上层阶级的精神活动与物质基础是有条件匹配的，两者不能混淆。但是，民众能在极其有限的物质条件下，创造出极其绚丽的精神产品，这正是民间文艺的魅力。不过，民间文艺学却不能停留在精神活动与物质基础的关系的研究上。随着人类学的发展，学者们已逐渐意识到，这是一种直线进化论的眼光，而民间文学作品所生存的具体空间拥有社会文化的多样性，民间艺人的创作也极富变动性，这就需要用多元视角去研究民间文艺。钟敬文晚年还指出，在民间文艺学中，超时空的研究，如研究远古"原始艺术"，与日常现实性的研究，如研究活的"农民艺术"，这是两个阐释系统，是"应该分开的"。他总结说："一定要从对象的实际出发。"②

在这些文章中，他以他的民间文艺观，阐述了他和他那一代人的社会文化观和学术思想，而这对于了解他如

①参见钟敬文《我与中国民俗学》，张世林编《学林春秋》，中华书局，1998，第50—51页。

②钟敬文《我与中国民俗学》，张世林编《学林春秋》，中华书局，1998，第48—49页。

何确立民间文艺学的研究对象是有决定意义的。

2.民间文艺学与传统国学的异同

在我国历史上，传统文人也搜集和使用民间文学资料，这种活动和成果为什么就不是民间文艺学呢？钟敬文指出，传统搜集活动没有民众视角、科学概念和现代方法的指导，还不能形成专门的人文科学。民间文艺学的成立，是"把这种文化的事象，作为一个对象，而创设一种独立的系统的科学"。钟敬文一辈子都在谈这个观点。在早年发表的《民间文艺学的建设》中，他依据这个观点，初步构建了民间文艺学的理论框架，在后来的大量文章中，这个框架逐渐丰满。现在我们需要做的工作是，指出在他的理论思想中，哪些是外来影响的部分，哪些是个人独立见解，这对分析他的民间文艺学理论内涵是有意义的，我们也需要在此基础上，分析他建设的民间文艺学，在何种程度上能成为"独立的系统的科学"。

一般说来，鉴定一种新兴的人文科学是否成立，要考察它是否具有相对独立的研究对象、性质、特征和结构。在这些要件中，对学科特征的把握是最要紧的。钟敬文在《民间文艺学的建设》中提出，民间文学的特征有四个：口头性、集体性、类同性和素朴性。其中，类同性，现在也称"类型性"或"模式性"。那时西方民俗学已传入我国（有时是通过日本渠道），当时也有其他学者表达了类似的提法，钟敬文的这种看法也有外来成分，不过要指出的是，钟敬文还有属于他个人观点的另外的提法。例如，当时西方学界已经流行的民间文学的集体性特征，他认为其并不能涵盖所有的民间文学创作和享用的现象，这就是他个人的先见之明。我们现在都已知道，在民间创作中，有民间"作者"个体的精神劳动，也有集体的参与，两者在现场情境中互动。集体性概念中的个体概念，不是从一个概念中分化出的另一个概念，而是这两个概念对民间文艺学的研究都有用。钟敬文很早就使用了这两个概念，这就使他能看到，民间文学的创作过程是变动的和协商的，最初"作品暂时仅是一种胚子"，后来才"必须在传播的过程中，不断地经受集团的人们的修改、锤炼"①塑造成型。他能提出集体性中的个体性创作问题，是他从中国材料实际出发的结果，也是他从个人诗歌创作

①钟敬文《民间文艺学的建设》，《钟敬文民间文学论集》（下），上海文艺出版社，1985，第3页。

中得到的切身体验。

他的发现还涉及民间诗学的问题。我国的国学观中不乏诗论。古人的采风观是古人的文论观，最早来自《诗经》。在20世纪30年代，在西方民俗学向中国输入理论的时候，中国人对中国诗学的研究已是成熟的。钟敬文谈集体性中的个体创作特征，便有过人之处。西方人迟至20世纪60年代中期才发表了集体性中的个体创作差异的理论，即我们现在已知道的帕里—洛德理论[①]，但钟敬文在1935年就提出此点。

讨论民间文学的口头性特征，钟敬文也有他熟悉诗学的优势，举个中国民歌的例子说，他很早就提出，民歌的口语词汇修辞技术和表演技术是口头性理论的要素之一，这也是比西方民俗学要超前的地方。他说，中国民歌善用"谐音"的词汇和技术，"在歌谣，象六朝民歌以及现在南中国各地的山歌中最多见"[②]，这就是他的独特眼

---

① 参见（美）阿尔伯特·贝茨·洛德（Albert B.Lord）《故事的歌手》，尹虎彬译，中华书局，2004。本书在钟敬文主编的"外国民俗文化研究名著译丛"中。
② 钟敬文《民间文艺学的建设》，《钟敬文民间文学论集》（下），上海文艺出版社，1985，第4页。

光①。在当时和后来的很长一段时间里,西方人所讲的口头性都是受集体性制约的,或者讲口头性与集体性是一对互生特征。比较钟敬文的看法,钟敬文对民间文学的特征有更深入的认识。

20世纪80年代,在为《中国大百科全书》撰写的"民间文学"词条中,他将民间文学特征的提法做了修改,写为口头性、集体性、变异性和传承性②。经过半个世纪的探索,他已将自己的看法确定下来。他还认为,口头性是民间文学诸特征中的核心特征。20世纪晚期,联合国教科文组织开展了对口头非物质文化遗产词语技术的保护,而钟敬文对这个问题的提法却要早得多。

在钟老和当时其他民间文艺学者群体中,还有另一种趋势也值得讨论,即在中国传统国学观的根基上,中国民间文艺学自己形成了哪些问题?一些西方学者认为,中国民间文艺学成立的关键,是划清了作家文学与民间文学的界限,但钟老等人还提供了另外一种事实,即当时中

①口头性理论中的"技术"一词,钟敬文本人直接使用过,参见钟敬文《口头文学:一宗重大的民族文化财产》,《民间文艺学及其历史》,山东教育出版社,1998,第63页。原文为:"口头的创作,单从表现技术的观点看,也正有它不可企及的成就。"
②参见钟敬文《民间文学述要》,董晓萍编《钟敬文文集·民间文艺学卷》,安徽教育出版社,2002,第15—17页。

国民间文艺学要解决的问题，还不仅是对作品分层的划分，而且是对中国学者内部阵营的划分。一部分学者蔑视自身文化中的民间文学，还有一部分学者过分浪漫地称赞民间文学的价值。钟敬文批评那些阻碍民间文学进入新科学的人的看法是"一种不合时宜的陋见"①，对有些革命文人也瞧不起民间文学的偏见予以劝导②。他还认为民间文学也有不足，不能盲目抬高，过分夸大其价值。他为了澄清这个问题一直在写作，他的后学也还要继续写下去。

（二）民间文艺学的理论系统及其中国特色

中西民俗学理论史的一大差异是，中国民间文艺学者先侧重历史文献研究，辅以口头传统研究，在确立了民间文艺学的独立身份后，再进入口头传统的调查技术的研究和完善。我们的西方同行正好倒过来，先做口头传统的搜集研究，制定田野调查技术的规范，以此划分民俗学的专业化程度，再进入历史文献研究。这是两种不

①钟敬文《民间文艺学的建设》，《钟敬文民间文学论集》（下），上海文艺出版社，1985，第1页。
②参见钟敬文《口头文学：一宗重大的民族文化财产》，《民间文艺学及其历史》，山东教育出版社，1998，第64页。

同的路数：中国民俗学是先描述、后理论；西方民俗学是先理论、后描述。双方的理论格局和方法论都有差异。现代研究证明，人文社会科学的最高境界是描述而不是解释，对富有文化多样性的民间文艺学对象尤其如此。现在轮到西方学者自己强调历史文献和描述方法了。

在钟老的民间文艺学思想中，还有一些问题的形成及其理论和方法论的建设具有中国特点，西方同行对此不甚了了，需要我们自己去深入研究和阐述。

1.民间诗学

何谓钟老民间文艺学中的民间诗学？他以现代民间文艺学和民俗学的理论，针对中国古今资料和外国民歌资料，重新加以阐释，产生了新诗论。他使用这种新诗论，对历代诗论和词论文献中的民歌谣谚观、中国现代文人的民歌谣谚搜集评论观与从现代搜集到的口头民歌谣谚作品，加以整体研究，产生了新的见解。在民间诗学中，包括理论讨论、作品分析、地方社会思考、历史传统研究和国际对话，是一个完整的学理系统。对这样一种关系结构，钟敬文有时也将之简化为"诗与歌谣"的关系。

中国是一个文学大国，文学的灵魂是诗。民间文艺学要在中国得到承认，首先要过"诗学"这一关。现代中国民间文学运动最早在北大歌谣学运动中发轫，正是以民间诗学举旗的，这是一个十分中国化的做法。民间文艺学笃定要在中国文学的这种规定性中诞生，再履行学术现代化的手续。热爱和推广新兴歌谣学的进步文人，其进步观要通过解释歌谣在中国文学史和现代新文学中的价值和作用来获得证明。民间诗学也使民间文艺学获得学理上的先进性，最终成为一部分进步学院派的理论构成。

从事民间诗学研究，是钟老将民间文艺学中国化的最早步骤。以往我们习惯于谈他的故事学、神话学及其他，对他的民间诗学成就关注不够，这是一个疏漏。他早年参加了北大歌谣学运动，是现代中国民间文学运动最早的一批成员，我们需要从北大这一历史事件去考察他的民间诗学意识。但是，从中国民间文艺学整体学术史看，这样考察他的学问中的中国特点还是不够的。翻阅钟老民间文艺学著述中的这批资料可见，他平生发表的第一篇民间文艺学论文《歌谣的一种表现法：双关语》就是谈民间诗学的[①]。当时北大的歌谣学打了头炮，他的首篇

[①] 钟敬文《歌谣的一种表现法：双关语》，《钟敬文民间文学论集》（下），上海文艺出版社，1985，第311—315页。

论文正好符合这一历史趋势。他的歌谣学研究比他的故事学和神话学都要早，我们能由此看出他对中国民间文学体裁特征的敏锐认识。他发表民间诗学的研究文章一直延续至20世纪50年代，也正好贯穿了他对这类问题从提出到解决的整个历史时段。

　　钟敬文的民间诗学所涉及的问题主要有五。一是民间诗学的理论框架，包括：对北大歌谣学运动的研究，如《谈两部民歌集——〈吴歌甲集〉与〈白雪遗音选〉》[①]；对歌谣学理论的探讨，如《中国民谣机能试论》和《关于〈诗经〉中复叠篇章的意见》[②]；儿歌专论，如《关于〈孩子们的歌声〉》[③]，等等。二是讨论口头性理论与地方文化传统，包括：对传统民歌集的研究，如《重编〈粤风〉引言》；对地方民歌的研究，如《台湾的民歌——谢云声君编的〈台湾情歌集〉序》和《马来的民歌——〈马来情歌〉

---

①钟敬文《谈两部民歌集——〈吴歌甲集〉与〈白雪遗音选〉》，《钟敬文民间文学论集》（下），上海文艺出版社，1985，第432—436页。

②钟敬文《中国民谣机能试论》，董晓萍编《钟敬文文集·民间文艺学卷》，安徽教育出版社，2002，第701—709页。钟敬文《关于〈诗经〉中复叠篇章的意见》，《钟敬文民间文学论集》（下），上海文艺出版社，1985，第306—310页。

③钟敬文《关于〈孩子们的歌声〉》，《钟敬文民间文学论集》（下），上海文艺出版社，1985，第375—381页。

序》①。三是对口头资料与历史文献的关系的讨论，包括对汉族与多民族民歌文献的研究，如《〈越风〉序》②。四是对两广岭南地区苗、瑶、壮、畲等民族文化史的研究，对船工渔民等特殊行业人群的民歌民俗研究，如《中国疍民文学一脔——咸水歌》③。五是对延安革命文艺创作中的民歌题材研究，如《谈〈王贵与李香香〉——从民谣角度的考察》④。中西民俗学者都有研究民间诗歌的著作，但很少达到如此宽泛的理论范畴。

钟老本人就是诗人，在青年时代转向民间文艺学时已有诗名。诗学精神渗透到他的学术气质和治学个性中，使他的民间文艺学研究也富有诗性。他把自己的创作思维带入理论阐释中，这使他的民间文艺学理论更加中国化。西方同行在20世纪60年代开始大量研究民间诗学，但这时钟老已经走出了三四十年的路程。钟老还将民间

① 钟敬文《重编〈粤风〉引言》《台湾的民歌——谢云声君编的〈台湾情歌集〉序》和《马来的民歌——〈马来情歌〉序》，《钟敬文民间文学论集》（下），上海文艺出版社，1985，第393—395、369—374、387—392页。

② 钟敬文《〈越风〉序》，《钟敬文民间文学论集》（下），上海文艺出版社，1985，第382—386页。

③ 钟敬文《中国疍民文学一脔——咸水歌》，《钟敬文民间文学论集》（下），上海文艺出版社，1985，第292—299页。

④ 钟敬文《谈〈王贵与李香香〉——从民谣角度的考察》，《钟敬文民间文学论集》（下），上海文艺出版社，1985，第416页。

诗学研究延伸到他的文艺学论著、散文理论和古典小说理论中,显示出他的民间文艺学对他研究其他相关学科有借鉴作用。

2.对故事类型学的两个发展

钟老对中国故事类型学的研究早年成名,外界评论很多,但很少有学者将这个问题与他的民间文艺学思想特征联系起来研究。这里简要谈两点。

首先,他在故事类型学的研究中,提出中国民间文艺学的体裁学概念,即广、狭两种概念,他用这些概念来界定中国民间文学作品的体裁,得出许多独到见解。相比之下,西方学者大都是用狭义概念的,西方人总是过分强调专业技术的规范性,不大考虑民间文学的文化复杂性和多样性。钟老不同,他是中国学者中最早将神话、传说和故事的概念用于民间文艺学的研究学者,但他从一开始就不是对这些体裁的各自概念做严格的界定,而是按照中国资料和中国人的思路,去找相应的历史文献和口头资料的完整文本,再行确定研究对象的分类。比如,他所撰写的论文,对神话、传说和故事体裁,有时使用广义的概念,有时使用狭义的概念,概念的界定并不统一。再从他完成的论文看，他将历史文献、口头传统资料和民俗事象三者都做整理，先建立完整的文本，再做整体分析。这样做的结果，是他发现，在民间文学作品传承过程中，有文化化的现象，而对文化化的研究，是超体裁界限的深层研究。中国文化史中蕴含的民间文学作品的特点，因他能够进行这种综合性的文化研究而被找到。他晚年在主编《民间文学概论》时，对神话、传说和故事的体裁理论做了专门的讨论，但他仍在这些讨论中指出，它们的定义有广狭之分①，这种成果可以促进中外比较民间文学研究。

其次，钟老最早拟定、编制和撰写了中国故事类型。他的长篇论文《中国印欧民间故事之相似》《中国民间故事型式》《蛇郎故事试探》和《中国的天鹅处女型故事》等，都是他创制和研究中国故事类型的经典之作。1930年代中期以前，他已经发表了这些论文。在他之后，1937年，德国学者艾伯华参照他的类型，出版《中国民间故事类型》②。1978年，美国学者丁乃通出版《中国

---

① 关于神话、传说和故事的定义及其广狭概念的解释，参见钟敬文主编《民间文学概论》（第二版），重点看第八章"神话与传说"和第九章"民间故事"。高等教育出版社，2010，第123—172页。

② （德）艾伯华《中国民间故事类型》，王燕生、周祖生译，商务印书馆，1999。

民间故事类型索引》①，也大量采用了他的类型。我们评价他的中国故事类型研究带动了中西民俗学交流，并不为过。他还开创了多种中日印故事类型比较个案，包括"天鹅处女型""老獭稚型""蛇郎型"和"老鼠嫁女型"等②，这些工作推动了中国与日本及其他东方国家多元民间文学研究工作的发展。

3.强调传说学的特殊价值

钟老有一批研究民间传说的论文，它们不是一般的体裁学研究论文，而是强调中国传说作品的独特价值。他的贡献至少有三。

第一，肯定中国民间文学特有和富有传说。有些西方同行不承认中国传说，他们或将中国神话与传说合并，或将中国故事与传说合并，认为传说是介于神话和故事之间的民间文学样式，并没有明确的体裁特征。这种说法在西方民俗学中也许是成立的，但在中国不行。钟老的论文

---

① （美）丁乃通《中国民间故事类型索引》，郑建成、李倞、商孟可、白丁译，中国民间文艺出版社，1986。

② 关于钟老对中日故事类型比较研究的研究，参见董晓萍、王邦维《钟敬文中日印故事类型比较研究》，《民俗典籍文字研究》第十一辑，商务印书馆，2013，第1—18页。

《中国的天鹅处女型故事》就是例子。天鹅处女型是西方故事类型研究的主流话题，但在中国有自己的形态。从钟老征引的文献看，我国晋代《搜神记》记载的《豫章新喻县男子》就有此类型，时间要早于西方人写此类型的时间一千五百多年。中国的这个类型还粘连了中国的四大传说之一——牛郎织女和道教传说，均属于中国自产。中国传说与中国的神话和故事彼此有联系，但传说照样能自成系统，不必西方人来告诉中国人有没有。在钟老的传说学研究中还有不少这种例子。

第二，传说学的研究与地方文化建立联系，这是民间文艺学中国化的途径之一。西方民俗学者研究民间文学，或者与文学建立联系，或者与语言学建立联系，或者与宗教学建立联系；但中国民间文艺学研究传说与中国的地方文化建立了联系。钟老的传说研究的支撑要素有地方文化价值观、地方文化形态、地方社会空间和地方民间组织等，这些都与我国大量连续记载的地方志文献系统有关。在中国，忽略了传说，就忽略了一条地方知识的传承渠道，就否认了地方文化深深扎根的土壤。现在保护中国的世界自然遗产、文化遗产和非物质文化遗产，都涉及保护地方文化遗产，钟老的传说学研究很早就为这项工作奠定了基础。

第三,传说学与历史学交叉研究的方法论收获。钟老与历史学家顾颉刚先生的学术交谊始于传说学。20世纪二三十年代,顾先生建立孟姜女传说研究的历史学范式,在这一研究过程中,钟老曾向顾先生指出,孟姜女传说有地方化的流传特点,这对顾先生最终建立历史地理研究法很有启发。他们的合作经验说明,民间文学作品不能简单地采用划分历史分期的研究方法,但民间文学作品却有划分地理流传范围的充分理由。

(三)民间文艺学的搜集史及其多民族观和专业技术观

1.将搜集史作为理论研究对象

钟敬文从留日时期起,已将以"五四"为起点的中国民间文学作品搜集史作为理论史的一部分。在接受延安《讲话》的影响后,他对搜集史观点有新的补充。他后来接受苏联的影响,也因为有前面这些基础。他在1950年出版的《民间文艺新论集》一书,根据对新中国文化建设的认识,对搜集史的观点又加以修改。在这本书中,有一篇《谈谈口头文学的搜集》,比较全面地反映了他当时的观点。在此文中，他认为，搜集史是中国自己的民间文艺历史，但他把中国的搜集史与"口头传统"的概念联系起来看，认为可称之为"学艺史"。他指出，搜集民间口头文学的工作，在我国学艺史上是有相关经验的。"五四"的功劳，是使搜集史得到了推进，而且"五四"学者对这个问题是"认识比较清楚，规模也比较巨大的"，这就"大大改正了欧洲学者过去对中国这方面的错误看法"①。

钟老晚年继续发展了自己的观点。他指出，搜集史与"口头传统"的概念结合，不是指偏向传统文化现象，而是指将中国民间文艺学的搜集工作与国学传统中采风问俗的历史意识相联系。他提出，即便在"五四"时期反传统，也不是全面反对国学传统，而只是反对其中维护封建礼教和阻碍社会进步的那一部分，因此不能切断中国自古就有的采风活动的历史延续性②。

---

① 钟敬文《谈谈口头文学的搜集》，钟敬文编《民间文艺新论集》（初编），中外出版社，1950，第192—193、195—196页。
② 钟老对"五四"运动并非全部反对国学传统的观点，参见钟敬文《五四时期民俗文化学的兴起——呈现于顾颉刚、董作宾诸故人之灵》一文，钟敬文《民俗文化学：梗概与兴起》，中华书局，1996，第85—142页。

2.重视少数民族民间文学

钟老提倡搜集史研究与"口头传统"结合，这里的"传统"，也包括我国各民族传统。他在1935年研究槃瓠神话时，已使用了我国南方少数民族民间文学资料①。在新中国成立之初，在社会主义新民间文艺建设规划中，他继续提出加强对少数民族民间文学的搜集。1951年3月，在中国民间文艺研究会成立一年之后，他参与创办了《民间文艺集刊》，从当年3月至9月，《民间文艺集刊》连续出版3期，其中有两期刊登了少数民族民间文学专辑，还有一些研究东北蒙古族和西南苗瑶壮族的文章，如安波《谈蒙古民歌》、马可《谈谈采录少数民族音乐（通信）》、钟华《贵州苗族的民歌》、赵沨《云南的山歌》、流金等改写《朝鲜的传说和民间故事》、陈秋帆译《兔子的裁判》《朝鲜谚语录》、任家麟改写《藏族故事选·茶与盐的故事》、陈秋帆等译《藏族谚语录》、乔谷《西康

---

①关于钟敬文在《槃瓠神话的考察》中使用畲族图腾资料，详见钟敬文《槃瓠神话的考察》，《钟敬文民间文学论集》（下），上海文艺出版社，1985，第109—111页。

藏民的音乐生活》和波浪《苗家的跳舞与音乐》①。这些文章同时涉及新中国成立初期急需解决的统一国家社会和统一民族文化认同的问题，它成为钟老后来提出的"多民族一国民俗学"理论的基础。他在这份期刊的《编后记》中说："我们的伟大祖国，是多民族的国家。各少数民族的文学艺术，是丰饶而多彩的，值得很好地搜集和学习。"②他以"朝鲜民间文艺特辑"为例说："我们知道，朝鲜的民间文艺，也是很丰富的，他们的假面舞、木偶戏等，在民族艺术上相当有名。但我们过去在这方面注意不够，一时不易找到材料。"现在"不过是一个开端。希望由此引起大家的注意"③。

---

① 安波《谈蒙古民歌》、马可《谈谈采录少数民族音乐（通信）》，原载《民间文艺集刊》第一册，1951，第25—50、66—69页。钟华《贵州苗族的民歌》、赵沨《云南的山歌》、流金等改写《朝鲜的传说和民间故事》、陈秋帆译《兔子的裁判》《朝鲜谚语录》，原载《民间文艺集刊》第二册，1951，第39—45、46—48、83—99页。《朝鲜的传说和民间故事》是本册"朝鲜民间文艺特辑"中的一组稿件，为配合抗美援朝运动而发表，共10份稿件，参与改写者有流金和阿启两人；参与翻译者除陈秋帆，还有周彤等其他三人。任家麟改写《藏族故事选》、陈秋帆等译《藏族谚语录》、乔谷《西康藏民的音乐生活》和波浪《苗家的跳舞与音乐》，原载《民间文艺集刊》第三册，1951，第23—32、33、34—35、113—114页。《藏族故事选》是本册"藏族民间文学特辑"的一组稿件，为庆祝西藏和平解放而发表，共6份稿件，参与改写者为任家麟；参与翻译者有陈秋帆、胡仲持、远生等四人。

② 钟敬文《编后记》，原载《民间文艺集刊》第三册，1951，第139页。

③ 钟敬文《编后记》，原载《民间文艺集刊》第二册，1951，第134页。

他重视少数民族创造的大量史诗和民间叙事诗，强调尊重少数民族民间文学的多元化特征，正确处理汉族与少数民族民间文学资料中的语言差异和文化差异问题，做到准确翻译，在翻译本中附双语对照文本①，尽量使记录文本做到忠实而科学。

3.搜集整理的专业技术观

在搜集史上，他早年受到日本民俗学的影响，强调搜集整理民间文学要有社会的、历史的、语言的和语言学的知识②。他在1934年发表的《前奏曲》中，已提出一些很具体的想法③，他同时也认为，在中国，要做好搜集工作，还要解决一个特殊问题，就是历史文献与口头资料的关系，因为两者经常是纠缠在一起的。但是，相比之下，历史文献的记载是有时间的，能断代；口头资料是缺乏时间依据的，难以断代的；因此，在搜集中，还要增加对

---

① 参见钟敬文《记录和探索少数民族民间文学的一个榜样——马学良〈素园集〉序》，董晓萍编《钟敬文文集·民间文艺学卷》，安徽教育出版社，2002，第156—161页。
② 参见钟敬文《谈谈口头文学的搜集》，钟敬文编《民间文艺新论集》（初编），中外出版社，1950，第197—199页。
③ 钟敬文《前奏曲——〈人类学、考古学、民族学、民俗学专辑〉前言》，连树声编《钟敬文文集·民俗学卷》，安徽教育出版社，1999，第495—502页。

讲述人、搜集者、流传地区和田野记录原则等诸要素的考察。在整理资料时，要提倡民间文艺学与语言学、文字学、历史学、考古学、人类学和社会学联合作战，开展多学科合作研究，这样才能做到专业化的搜集整理，而中国发达的国学传统和多学科资源正好拥有这个储备。他在20世纪80年代中国民间文学三集成搜集活动开始后，还反复申明这个观点。

西方民俗学者是自己解决搜集整理的技术问题的。被推崇备至的格林兄弟，就是语言学家兼民俗学家，他们发明了搜集整理民间故事的专业方法。但在中国，还不是这个路数。

4.研究民间文艺学的方法

钟老建立了中国民间文艺学的方法论。他是倾向国学传统的人，但传统国学并没有提供民间文艺学研究的方法，所以他必须探索。他也接受过外来影响，但外国民俗学没有提供研究中国民间文学的方法，所以他还必须有选择地外借。

1）国学化方法

钟敬文有一部分阐述民间文艺学史的论文带有"跨

学科"的性质。它们既是民间文艺学理论的创新之作，也是他借用文字学、小学等传统学科方法的继承之作。王宁认为：

> "'小学'、文学与史学"属于中国自古以来就有的传统学科，它说明了民间文化传承历史的久远，说明了文化分层与社会分层相纠结，有社会的重压，也有文化的生命力。其他的民族学、人类学、社会学、宗教学，在中国都是与民俗学产生时间大致相同的新兴学科，这些学科也是民俗学的相邻学科。民俗学要与这些学科相扶持而发展，相吸收而丰富，必然会有一些研究内容与这些学科有交叉和交融；但是，民俗学作为一个独立的、自觉的学科，最终仍要和这些周边的学科划清界域，产生自己固有的理论体系与方法。由于邻近学科本身也具有传承的因素，因此，通过借鉴的时间传承，更扩大了民俗学的研究视野。①

钟敬文的这些文章在民间文艺学中具有结构性意

---

① 王宁《钟敬文与民间传承文化学研究》，《北京师范大学学报（社会科学版）》2013年第4期。

义。它们集中地体现了钟敬文对民间文艺学建设的宏大规划，读者可以参照这批文章，扩大对钟敬文民间文艺学思想的全面认识。它们还能与钟敬文后来陆续撰写的中国民间文艺学史和民俗学史的文章合龙，形成一整套"民间传承文化学"和"历史民俗学"的著述。

2）外借方法

钟敬文部分地借鉴了西方人文社会科学和日本民俗学的一些理论和方法。受西方人类学的影响，他在民间文学研究中注重对民众精神世界的解释。受西方社会学的影响，他注重对民间文学中的社会制度和社会运行的意义的理解。他也借鉴了日本民俗学的理论和方法，这使他在民间文学研究中增加了对民俗意义和文化史的理解。他后来信仰马克思主义的艺术史观，是因为马克思主义理论帮他解决了民间文学作品中的精神活动与物质基础不一致的大问题[1]，这对他创建中国民间文艺学特别有用。他也在苏联民间文学理论上下了大功夫，这让他重视民间文学的人民性[2]，探索民间文艺学的历史编年方

[1]参见钟敬文《学术上的反思与体会》，董晓萍整理《钟敬文学述》，浙江人民出版社，2000，第125—136页。
[2]参见钟敬文《歌谣与妇女婚姻问题》，董晓萍编《钟敬文文集·民间文艺学卷》，安徽教育出版社，2002，第751页。

法[1]，思考民间文学的文学规律。他在这个意义上，提出中国民间文艺学是"特殊文艺学"。

3）结构分层方法

但是，钟敬文并不拘泥于传统国学或外来学说中的一种。他借鉴什么、不借鉴什么和怎样借鉴，都受到他所身系的中国民间文艺学整体发展阶段的影响，受到社会环境和时代条件允许他怎样发展的制约，他又是一个很早就树立了追求人类公益科学文化目标的学者，这就决定了他头脑中的方法论的最高规定性。他要建设合乎中国民间诸科学体系的、针对中国民间文学对象实际的方法论。他最终提出了适合中国民间文艺学研究的整体分层结构方法论，它由哲学方法、马克思主义艺术史观和具体专业技术三层方法组成[2]。

在这套整体方法论中，包含了获得民间文学研究对象的意义、价值和功能的学术目标，也包含了抽象理论的分析方法，还包含了观点兼技术性的操作方法。

西方民俗学的专业方法与中国民间文艺学方法论不

---

[1] 参见钟敬文《晚清时期民间文艺学史试探》，《钟敬文民间文学论集》（上），上海文艺出版社，1982，第195—211页。

[2] 参见钟敬文《建立新民间文艺学的一些设想》，董晓萍编《钟敬文文集·民间文艺学卷》，安徽教育出版社，2002，第51—55页。

是没有类似之处，但双方的社会背景、文化传统和学术渊源差别很大，谁都不能在方法论上直接套用对方。

经过钟敬文的开创和建设，中国民间文艺学的方法论形成了自己鲜明的综合性特征。中国民间文艺学通过文献考察口头文学资料，而口头文学研究又依赖于整体考察文献和田野调查资料，再形成专题或个案，然后进行民间文学的多元模式研究。因此，中国民间文艺学的旁支学科丰富，可延揽传统国学不少学门，如小学、文字学、史学和古代哲学；也能与现代相邻学科发生紧密关联，如文艺学、艺术学、人类学、社会学、考古学和外国文学。所以，中国民间文艺学在"民间诸科学"中发展得最成熟。这个系统的其他分蘖研究，都是在对民间文艺学收蓄延伸的基础上，再生精华。

钟敬文创建的中国民间文艺学是中国人的思想创造，后学要吸收这种智慧，还要继续拿出有价值的学科新成果。

季羡林与钟敬文

季羡林先生深谙西学，但提倡国学，推动民俗学，被钟老引为知己。钟老曾对我说："季羡林与辜鸿铭、胡适一样，都精通洋文而提倡中国传统文化，终有大名。"又说："印度民间文学与中国民间文学的联系很多，这层关系不能忽略。季先生是专门研究这一行的专家，我们要多依靠他。"此话是钟老二十多年前讲的。但是，季老是如何看钟老的？我不知道。2002年1月钟老辞世，季老发表《痛悼钟敬文先生》，我才知道他们在精神世界里是如此合拍：

> 钟老长我八岁，如果在学坛上论资排辈的话，他是我的前辈。想让我说出认识钟老的过程，开始阶段有点难说。我在读大学的时候，他已经在民俗学的研究上颇有名气。虽然由于行当不同，没有读过他的书，但是大名却已是久仰了。这时是我认识他，他并不认识我。……
>
> ……
>
> 为什么钟老对我产生兴趣了呢？我有点说不清楚。这大概同我的研究工作有关。我曾用了数年之力翻译了印度两大史诗之一《罗摩衍那》，也曾对几个民间故事和几种民间习俗，从影响研究的角度上追踪其发展、

季羡林先生邀请作者全家在湖广会馆听昆曲（前中为季羡林先生、前左为张中行先生。1998年，叶稚珊摄）

传播和演变的过程。钟老是民俗学家，所以就发生了兴趣。他曾让我到北师大做过一次有关《罗摩衍那》的学术报告。他也曾让我复印我几篇关于民间故事传播过程的论文。作什么用，我不清楚。对于比较文学，我是浅尝辄止，没有深入钻研。但是，我却倾向于法国学派的影响研究。这种研究摸得着，看得清，是踏踏实实的学问。不像美国学派提倡的平行研究，恍兮惚兮，给许多不学无术之辈提供了藏身洞。钟老可能是倾向于影响研究的，否则他不会复印我的论文。①

季老所翻译的《罗摩衍那》和相关研究，是一种史诗问题。史诗是在东方学、民俗学和欧美文学中都有很高地位的三栖类型，这也成为两老学问的一个共同话题。钟老在给自己的研究生开列的一份书单上，就有《罗摩衍那》的中译本。季老的史诗研究则对我国民俗学的发展有特殊贡献，他所提出的回归多元文化视角的民族志诗学概念，在时间上要早于西方学者二十年，这是东方学的自豪，也是民俗学的骄傲。大约到20世纪90年代中期，西

---

① 季羡林《痛悼钟敬文先生》，《人民日报（海外版）》2002年1月22日。

方学者才提出诗的风格和原生态文化的更抽象范畴的研究。他们通过对非洲、澳洲和南美洲后殖民文化的实地田野考察发现，原住民把所有叙事性韵文都叫诗，其中包括史诗。在对"诗"的要素的理解上，原住民也与西方学者有很大的差距。西方学者认识到，他们的殖民主义前辈没有注意到这个事实，造成自己的研究窒息了对方的口头传统中原来的声音。现在他们提出，史诗的诗的风格是由两方面组成的，一方面是本地语音的意义系统，如呼吸、停顿、叫喊等的含义；一方面是本地语言的文化系统，如语意、语境、情感、象征、观念、信仰和价值观等的表达方式。但这类理论观点季老早有，他在对所翻译的印度史诗《罗摩衍那》的评价中，早已把史诗的多元文化价值做了精彩阐述：

> 这一部大史诗，虽然如汪洋大海，但故事情节并不复杂。只用比较短的篇幅，就可以叙述清楚，胜任愉快，而且还会紧凑生动，更具有感人的力量。可是蚁垤或者印度古代民间艺人，竟用了这样长的篇幅，费了这样大量的词藻，结果当然就是拖沓、重复、平板、单调；真正动人的章节是并不多的。有的书上记载，我也亲耳

听别人说过，印度人会整夜整夜地听人诵读全部《罗摩衍那》，我非常怀疑这种说法。也有人说，古代民间文学往往就是这样子，不足为怪。这个说法或许有点道理。不管怎样，这种故事情节简单而叙述却冗长、拖沓的风格，有时让我非常伤脑筋，认为翻译它是一件苦事。

……既然是诗，就必然应该有诗意，这是我们共同而合理的期望。可在实际上，《罗摩衍那》却在很多地方不是这个样子。整个故事描绘纯真爱情的悲欢离合，曲折细致，应该说是很有诗意的。书中的一些章节，比如描绘自然景色，叙述离情别绪，以及恋人间的临风相忆，对月长叹，诗意是极其浓烈的，艺术手法也达到很高水平。但是大多数篇章却是平铺直叙，了无变化，有的甚至叠床架屋，重复可厌。更令人难以忍受的是把一些人名、国名、树名、花名、兵器名、器具名，堆砌在一起，韵律是合的，都是输洛迦体，一个音节也不少，不能否认是"诗"，但是真正的诗就应该是这样子的吗？……

这样的诗，不仅印度有，我们中国也是古已有之的。从前幼儿必读的《百家姓》《三字经》《千字文》之类的书，不也合辙押韵像是诗吗？可是谁真正把它当做诗呢？《罗摩衍那》自然同这类的书还有很大的不同，不能等量齐观。但其中也确有一些这样的"诗"，这是不能否定的。印度古代许多科学著作也采用诗体，目的大概是取其能上口背诵，像是口诀一类的东西。在这一点上，中印是完全相同的。[①]

　　季老有深厚的梵文功力，有学贯中西的理论建树，这使他解释对方的史诗风格游刃有余，能够在欣赏和使用史诗资料上有所发现。他告诉我们，印度史诗对韵脚的使用与西方的诗的形式大相异趣，当地人的押韵诗其实是一类非常特殊的民族语言，史诗正是这类特殊的当地语言的一种。那些在印度人听来又悦耳又动情的诗句，在外来者看来却可能是又啰嗦又腻味的噪音。季老启发我们要跳出诗歌，去寻找新的民族志信息，要考察史诗让人们回忆起了什么东西，提醒人们去做什么事情，然后整理这些文化事实，做出符合跨文化交流规则的解释。在这方面的学习上，我还得到过季老的具体指导。在一些有条件

---

①季羡林《罗摩衍那·译后记》，《东方赤子·大家丛书·季羡林卷》，华文出版社，1998，第16—17页。

见面的场合，他总是耐心地回答我的问题，还曾亲自送书给我，让我有针对性地进行比较和思考。在这些书中，有他自己的《比较文学与民间文学》《学海泛槎：季羡林自述》和《东方赤子·大家丛书·季羡林卷》等；也有他的后学的著作，如《中国印度文学比较》等。他通过点拨钟门后学，给钟老当时正在拓展的民俗学教育以多种形式的支持。

我读博士生一年级时，来了一位印度同学，叫莫普德，他是季老介绍给钟老的外国留学生。大约有两年的时间，我俩成唯一的师姐弟。莫普德告诉我，他的祖父曾在印度新德里大学任教，家里藏有徐悲鸿为其祖父画的肖像画。20世纪80年代初，季老访问印度，机场的欢迎队伍中，有一位中年印度学者手牵一位少年郎，那正是莫普德父子。季老一定是瞥见了这位夹在官员中的印度少年，还多少留下了印象。1985年，莫普德来华读书，被分配到复旦大学。季老偶尔从电视中看到留学生汉语大赛颁奖会，在获奖人中，发现了这位似曾相识的印度青年，季老把电话打到复旦大学，接通了莫普德，证实他就是当年在机场迎接自己的印度小主人。莫普德告诉季老，他来中国的目的，是希望学习中国民间文学，但当时没有进京名额，便留在了上海。季老经过多方努力，把他介绍给中国最好的民间文艺学家钟老，莫普德终于如愿以偿，飞到了北京，来到钟老身边学习。莫普德会唱歌，天生一副金嗓子，有一次，在北师大留学生办公室为他举办的生日晚会上，他怀抱吉他弹唱了一首首印度民歌，深情地感谢恩人季老和钟老，引来了阵阵掌声。我和我的同时代人都对印度电影《流浪者》和《大篷车》的印度插曲痴迷过，现在听到一位印度青年学者坐在眼前演唱歌曲，对中国前辈学者真诚地感恩，心情十分激动。莫普德回国后，担任尼赫鲁大学中文系主任，因研究中印比较民间文学有成绩，多次获得中国教育部和外交部的奖励。有一年，他来华领奖，适逢季老九十大寿，他趋前拜见，向季老报告他研究西藏谚语的英文著作获得了中国外交部的奖励。他后来告诉我，他是第一个在印度高校开设中国民间文学课程的教授，他要把这门课一直开下去。从他的举止言谈中，我发现这位昔日的老同学已成为中印两国新一代民间文化使者，我这才体会到季老和钟老培养留学生的长远意义。人民的文化事业不仅属于中国，也属于世界上所有热爱文化和热爱和平的人们。

季老对钟老所有重要社会活动的邀请都有求必应，

前来参加，并发言唱和，包括举办研讨班、召开专业学术会议和审读民俗学重点学科评审资料等。季老还曾和钟老一道为赫哲族史诗《伊玛堪》的评奖而奔走呼吁，感动了中国北方的少数民族民间文学工作者。季老曾回忆这段经历说：

> 陈寅恪先生《王观堂先生挽词》中说："风义平生师友间。"我同钟老的关系颇有类似之处，我对他尊敬如师长。他为人正直宽厚，蔼然仁者，每次晤对，如坐春风。由于钟老的缘故，我对北师大的事情也积极起来。每次有会，召之即来，来之必说。①

季老和钟老除讨论学问之外，还常以美文相唱和，我知道钟老对季老的散文是爱不释手的。1990年代末，季老的散文集要出版，邀钟老题名，我当日接到季老的电话，次日钟老写好，嘱我送至季府。我骑车去了北大，季老早已坐在家门外的藤椅上等我。季老门前夏日荷塘飘香，老人的神态怡然祥和。我推开纱门随季老进入室内，季

---

① 季羡林《痛悼钟敬文先生》，《人民日报（海外版）》2002年1月22日。

老笑着说，别把"小猫"关在门外，此等小事，后辈看似无所谓，却在季老关爱世间万物的博大心胸中，照样给予叮咛，这让我的灵魂陡然一震，这是何等修身养气的境界！钟老家里无猫，但养气如季老，这些地方都是我们后学处处要学习的。

在北师大，一些博士生受业于钟老，追求老师的学术，也追逐老师的文采。不过初出道者难以两头兼顾，其论文有的文采斐然而逻辑不足，也有的思考深入而行文艰涩。针对这种情况，钟老就拿季老的散文当教材。他曾为《季羡林散文全编》题诗代序，推崇季老的文风，诗曰："浮花浪蕊岂真芳，语朴情醇是正行；我爱先生文品好，如同野老话家常。"他还写了另一首类似的诗说："古说修辞贵立诚，情真意切语芳馨；世间多少文章士，俗艳虚花误此生。"他要求弟子向季老学习，做文章既要逻辑严密，又要返璞归真。这套散文集出版后，季老亲自带了两套到北师大来，一套送钟老，一套送我。对我这个无名后学，季老竟题写了赠言，并工工整整地书写了个人落款："赠晓萍 季羡林 一九九九年四月二十六日"，这让我的灵魂震动。多年过去了，现在这套书还摆在我的书架上，我爱它如至宝，因为它收藏了一位巨人的智慧，还收藏了一颗好心，这颗好心因为无言而发烫，能烫出人的眼泪。

我因为给钟老当学术助手，经常在二老之间传书递物或打电话和写信，这样就有不少单独与季老接触的机会。记得那时季老总是自己亲自接电话的，大部分时间是季老与钟老直接通话，我站在一边；也有时是季老跟我讲话，告诉我他的基本意思，说明要求我做的具体事情，我再转告钟老。季老打电话的哲学与钟老一样，说话简捷，说完撂下，从不啰嗦。我每次骑自行车趋至朗润园季老的府上，推门喊声"季先生"，季老不管多忙都应声而答，从房内走出，以一个大学者的身份礼让晚辈，那种场面数次重复，成了定格的画片，现在又成了"老电影"。

钟老晚年呼吁保护民俗文化遗产，民俗文化遗产与文史文献遗产有一个交叉点，就是中国传统戏曲。季老也是这件事的热心人。有一次，季老邀请我们全家跟他一起到湖北会馆听昆曲，四年后，昆曲成了中国的世界级非物质文化遗产。以我有限的阅历知道，古老的昆曲在当代被"开光"，与一批学贯中西之士的远见卓识有关，季老至少在理论上应在此列。

季老在20世纪90年代就在钟老主持的北师大中国民

间文化研究所担任客座教授，长期参与指导民俗学国家重点学科的建设，开辟中印民俗民间文学比较研究的方向。2000年，教育部建立人文社会科学重点研究基地，北师大成立民俗典籍文字研究中心，钟老特聘季老出任学术委员会主任。季老和钟老因民间文化事业而结成"忠诚真挚的朋友"，惠及双方学科的建设与发展。

季老和钟老往来日久，他们身边的中青年后学也在不知不觉中成了朋友。记得在钟老逝世的前一年，钟老曾建议老人之间的一部分工作由弟子代劳，季老就推荐了王邦维教授。从那时起，王邦维每年都抽空来北师大，参与我们民俗学专业的博士生论文答辩或指导跨学科研究，认真履行季老的"旨意"不变。

我知道季老常常看《文史知识》，这是由一件小事引起的。2001年，钟老嘱我代他去北大参加季老九十寿辰茶话会，所交任务是在会上代他念祝词。我刚刚念罢下场，季老的助手就把我叫住，说季老要找我说话，并把我带到季老身边。我以为季老要给钟老带话，没想到季老竟然说："你在《文史知识》上写的饮食的文章不错，我看了，《文史知识》是本好杂志，以后要多给它写。"在一片喜气洋洋的气氛中听到季老的表扬，我好像被吹了仙气一般，回家时脚下生风。

在钟老生前，在接送季老往来北大与北师大的车上，在陪钟老开会时用餐与季老邻座席间，季老都对我有相当多的教诲，我至今未敢稍忘。季老还曾送给我小米、绿豆和红枣，我有的给了钟老，有的钟老则让我留着用，这些后来的事，季老都一点也不知道，但我忘不了。

我并非季老的弟子，也并非季老门内同事中的中青年后学，完全是因为钟老的关系，我才得以走近季老，季老却对我关爱和细心如此。这种事我不说是没人知道的，季老也根本没想让别人知道，季老就是这样为人友和为人师的，这种巨人品格反而让我更加刻骨铭心。季老去世后，北京大学讣告上写季老富有"学问魅力"和"人格魅力"，的确如此，毫不过分。我敢说像我这样偶尔接近季老并被季老感动的普通高校教师还有很多很多。

季老与钟老交往的个人活动是特定的社会现象，这种现象表现了学者个人的社会活动和他们在具体时间和空间内所建立的社会互动关系，以及这种关系如何让后世获益。《文史知识》的好处是记录了这些重要的历史现象。一些西方人认为，老一代名人的价值有两种：一是抢救，二是坚守。但用这种观点去套《文史知识》的第一代作者并不合适。他们这一代，认识西方，更了解中国。他们在"文革"后多产和高产，不是固守，而是厚积薄发；不是重复，而是创造。他们满怀对国家民族、传统文化的强烈使命感和崇高的社会责任感，无私忘我地奉献，晚年达到学术事业的峰巅。他们不遗余力地培养后学，将自己的学问代代传承。他们的成功是在西方个人价值至上的社会中所无法理解的。《文史知识》在这方面的工作因此具有重要的价值。

钟敬文·游国恩·金开诚

钟敬文先生在北京师范大学长期执教，但也与北京大学渊源深厚。他早在"五四"时期就参加了北大的歌谣学运动，新中国成立初又在北大教书三年，故与北大的许多著名学者相熟，包括游国恩先生、王瑶先生，以及他们的弟子乐黛云先生和金开诚先生。金开诚的情况比其他老师更加特别，他给游老和王老都当过助手，通古知今，才气过人，钟老也从不把他当作一般的晚辈看待。前面提到的才女屈育德老师，是金开诚先生的夫人，这也让钟老的爱才之心在金先生身上继续放大。在游、王二老过世后，钟老出席全国学术社团的一些会议，这时金先生已是全国政协常委和九三学社副主席，经常与钟老共同出现在某些社会活动场合中，直接接触的机会很多。两人有时也在《人民日报》《文史知识》和《群言》等报刊的笔谈会中见面，彼此了解对方在学问上的新想法。钟老始终把金先生当作故交雕刻的俊才，引为忘年知己。

1995年夏，中国文联为一批具有国际影响的中国文学名家编一套精品丛书，在对外交流中使用，面向海外发行，定名为"中国文联晚霞文库"，英文译名是 *China Federation of Literature and Art Circles 'Evening Glow' Library*，钟老是这套书的指定作者之一。他的书很快就编好了，题名为《芸香楼文艺论集》[①]，书中共收入他自20世纪20年代至90年代的撰文106篇，计53万字，728页，内容涉及古典文学、现代文学和文艺学等多个领域。钟老考虑到这种产生于本土和现代社会变革时期的中国文艺成果，要准确地向海外推介是很难的，便想到请金先生来撰序。那时金先生已经有很高的学术身份和社会地位，钟老怕他忙不过来，又认为没有比他更合适的人选，就嘱我

[①]钟敬文《芸香楼文艺论集》，中国文联出版公司，1996。

打个电话试试，不料金先生毫不迟疑地就答应了。钟老的这部几十万字的书稿经过大稿纸的抄写，纸厚盈尺，要找一个体面结实的大纸袋盛装并不容易，钟老就指挥我在他房内上下翻腾，最后找到某出版社送书的大纸袋，我们师徒合作装入书稿，竟撑满了一包。当晚我骑车去北大送稿，骑得很快，25分钟左右到达，送交后即返，再骑回北师大。谁知我刚踏进12楼宿舍的楼门，就听值班的程老师喊我，原来竟是金先生的电话，说稿子已写好，明天随时可以来取。我的惊讶之状无法掩饰，跑回寝室就对别人讲，听者称奇。钟老有早睡的习惯，我不能立刻打电话报信，不然这个电话是非打不可的。次日一早，我去北大取回稿子，钟老读罢大喜道："金开诚，大才子！""只有他，没有第二个。"

金先生此文命题为《精神力量与学术成果（代序）》，思想深刻又文采飞扬。钟老请他作序，他谦称为"代序"，进退恪守分寸，钟老便夸他有中国人的诗性涵养。他在序文中写道：

> 我和钟敬文先生虽然从未在一起工作，但对他的人品学问心仪四十年，完全可以说是一个私淑弟子。尤

其因为先妻屈育德同志50年代后期是钟老的研究生，因此我便常常能够得到钟老在学术上的指教和学风上的熏陶，所受教益至为深刻。因此，在钟老的理论文集辑成之际，他要我作序虽不敢冒昧应命，但写一点学习中的感想，还是理应勉为其难的。

钟老是学界泰斗，他在学术上的丰硕成果，久已为海内外学人共钦。但学术成果毕竟有章可循，有迹可求。在我看来，海内外学人在学习研究钟老的学术时，更应该思索他何以能取得如此巨大的成果。那是必须透过形迹看到更为内在的素质才能感悟的。[1]

金先生的捷才名声在外，但我仍有神秘感：钟老的那一大袋书稿需要几天才能看完，别说还写评论，他怎么可以写得这样快？我去问他，他回答说："你打电话过来的时候，我就开始准备了，更主要的是要靠平时的积累。"其实他在上面的引文里已经交代了事情的奥秘。我之所以还要在这里谈到此点，是想到除了我，广大读者也可以了解金先生的才华和勤奋。此外，他还有与一般人

---

[1]金开诚《精神力量与学术成果（代序）》，钟敬文《芸香楼文艺论集》，中国文联出版公司，1996，第1页。

不一样的地方，就是他不仅有才，还有情义。他为人之真诚，数十年不变，在这件事上，钟老和我都有体会。钟老曾偕我去启功先生家闲坐，又提起金先生作序一事，启老闻听哈哈大笑，戏云："唐有李白，今有金开诚，文章八千言，倚马可待，无人能及。"

钟老请金开诚先生作序还有另外的学术背景。钟老在晚年迎来了中国民间文艺学和民俗学发展的黄金期，于是他提出将中国文学做整体研究。在课程设置上，他建议在高校文科教学中，突破以往将古典文学、通俗文学和民间文学分科过细的做法，从中国文学整体观出发，对上、中、下三层文学做打通研究，这样做的目的，是提升青年大学生对中国文学、文化遗产的总体认识。不过，他提出这一观点是曲线运动的结果，不是直线发展而来的。1957年春季，钟老曾与金先生的导师游国恩先生展开了一场论战，不久钟老公开发表了《高等学校应该设置"人民口头创作"课》一文，文章中说：

> 4月29日，《光明日报》的第1版刊载了九三学社中委会和北京分社召开的座谈会的发言记录，5月1日，《人民日报》第4版也发表了内容相似的记载。

座谈会上那些专家们对于卫生部、高教部工作的批评意见，大体上我是同意的。我以为这种率真的批评，对于那些部门今后工作的改善很有益处。

但是，对游国恩先生关于高等学校里本国语文系"人民口头创作"这门功课设置的意见，我却持有一些异议。……据他看来，在我们国家里呢，人民的口头创作早已被记录下来了。它已经成为我国古典文学的一部分。因此，就不该在高等学校本国语文系里设置这门功课。

……

现在再谈一下我们高等学校本国语文系里应不应该设置这门功课的问题。关于这点，我的回答是肯定的。……在社会主义国家的高等学校本国语文系里是不能去掉这门功课的。如果那样做，即使不说是一种错误，至少也是一种不小的缺点！[1]

现在这场历史风波早已成为过去，而在高校内部发生这种争论也是民间文艺学发展的必然过程。需要说明

---

[1] 钟敬文《高等学校应该设置"人民口头创作"课》，董晓萍编《钟敬文教育及文化文存》，南海出版公司，1992，第50—52页。

的是,钟、游二老虽持有不同看法,但钟老对游老的意见始终是重视的。在此文的注释中,钟老说:"因为我们的这门学科,现在还处在比较幼稚的状态,对于人民口头创作史材料的整理和研究工作做得太不够,所以暂时这样处理比较妥当些。"[1]我跟随钟老读书时,此事已经过去四十年,他仍命我将《高等学校应该设置"人民口头创作"课》一文编入他的教育学文集中[2],作为历史文件保留。他一直将游国恩先生从古典文学角度所提出的问题作为一种激励,教导后学继续加强高校中国民间文艺学的理论建设。

游老是我国楚辞研究的大家,金开诚先生续有继承。金先生的《楚辞选注》和《屈原辞研究》等著作,从国学和国风两方面,对这种先秦文学体裁做了重要的拓展研究。他对楚辞中的神话的解释,保留了游老学问的精华,又充分吸收了钟老的神话学思想,从楚辞学的角度,对古典文学与民间文学开展综合研究,并在理论与方法上做了创造性的发挥,把两个学科的长处结合得十分

①钟敬文《高等学校应该设置"人民口头创作"课》,董晓萍编《钟敬文教育及文化文存》,南海出版公司,1992,第53页。
②董晓萍编《钟敬文教育及文化文存》,南海出版公司,1992。

完美。钟老对这类连续性的研究是相当关注的。1980年，他发表了《论民族志在古典神话研究上的作用——以〈女娲娘娘补天〉新资料为例证》[①]，1984年，他发表了《中国民间文艺学的形成与发展》[②]，也都参考了楚辞研究的成果，当然也对同时期国际前沿学术信息加以关注。金先生在上述序文中，对钟老这种治学特征给予了切实的评价：

> 他是在对中外古今历史文化的广泛把握中来谈文学原理的。文学创作本来就只是人类文化创造的一个组成部分，它又是随着历史长河的流动而变化发展的。因此，带着有关历史文化的广泛认知和思维的背景来审视文学创作，就更能给人以广博感和深邃感，使人在文章之外还多有联想与感悟。这与那种"不知有汉，无论魏晋"式的就事论事乃至坐井观天之作是大异其趣的。[③]

[①] 钟敬文《论民族志在古典神话研究上的作用——以〈女娲娘娘补天〉新资料为例证》，《钟敬文民间文学论集》（上），上海文艺出版社，1982，第153页。

[②] 钟敬文《中国民间文艺学的形成与发展》，钟敬文《民间文艺学及其历史》，山东教育出版社，1998。

[③] 金开诚《精神力量与学术成果（代序）》，钟敬文《芸香楼文艺论集》，中国文联出版公司，1996，第2页。

这些看法出自金先生本人对中国整体文学文化观的精辟见解。他与钟老的很多观点是不谋而合的。这是一种水到渠成的结果，完全没有迎合，反而还有互补。1992年，美国哈佛大学著名汉学家费正清的高足、衣阿华[①]大学历史系主任欧达伟教授（Professor R.David Arkush）来访，这位美国教授喜爱中国书法，钟老就派我去找金开诚先生帮忙。金先生时任中国书法家协会副主席，闻令则动，旋即写来"名士风流"四个大字，又以"江南金开诚"的传统中式谦称落款，不卑不亢，落落大方。这副字现在还挂在欧教授的美国办公室里，他把它当作艺术精品，也当作中国文化教材。

在北京大学治中国文史文献的几代学者中，钟老与之在学问上打交道并写入个人著作者，先后有顾颉刚、周作人、游国恩和金开诚几位。在这个大家排阵中，金开诚是最年轻的，这注定他要成为承上启下的一位。他的许多工作，不仅在游老和钟老所代表的前辈学者的研究中起到桥梁作用，而且自己又能融通百家，灵活化用，做到

---

①衣阿华（Iowa），学界也译为"爱荷华"，本书因引用历史文献资料，为忠实原文，故统一使用"衣阿华"的译法。

整体推进，这是很了不起的。金先生和他的北大前辈们的这些贡献，在中国民间文艺学史上具有历史价值和长远意义。

我最早被《文史知识》吸引，其实与金先生的女儿有关。我上大学的时候，校图书馆将最受欢迎的杂志开架借阅，《文史知识》是其中的一种。我看到它的第一篇文章纯属偶然，那篇文章的题目叫《试析曹操的〈短歌行〉》①，它不是出自某大家的手笔，而是一篇大学生的新作，作者说，魏相曹操天下纳贤而求之不得，"愁得不得了"，我一看就乐了，原来文章还可以这样写。我过了很长时间才知道这位作者正是金先生之女。

我认识金先生多年，无论在专业学习上、写作上，还是在做钟老助手的工作上，都得到他全方位的教育。我们这一代人，虽然赶上了恢复高考的时代，也去了国外深造，但我们的幸运并不能代替我们的缺失。我们和前辈在阅世和学问上都存在着巨大的差距，而在老少两代人之间起到领路作用的正是金先生他们这一代人。我的导师是钟老，然而给我以更直接、更具体教育的是金开诚先

①金舒年《试析曹操的〈短歌行〉》，《文史知识》1982年第7期。

生。他从不刻意地教育你，他是用他的大气象教育你，用他尊师重道的境界教育你，用他为国家社会创造思想财富的成就教育你。什么叫"有容乃大"？我通过他加深了理解，他对我的影响是他人不可替代的。

聂石樵加入"人民口头创作学习会"

中华书局近期出版了十二卷本的《聂石樵文集》，又适逢聂先生九十寿辰，可谓双喜临门。学者有成就而能长寿是一件大事，长寿才能把学问做长，才能有机会迎来超越学者个体之外的整体科学文化事业的进步发展和综合社会评价，同时将那些原来看似偶然或必然的历史碎片整合起来，呈现为一个人与一个时代紧密关联的整体历史。学者的个人史对某专业有意义，而整体史更具有普遍性，能在众多领域和社会范围内产生广大的教育意义。聂先生对我的教育属于后者。

聂先生是我国著名的古典文学家和古典文学教育家，同时在民间文学专业建设史上也有特殊的位置，不过这段历史知道的人不多。早在新中国成立之初，在钟敬文招收新中国第一批民间文学专业研究生之前，北京师范大学中文系已有几位高年级拔尖生和新留校的青年教师被钟老选中，进入钟老组建的"人民口头创作学习会"，跟钟老学习民间文学专业。与后来入校的民间文学研究生相比，他们是更早的一拨。在他们中间，就有聂先生和其夫人邓魁英先生。

"人民口头创作学习会"的基础课程是"民间文学"和"人民口头创作"课。当时钟老兼任北京师范大学副教务长和科学研究部主任，工作十分繁忙，但为了培养后学，还是坚持组织这批优秀学生开展"学习会"的活动。据同在"学习会"的连树声先生回忆，学习会的成员每两周的周日在他办公室活动一次，学习、讨论民间文学的基本理论，由钟老直接讲述或提出问题，大家自由讨论。钟老还提出参考书目，要求大家阅读①。这正是聂先生夫妇与钟老的学问近距离接触的时间。钟老带领他们讨论的内容，有当时倍受关注的苏联民间文学理论问题，也涉及神话学、故事学、歌谣学、民间抒情诗和民间戏剧学等广泛的体裁学研究。现在钟老手稿中还有《民间文学》和《人民口头创作》讲义的原稿、钟老制定的教学计划、

①参见连树声《温馨的回忆、永远的怀念》，学苑出版社，2002，第346—347页。

钟老培养"学习会"的同学翻译出版"人民口头创作"丛书的样书。在钟老记录的一份"学习会"成员的发言记录上,"聂石樵"三字赫然在上。

聂石樵教授当年听钟老的课,是钟老于1949年到北京师范大学执教时首批使用的教材内容,在此我们有必要了解这门课程的背景。下面抄录钟老的一段回忆,钟老在这段文字中保留了半个世纪前的理想和热情,也让我们能多少了解当时在台下听讲的一批风华正茂的青年学子被钟老感染的原因:

> 1949年5月,在庆祝过"五四"诗人节之后,我们驻港的许多作家、学者,应党的邀请乘苏联的轮船转道天津回到祖国。来到首都北京后,我们立即投入全国第一届文学艺术工作者代表大会的筹备工作。大会结束时,我被选为全国文联候补委员及文学工作者协会(后改为"作家协会")的常务理事。10月1日,伟大的中华人民共和国在人民雄壮的欢呼声中成立。在经历了多年苦难的生活之后,看到这个新人民政权的太阳高高升起,我是饱含着喜悦之泪度过那历史性的时刻的。

> ……

与此同时，我在北京师范大学任教，兼任北京大学、辅仁大学等校的教职。我教授民间文学等功课，并编辑出版了《民间文艺新论集》。此书因为适应当时学界的需要，很快就再版了。在抗美援朝期间，为了鼓励中国人民的爱国情绪，我组织力量，编印了一册《爱国主义与文学》的文集。[①]

钟老在香港达德学院教书时已写就《民间文学》教材的目录，在北师大的讲义是1949年以后继续加以补充的结果，课程名称为"民间文艺"和"民间文艺研究"。

在新中国成立初期和中期，钟老除了开设民间文学课程，还开设过其他中国文学史课程，涉及中国古代文学史和中国现代文学史，古代文学史的课程名称有"古代小说选讲""中国文学范文选讲""诗歌通论"和"《水浒传》专书研究"等。听讲者不限年级，广纳学子。钟老从中国的下层文学讲到上层文学，又从上层文学讲到中层文学和下层文学，展现了"五四"学问大家的气象。钟老讲授的"诗学通论"课，涉及屈赋、楚辞，与聂先生后来的

---

① 钟敬文《我与我们的时代、祖国》，董晓萍整理《钟敬文学述》，浙江人民出版社，2000，第17—18页。

研究属于相同范畴。讲义的引证材料之丰赡，解释写诗学步之绵密，引领观察古今中外诗论之娴熟，处处有钟老从书斋到讲堂的一路风格。如果他在世，如果他曾与聂先生谈话，聂先生一定会被熔化。钟老作为诗人的热烈和孤独、崇高和质朴、理想和挫折，在他的诗论中都有。他始终将个人的情感投入国家社会改革繁荣的熊熊熔炉中，身与诗俱炼，成就了非凡的诗格。无论如何，聂先生是被钟老的这种诗格熏陶过的，因为他跟我说过钟老有诗人气质。

"学习会"的成员后来所从事的专业各异。聂石樵先生夫妇去了古典文学专业，还有一位小组成员陈惇教授进入了外国文学专业，连树声一直在民间文学和民俗学领域工作，但对于钟老这位历经"五四"、留学海外，而始终坚持从中国整体文学观去研究民间文学的一代宗师来说，这些学生无论在哪个领域施展才华，一辈子都是他的"老"学生。他们也都一直与老师保持来往。

近些年邓先生身体不好，都是聂先生来院里取报刊和信件，我们时不时地碰上，每次见面都要说几句话。聂先生有极强的记忆力，又待人真诚，你听他讲话会感到很可信，还能得到不少历史素材。他回忆钟老当年的民间文学教学时，能把钟老讲课的专注神态、关键词和大师做派，说得栩栩如生，又简明扼要，我特别爱听，于是我们就长聊、短聊，有时竟忘了时间。他那种对前辈的敬意，对真学问的重视，任何人接触过，都会因他而"升温"。如果一定要用一个词来概括它对于我的意义，可以暂且叫它"课程口述史"。虽然直到我全部完成钟老旧稿的整理工作，才能更加理解此"史"的历史价值，但说老实话，在这个过程中，聂先生的很多话都一直在起作用，激励我在已经逝去的半个世纪的一头一尾，去寻找，去把一种声音还原为一种形象。他教给我一种"活"的知识，民间文学书本上没有，别处也没有。钟老的著作可以传世，手稿可以存留，但这种讲课教书的现场感却必然断层，唯最有悟性的学生才能拾拣它和珍藏它。

聂先生在跟钟老参加"学习会"期间，正值全国"学苏联"。"学苏联"的思潮后来受到了批评，钟老本人也写过反思文章，不过他也不同意一面倒，认为应该实事求是。但聂先生在这件事上从不多话，只念钟老的好，这是聂先生的厚道。

1986年钟老首次招收博士研究生时给我出考题，有一门是"中国文学史"，这正是聂先生夫妇掌门的专业。三年后，我通过了博士学位论文答辩。当天晚上，钟老将这份考题的原稿交给了我，从此它成为我手上永久的金貔令牌，催我时时自励、不敢松懈。人生的时光不能倒流，我无法回到钟老在20世纪50年代讲课的那个时代，但他对我的考试和对我的古代文学教育，却让我懂得，民间文学治学的视线不能离开中国文学，特别是古典文学。

钟老为聂先生等"老"学生讲课的讲义，除了手稿，还有一批油印本。今人见油印本已如同见"文物"，但在钟老教书的时代还是十分常见的。这是一种纸介的印刷品，由刻工使用蜡纸在钢板上刻印后，将蜡纸拿到油墨印刷机上印刷，印出单片散页，再装订起来，订成一册册的稿本，就像书一样。钟老组织刻印了大量的油印本，都是这样为学生"生产"出来的课外教材。它们没有任何商业价值，全是教师"学术良心"的产物。钟老生前曾把不少油印本交给我保存，还为我讲解过他在上面的划出的重点和批读的眉注。这样的讲义就是我的精神宝物，更是我的人生课堂。聂先生对我说："钟老是一位当之无愧的教育家。"他的感慨应该是从钟老的这些教学活动中来的，又转化到了他本人的教育事业中去。现在每当打开它们时，我都会想到钟老，还有他的这些"老"学生们，想到他们怎样教书，怎样做人，怎样远离名利地从事科学研究。

他们那个时代的人浑身上下都是"书香"。在改革开放引进计算机办公系统之前，前辈们的无数智慧与心血都藏在这种"书香"之中，慢慢地熬成青史。

钟老是位念旧的人，生前每逢外出开会或休假回来，有了诗词新作，都会嘱我打印出来，编成几十本小册子，送给他的老朋友和老学生。记得我去过启功先生和聂先生家送《成都杂咏》（1986）和《丁卯浙行吟草》（1987）的打印本。聂先生和邓先生拿到这种小书，总是会对钟老执虔诚的弟子礼，反复道谢，没有摆出任何大教授的架子。还有一次，某古典文学专业的研究生出了一点麻烦，来找钟老，要求转专业。钟老耐心地听了来者的陈述，看到这个年轻人脾气很大，无法劝止，就派我去聂先生家搬救兵。聂先生明白这是钟老要让自己出面调停，便"奉旨"接差，二话不说，直至指导这个年轻人正常毕业。如今往事如烟，春风一片，我却始终忘不了聂先生对钟老有求必应的这些事。聂先生夫妇在自己人生事业的黄金年华还几乎"承包"了启功先生晚年指导博士生的所有工作，默默奉献，坚持到最后，于是我的恭敬再加十分。聂先生夫妇倘若有半点私心，也用不着给钟老和启老当一辈子的"老"学生，何况不仅是当学生，还要给老师解决一些麻烦事。

有位教授对我说，现在的研究生对老师，在学时叫"先生"，非常客气。毕了业，留了校，一周开外，就开始改口叫"老师"了，这也还算不错。再过几年，出了名，见到导师就直呼其名了，这也还算可以。以后再过几年，成了"人物"了，再见到老师，便侧身而过，不认识了，连招呼也不打，跟没看见一样。这是一位学问出色和定力极强的好学者，看淡师生关系，无意于代与代之间的劳燕分飞。但我见到了聂先生夫妇的嘉言懿行，还有我熟悉的程正民老师、王宁老师、陈惇老师和谭得伶老师等，看见他们在成名之后怎样对待自己的老师，便有了强烈的对比和辨识。至于聂先生夫妇对老师刘盼遂的忠心耿耿，则是另一篇佳话。

逝人钟老和启老，健在的聂先生和邓先生，他们一辈又一辈地传承中国学问，身体力行让中国知识分子的优秀品格绵延不断。他们所处的时代不同，但历史有时是会"重复"的，现代人可能因为不清楚某些历史细节而忽略某些东西，而只要亲历者对这种史实加以重视，善于利用，便可以使历史再现，促使后人奋发前行。在这些不同代际的学者身上，还都有一种无法用语言形容的强大磁力，而这种磁力曾从各种手抄本和油印本的发黄的旧纸中冒出，令人至今无法拒绝它的吸引。那里有一种神话般的"追日"力量，让我不能不在心中操演，我相信还会有一些肯赴艰险、不慕虚荣、不怕失败的弟子后学追随之。

大学者精神

钟老是教育家，他和20世纪初我国一批优秀学者一样，曾以较小的知识分子群体，创建了有一定规模的高校高等教育。他们满怀爱国热情，以深厚的中外知识学养，投身学科的创建与发展，使高等教育成为中国科学文化事业的核心事业，他们本身也成为研究生教育事业的一代宗师。到了21世纪，情况有了变化。一是大环境与小环境的变化。现在外部大环境优越了，研究生导师的小环境问题也多了，他们在教学科研的拼搏中有了新的苦恼。有人认为，太理想化了，不幸福；工作多了，个人享受少了，也不幸福；他们在理想、价值观和行为方式的一致性上出现了断裂。二是知识传授的方式已经改变。现代高校知识传授的手段增加了，一个教授、一杯水、二三弟子的教书圣境一去不复返了。现在教室的技术设备被飞速地更新，师生的眼界可以被互联网扩展到无穷大，信息时代简直就是年轻人的天下。但在热闹一阵之后，人们却遗憾地发现，现代教育资源丰富了，大学者精神却少了；博士、硕士的数量多了，质量好的却少了；会技术的研究生多了，懂事的研究生却少了。三是师生模式的困惑。以往高校研究生教育是一种责任化模式，提倡严格的导师负责制，但导师严格管理学生也会产生一些矛盾，于是有些导师开始放弃这种模式。而在当今世界高消费潮流的影响下，青年学生一代也在很多价值观和行为方式上，往往朝着在导师看来不利的方向发展，这也不利于保持良好的师生关系模式。然而，失去以往师生模式的最大损失，就是直接影响到高校的高尚理想信念和严谨科学的学术精神的传承，而这正是高校优秀人才教育的本质功能。

有一些中青年教师说，以往的国学大师已不可复制。他们赶上了中国传统社会的晚期，饱读四书五经，吸收了传统文化积聚千年的精华；又赶上了"五四"时代，吸收了当时西方工业革命后的先进科学思想，能够造就特有的中西合璧、中西兼通的学术能力。他们还有理性的气质和情感的涵养，能在各种顺境和逆境中做到平顺通达，这使他们在任何情况下都能完成人生目标，不为外界干

董晓萍博士答辩委员会（右起：陈毓罴、刘魁立、杨堃、马学良、启功、钟敬文、金开诚、董晓萍。1989年）

扰所动。但不能复制，不等于不要勉力学习。重要的是，我们要从他们的成功之道中，思考一个共同点，就是把高尚的爱国情怀与深刻的历史感和现实创新性结合起来，形成文化自觉，这对人文社科领域的前后传承来说是尤其必要的。

改革开放以后，新理念很多。但钟老认为，不管怎样，研究生导师的质量是研究生教育的关键，这个理念在任何时候都不能变。一所高校的研究生导师队伍建设不是一件偶然的事，也不是凭一、二项工程就能做到跨越式发展。在进入现代化和全球化时代后，高校研究生教育工作进一步深化了质量意识和文化内涵，目的是提升我国优秀人才教育工程的水平和竞争力，促进我国的研究生导师群体提高素质，继承中华文明教育传统，参与国际人才教育文化的交流，为人类奉献中国高级人才教育的优秀遗产和现代成果。他提出：

> 研究生导师是在国家社会发展急需和世界科学文化变迁前沿的趋势中，在后本科教育阶段，承担深化和优选人才资源的神圣职业，是为国家民族文化实力建设和提升培养拔尖人才的教育使者，同时也是胜任其

职的专家学者和修身进己的人生楷模。研究生导师要在保持自身教学科研前沿水平的前提下，把培养人才放在第一位，恪守职业道德，净化学术环境，培养研究生具有报效国家民族的责任感，掌握良好的专业知识技能，成为适应社会需求的高层人才。[1]

研究生导师是否把自己所从事的工作当作一种值得追求的价值目标，从根本上说，取决于他对这份事业的文化属性的选择。实际上，从过程和结果看，人们可被划分为两个群体：一个是"自愿群体"，一个是"非自愿群体"[2]，其中，凡是属于自愿群体的导师，乐于以高层人才教育工作为业，传承优秀人类文明，这一群体就很容易成为榜样性群体，成为国家人才战略的重要载体，并获得良好的社会评价。前辈宗师正是一批"自愿群体"的代表，现在的研究生导师也应该自觉从属于这一群体。

从自愿群体说，研究生导师，是一种将公民身份、知

①钟敬文《一项具有战略意义的工作》，原载《群言》1987年第8期，收入董晓萍编《钟敬文教育及文化文存》，南海出版公司，1991，第65页。
②（美）斯蒂文·郝瑞（Stevan Harrell）《田野中的族群关系与民族认同：中国西南彝族社区考察研究》，巴莫阿依、曲木铁西译，广西人民出版社，2000，第198页。

识精英和教育从业价值观结合得最紧密的职业类型。而在中外教育史上，人们是否把研究生导师当作一种值得追求的价值目标，取决于多种因素。其中一个相当重要的因素，在于知识精英投入研究生教育的最高目标的差异。在西方教育学理论中，有一种"文化间断假说"，指人们判断最高目标的差异的来源，是学校环境、个人和家庭的期望值不同造成的。但也有的国际同行推翻了这种假说，他们认为，中国历来有以国家、天下为己任的教育传统，即便基层社会也有报效国家民族的很高目标，这与"文化间断假说"是两码事。

就像各地所使用的教材那样，课堂上所讲授的题材和传达的信息多具有宣传国家主义的内容。从历史课文到数学教材所包含的一个观点是：中国是一个统一的、伟大的、具有光荣历史与光明未来的国家，……中国学校向学生们传达着被Keyes称作的"国家意识"，这与人们的村落和亲属网络所构成的"地方意识"形成鲜明对比。①

①（美）斯蒂文·郝瑞《田野中的族群关系与民族认同：中国西南彝族社区考察研究》，巴莫阿依、曲木铁西译，广西人民出版社，2000，第203页。

这种看法与中国优秀知识分子情怀和教育传统是有衔接性的。以留学回国的前辈学者和现代海归留学生为例，他们中间有突出贡献的人才，都具有爱国报国的理想价值观。正是这种"爱国心"，我们也称"爱国自觉"，给个人带来了巨大的超越性和驱动力。它能使人超越自我，境界高尚，让人的潜能得到最大限度的发挥。它所产生的期待值能量，远非仅为个人和家庭奋斗所能比拟。这几乎是一条定律。我举个例子。以下是先师钟老在二十多年前写的两篇文章，他说：

> 由于学位制度的确立，在中国语言文学研究的领域里，将着手培养相当数量的研究生。这方面工作将来是否能够取得预期的效果，很大程度上取决于我们是否拥有质量符合要求的指导教师。[①]

> 作为导师应当对所指导的学科具有较高的学术水平，应当有为社会主义文教事业献身的精神，对学生的思想、品德、学业进行认真负责的指导。现在有的导师

---

①钟敬文《注意研究生培养的方向》，《教育研究》1981年第2期。

不管学生的思想、品德，培养出来的人才就不可能达到社会主义现代化时期对他们所提出的要求。[1]

这是他从服务国家社会的最高目标谈研究生导师工作的。随着我国对外开放的深入和教育事业的蓬勃发展，研究生培养工作有了很大变化，比如，在教育国际市场化的今天，学生面临就业的压力，也面临传统成才方式与现代成才方式的冲突与压力，他们的浮躁心态与精英意识并存。再比如，现在的人才评估体系也在发生变化，"土法炼钢"和改革创新的不同价值观并存。但我们也要看到另一种情况，就是在文化教育底蕴深厚的中国环境中，在形成自己学术传统的高校，不会因为市场环境的变化而从根本上影响人才培养的质量。研究生导师与普通教师之所以不同，就在于始终站在高端人才培养输出的第一线，而研究生导师是否关注人才培养的质量，也始终是研究生教育工作是否健康发展的标志。

进一步说，学习前辈，当自愿群体，做文科创新学问，带好研究生，并终成学术气候，还要研究他们的五个

---

[1] 钟敬文《一项具有战略意义的工作》，原载《群言》1987年第8期，收入董晓萍编《钟敬文教育及文化文存》，南海出版公司，1991，第67页。

特点。一是利用中外大环境，寻找中外资料，对照启发，发现时代新问题。二是利用史学大环境，扩大史源，使新学问论有所本。三是利用哲学大环境，建立框架逻辑，创建新学科。四是利用社会调查大环境，创造自己的研究个案，细节动人。五是利用文学大环境，通过训练有素的文笔表达，获得广泛的社会认同。

虽然中外高校研究生导师的风格不同，但好的导师都很讲究个人修为。以我的体会看，美国导师是师友型，如季羡林先生说胡适，对晚辈爱讲是"我的朋友"。法国导师是师才型，衣冠楚楚、侃侃而谈。英国导师是师绅型，治学精审、绅士风格。中国导师是师道型。师尊弟谦、彬彬有礼。无论是什么风格，优秀导师从事研究生教育都有一种特殊的人格魅力。特点有三。一是赞美。不是表扬，是赞美，赞美学生的优点，启发学生找到成功的起点。二是欢迎。随时欢迎求教者，不拒绝，不厌倦。三是给予。倾其所有，有教无类。这是一种大学者精神，是应该被继承发扬的。

什么是大学者精神？以钟老为例，有以下特点。

大学者是高尚奉献的教师。在他的门下，学无高低贵贱、人无亲疏长幼，只要肯学，他都能教。他对自己的学生和各地来求学的人，给资料、给题目、给思路，甚至给经济资助。与现在过分强调个人价值观和利益得失观的人相比，他很传统，他对所有求教者的慷慨施与，极富人格魅力，文化底蕴深厚，更容易被受教育者所接受和忆念。他使应该被尊重的教师价值得到尊重，使应该被尊重的学术传承得到尊重。

大学者是学习型的智者。现代教育呼吁把人培养成学习型的人，其实钟老这批大学者本身就有这个习惯。他活到老、学到老，终生手不释卷、笔耕不辍。坚持学习，使他博学而谦逊、精深而多元、宽容而无争，使所有接近他的人感到心理年轻，世界精彩。

大学者是正确处理挫折感的伟人。他的人生充满了挫折感。但我们知道，这种挫折感来自历史的严峻，也来自人类追求完美的共性。在人类文明的沃土上，它是追求真理的驱动力，是科学表达欲望的开始，是人类将自己的文明价值观和知识生产模式不断更新的新起点。无论在传统教育还是在现代教育中，无论是在东方、还是在西方，它成就了无数大学者的人生伟业。

正确地处理和转化这种挫折感不是人人都能做到的。但钟老这批大学者就能做到。在现代社会一帆风顺成长起来的许多中青年学者就往往做不到，因为他们只有学位、职称而没有修身养性。但是，在当今激烈的国际国内人才竞争环境中较量的研究生导师们，却应该争取做到。人生修为是重要的，穿衣吃饭也可以让人深刻。最要紧的，是真正杰出的导师能把沧桑厚重的治学风格渗透在日常实践的言行举止中，融化为一种流溢于五心的人性之美。那是一种无形的力量，能春风化雨，引导莘莘学子。

大学者都能找到能干一辈子的事，然后矢志不渝、坚持不懈。在这些地方，他们都有选择的慧眼，能对推动国家社会文化事业的发展产生相当影响。

一是选择巅峰阵容、共享精彩。钟老在岭南大学时，与音乐家冼星海为友，冼星海要教钟老拉提琴，钟老要教他作诗，两人进行学问上的交换。今人知道，这种共享是人生的绝笔，在学生眼里就是闪闪发亮的镜子。

二是积健为雄、以高筑高。研究生导师生活在高校学术圈中，还要能以高筑高，彼此砥砺，如《论语》所说的"默而识之，学而不厌，诲人不倦，何有于我哉"，最后积健为雄。前辈学者尤善于此。钟老和季羡林、费孝通、张岱年等先生过从甚密，经常交谈各自关注的最新问题，结果都促进了学科建设。

三是理性人格、大器细琢。人们常说大学者得益于天才、机会和勤奋，其实还有第四条，就是理性人格和人生境界。这使他们成就了事业，也拥有追随者和影响力。钟老也有钟老的性格，但主要是有理性人格。在钟老等前辈对我的教育中，我体会到，他们的人生是境界人生，能超越自我，为人类社会创造新价值。钟老从青年时代起走上为国家民族治学的道路，到了晚年集大成时期，又把时间留给了学生，这正是他的理性人格所致。

从钟老对我的教育中，我体会到他有三种人生。一种是自然人生，这是按生理年龄计算的，自然发展，从俗从众，发展得好，是返璞归真；发展得不好，就随世沉浮。一种是就业人生，就是常言说的，为生存而做事，一般地发展，就是"捧牢饭碗"。发展得好，还能为事业人生和敬业人生。第三种是境界人生，这种人能超越自我，超越时代，奉献人类社会，做创新工作，用钟老的话说，是能起风云的人。钟老从青年时代起走上为民族国家治学的道路，到了晚年，在学问集大成期，却放弃了写自己想写的书的机会，把最后的时间留给了学生。他引用罗曼·罗兰的话说："要紧的不是成功，是伟大。"他始终选择的是境界人生。这种人生观是很理性的，里面有三种成分，一是儒家的进取与规则，二是佛家的寂寞和觉悟，三是道家的放弃与善为。他少年成名，成就大家，历尽磨难而不悔，没有境界人生是做不到的。

钟老是"文革"前的一级教授，是"国宝"，他读书读到了家，有三个口袋：诗人、散文家和学者，哪个口袋都能藏宝出绝，这是后人学不来的。但在这里我要讲，他的有些品格是可以学习的，我把它们叫作"三种哲学"。首先是早起哲学。他从不贪晚，总是早起，通过走路散步与人聊，平凡自己。其次是开会哲学。钟老名气大，会议多，占用了不少时间，但他从不早退。他对我说，人要有"钝根"，尊重别人。他经常通过会议发言，赞美他人。再次是勤奋哲学。他无论跟中外学者还是跟膝下弟子谈话，只要对方有新资料，或有新观点，他都有兴致追问讨论，勤奋地学习，人称他的长寿奥秘在此。他既是饱学之士，又能达到做人的很高境界，是令人敬佩的。会做人，就是细节动人。细节动人，就是有文化。正是细节动人，能让许多伟人把深邃的文化自觉和博大精深的学问化为凡人现实，让后人感受到他们的诚朴可爱、蔼然亲切。我们作为研究生导师,不追求如此,还有别的评价标准么?

学生怎样评价自己的研究生导师?据我周围的情况分析,大体有三种情况。一种是慢热而持久型,如钟老,启功先生称他是"伟大的书呆子",很多人跟不了他读书,因为他满口诗文而要求严格,一般学生望而生畏。但学生毕业后都十分想念他,特别是在遇到重大教学科研问题并解决后,这时才更钦佩当年老师的博大精深,感到老师的教诲让自己受益终生,从而愈发怀念老师。一种是均质型,如一些研究生导师的行事平平、学问平平,学生印象也平平,学生毕业后不给他写信,给别的导师写信。一种是同步反差型,指有些老师读书不多,但颇迎合学生心理。但是,学生在听热闹之后,回过味来,又会发现他言之无物,于是失望,与起初的追捧形成反差。

研究生导师的学位和职称不能代替文化自觉,高头讲章不能代替学问自觉。只有像钟老等前辈那样,在中国优秀教育传统中站稳根基,在世界优秀人才培养模式中吸取精华,并与自己的岗位工作实际相结合,才能在全球化下我国高等教育战略的现代转型中,担负起研究生导师的光荣使命,为培养祖国优秀人才而奋斗和奉献。

教育诗

钟老96岁时给北师大的师生讲过一次课，题目是《谈读书》，他说：

我们是在大学里生活的。在这个圈子里，读书的目的是什么呢？我看，主要有两个：

一个是为了获得学业上的知识，以准备将来为社会服务。……你读书时，吃了人家的、穿了人家的，人家给你造了房子，给你搭桥铺路，给你印出书来供你阅读，那时你是一个享受者。你对这个社会，不能光有收入、没有支出。一个大学生，毕业了，是有责任回报社会、回报他的国家和民族的。回报，就要有资本，资本就是知识。

……

另一个读书的目的，不大彰显，是隐性的，但却十分重要，即为了获得精神上的修养，培养健康的人格而读书。我们经常说，教育的宗旨是培养德、智、体全面发展的人才，现在又加上了"美"和"劳"，叫德、智、体、美、劳兼备；我说的是其中的"德"，它也是读书活动所追求的目标。这种读书，用俗话说，就是学习怎样做人，强调要充实人的心灵，锤炼人的品格。可惜现在有时人们对这一点不大重视。但在中国的教育传统上，是看重"育德"的，是讲究要首先学会做人的。[1]

钟老是著名诗人，在他漫长的人生中，写诗是一种生活方式，也是他的个性化教育方式。他讲课、写文章、带研究生、出席会议，不知疲倦地工作，也乐此不疲地写诗，这种诗是文学诗，也是教育诗。

（一）飞向贵州

1987年，钟老已85岁高龄，当年春，应邀赴贵州参加全国中、青年民俗学理论研讨会，来去乘飞机，因在乘客中年事最高，受到了空中小姐的格外关照。

抵达贵阳后，他开会，演讲，和青年同行一起讨论学术问题，心情极为愉快。会下，贵州省文艺界经常来人拜访，他见到了"老文联"田兵，相谈甚欢，还到田家喝了一

---

[1]钟敬文《谈读书》一文原为应北京师范大学社科处之邀，于1998年12月8日在校五百座礼堂为全校师生所做的谈读书方法的学术报告，后在《群言》1999年第8期发表。

顿"村"味儿米粥。田兵60年代整理出版过西南苗族的创世史诗《苗族古歌》，"文革"中受到冲击。"文革"后，钟老主编全国高校文科教材《民间文学概论》，选用了他的作品。会议休息时，钟老还抽空到被鲁迅称为"乡土作家"的贵州文坛耆老蹇先艾的办公楼小坐，两人一起回忆了20年代的文坛旧事。还有两个半天，分别游览了黄果树瀑布和花溪公园，但钟老观赏的时间不多，路上大都被年轻人包围提各式各样的问题和请求合影留念，他都尽量满足要求。

钟老的住地青山绿水，白云缭绕，由于云贵高原气候的影响，当地还有晴天下雨的现象，雨后依然晴空万里，没有一丝乌云。钟老饭后散步，偶遇细雨，便在雨中行走，欣赏这高原山城的景色。明代杨慎诗曰："豆子山，打瓦鼓；阳平关，撒白雨；白雨下，娶龙女；织得绢，二丈五……"意思是，西南民间舞弄鼓乐，忽逢阳平山上白雨骤过，一片喜气之中，被迎娶的龙洞神女出山来了，只见江水如绢，恰似她织成的嫁妆礼品……钟老是诗人，平素喜爱明清时代大雅变俗的诗风，此刻不免即景抒怀，听雨说诗，一心徜徉于群山幽径之中，竟全不知数日外出的疲劳。

由贵阳回北京时，飞机出事了。飞到北京上空时，飞机的起落架不灵了，两次试降，轮子都收缩不放，飞机缓缓下降又猛然腾空飞起，上下数千米，犹如把几百名乘客甩入了狂风巨浪之中，生命变成了风雨飘摇的一叶小舟。顷刻间，机舱里的呕吐声、唏嘘声、哀叹声、责斥声、尖叫声、叹息声、抱怨声和播音室的报警声，混成了一片。只剩下空姐，训练有素，保持镇定。再就是钟老，竟然奇迹般地不呕不吐，不急不怨。他自从一登机，就是重点保护对象，空姐这会儿一次次地走到他的身边，问他是否可以承受，是否需要别的什么保护药物，他都一一婉谢，表示乐意从俗从众，还说了句："老人家这么大年纪，早该'过期作废'了，是不是？"开了个玩笑，以慰空姐。

第三次飞机迫降时，在接近地面的那一刹那，突然，飞机的轮子伸出来了。刚才机上还预告：如果飞机的机身直接触地，可能引起摩擦起火、撞击伤害等种种灾难，倏忽间却险情排除了，一切都化为子虚乌有了。再过一会儿，机舱的门打开了，空姐微笑着送乘客下飞机，乘客微笑着与空姐告别，人人的脸上都挂着从另一个世界归来的那种英雄感，但又不说，只是心照不宣。待人们双脚踏上了首都机场的土地，意识到这下算彻底到家了，那被遮掩的狂喜才终于爆发了出来。于是，有人开始起劲地高谈阔论几分钟前的空中历险记,有人说咱们坐的不是美国的波音大飞机吗?看来美国造也没啥了不起。七嘴八舌,发言踊跃。钟老年纪大,走在人流的后面,这时已在向身边的弟子交代下一步的教学安排,并无闲话。

钟老回到大学后,仍不断地有校、系领导和同事前来打听他飞机故障的事,他都轻描淡写地一说而过。又过了一个月,他给我写了一首《阅历一绝示晓萍》云:

> 阅历名山与大川,
> 史迁挥翰著雄篇。
> 来穷龙洞观飞瀑,
> 看拓文心逐古贤。

他让我学浩瀚的历史,读壮丽的山川,构建能化用古今的"文心",至于飞机的事,还是一字未提。

(二)"我不如他"

学界传说钟老收授弟子入门条件苛刻,"只吃细粮";后又嫌此四字无法概括钟老爱才用才的宏大气度,便又改为"粗粮细粮都吃",据说钟老风闻此话,一笑了之。但轮到他评价晚辈后学,他的确有一句口头禅,叫"我不如他"。

钟老晨起后和白天工作之余,喜欢散步,此事常见诸报端,记者们纷纷称他为"校园之'钟'"。一般情况下,记者照此写作,钟老照样散步,互不干扰。但有一年,一位青年研究生写了一篇颇调皮的散文,也谈钟老的散步,题目叫《下雪了》,却大获钟老嘉许。此文不是写钟老拄杖散步的外形风采,而是写他散步时的一种好心情。文中有个细节说,那天正下雪,这位学生陪钟老走回小红楼的住宅区,在他们的前面,走着两个大学生,一男一女,说说笑笑,爽爽朗朗。钟老问:"他们在做什么?"研究生一怔,不敢回答,以为先生凡一开口,必是严肃的学问。不料钟老却说:"是谈恋爱吧?"学生一听,先生出语平易,便悬念大释。后来,雪中的他俩,一老一少,成了自由平等的朋友。他们说到民歌、"五四"、鲁迅和朦胧诗,也说到了浓淡各异的人生体味,心意畅快方才散伙。文末,研究生以活泼的笔调说,想不到,钟老的心,比跳跃的雪花还年轻,还细润,还通灵。钟老后来读到这篇散文,感叹一个与自己异时异代的二十出头的年轻人,竟能以一个年轻人的理解方式，写出一个文学老人的日常闲谈，还写得颇有灵气，便逢人就夸："我二十几岁时写的散文，都还不如他。"

一位当代诗人酷爱新诗，20世纪60年代在中文系听过钟老的课。他送了一本新诗集给钟老，颇有私淑意。他事后对人说，当时认为，以钟老的大名，对后学的作品，一眼不看也正常。但让他大为震动的是：钟老不但仔细过目，看罢还在各种场合，为他"鼓吹"。有几次，钟老以"五四"老诗人的身份出席现当代文学的学术会议，还不忘提到这部诗集，在发言中说："平心而论，比起写诗的造诣，我还不如他。"

钟老也治文论。他自20世纪30年代由文学转向民俗学以来，也把民间文学的活力和民俗学的视野，带进了上层文学批评的领域。大约在20世纪90年代中期左右，青年文学理论家王一川撰文提出，如果把20世纪以来的朱光潜、宗白华和钟敬文等的文论相比较，可见中国知识分子所寻求的一种多层次文学完美融合的"整体性"构架。文章写得大气磅礴，富有建设民族化的中国诗学的锐气和才情。钟老在民俗学界强调建立中国学派，在上层文学理论方面也心存此念，却一直没有把这种想法说出来。现在，竟由一个思想敏锐的青年后学，经过不同角度、不同方法的独立研究，率先把这种意见说了出来，钟老一经获知，万分兴奋，从此，他再三赞赏："讲文学理论，我还不如他。"

钟老历经世事风云、学术变迁，与门下弟子之间不免存在"代沟"。他的学问涉及民俗学、散文、诗词和文学理论等诸多领域，博学通识，与现在只攻读某一专业的新派青年也不免存在"行沟"。但钟老从不固旧，更热爱青年，这种品格，使他能够超越横亘在双方之间的沟壑而始终保持学术青春。他95岁时，美国学者弗里来访，钟老得知这位异国学者去过南斯拉夫考察史诗，便百问不厌，还说："我们由于条件的限制，对东欧史诗的了解，不如你们多。"他的态度真诚，全无中国民俗学权威的大架子，对方惊叹："一个学者，活到90多岁，还有兴趣向别人学习，这正是他长寿的秘诀呀！"

（三）君子淡交

彝族支系撒尼人的叙事长诗《阿诗玛》，讲述了一个美丽的少女化作山谷中的回声，向情郎哥倾诉爱情的故事。它的彝汉文本的组织翻译者是我国著名的彝族语言学家马学良教授。马学良教授曾在20世纪40年代初只身深入云南撒尼彝族社会学习撒尼语和彝语，搜集了彝文叙事诗《阿诗玛》，半个世纪后，他又把自己所精通的古彝文和研究成果传授给彝家的后代，培养了我国第一代彝族博士。钟老对马先生的民族语言学造诣赞不绝口，曾推荐门下的少数民族民俗学研究生去马先生那里读博士。

马学良教授是一位少有的重视民俗学的语言学家。20世纪70年代末，他和钟老等"七君子"一起，上书中央有关部门，恢复了新时期的中国民俗学的建设。他在语言学、彝学和民俗学三块园地里同时耕耘，出版了《云南彝族社会礼俗研究文集》和《素园集》等新著，丰富了民俗学的成果。他看好的弟子，也被他鼓动到钟老门下深造，攻读民俗学博士。

钟、马二老心心相照。但两人除了开会，就是为对方指导的研究生答辩，其他并无私事，平时连电话也极少打，用当代流行的话说，叫"公对公"。1998年的一天，适逢马学良教授八十五岁寿辰，钟老送上一幅寿联，表达了对两人订交的珍重：

一生尽瘁昌彝学，

廿载相濡建友情。

上联称颂马先生在学问上的独到建树，下联交代二人君子之交的始末，用情至深而用语至淡，这就是钟老的处世风格。

钟老一生的友人同好，不止马学良教授。仅就近二十年来说，他对旧交夏衍、聂绀弩、陈原、林林、启功、季羡林等多人都多有联语相赠。钟老和他们的交往虽淡，但却"文人相重"。

（四）学为自得

1998年，辽宁春风文艺出版社拟推出百本"插图本中国文学小丛书"，邀集内行学者撰写，由钟老、启功老和季羡林老等担任顾问。10月下旬，春风社的杨爱群先生来电话，请钟老题词，说要为即将出版的小丛书做宣传。他讲话十分诚恳，又想要字，又怕惊扰钟老，又担心大学者不理睬小人物。当时我估计，钟老忙是忙，但会答应，因为这套小丛书的读者对象是青年人。当代有的青年人，喜欢外来新潮的西方文学，有点瞧不起中国的古典文学。钟老答应出面当顾问，就是"顾"到了这种针对性。他不反对青年人学外国文学，但强调要"学为自得"，这套小丛书的编辑思想正好与他的看法不谋而合。小丛书的定价也低，让读者易买乐学，这也符合钟老近年对出版物降低定价的呼吁。大概当时答应题词的启功和季羡林二老的想法也不外如此。结果我猜对了，不出半月，钟老拿来了题词，交古典文学组的张俊教授转寄出版社，题词如下：

> 一言山重须铭记
>
> 民族菁华是国魂
>
> ——录旧句题《中国文学小丛书》

杨爱群得知后，马上打来长途电话致谢，他在电话中顺口说，"季老也寄来了题词，二百多字，工工整整，都是亲笔写的"，"这些大学者，太感动人了"。

钟老、季老等知名学者是留过洋的饱学之辈，但他们在学问炉火纯青的时候，反而更加强调本民族文化的主体性，这种境界也是"学为自得"吧。

（五）写诗养气

1992年夏，北师大校方出资，送钟老去小汤山休养。疗养院内，山光水色，空气清新，钟老每日清晨出来散步。一日，孙女小卉发现院中有荷花池，回到房中向爷爷报告，从此祖孙俩便经常一起来此赏荷。当年末，钟老在《群言》杂志上发表了一篇写荷花池的散文。再以后，钟老避暑的地点移至西山八大处北京工人疗养院，院内辟有江南园林式景观，钟老也很喜爱。1998年入夏后，钟老又来八大处疗养，此时，他刚刚结束手头的两项紧要的工作：一是把所主编的《民俗学概论》交给上海文艺出版社，一是完成了中美合作翻译出版的艾伯华《中国民间故事类型》的审校稿，心情很放松。一日，他在西山疗养院内踱步，忽然忆及小汤山观荷的往事，便展纸挥毫，重录旧作：

老去情犹似卷施，
退潮往事总萦思。
荷香竹影分明记，
可有今生再见时。

钟老在北师大中文系教书多年，人人都知道他有这一手看家的"真功"。中文系的一位老师还谈到，钟老当"右派"时，被送到山西临汾农场下放劳动。农场离县城四十里，他每周都要进城去洗澡，来回步行，回到农场后，照样干活写诗。这位教师大发议论说："一个大学者，在那么不公平的政治压力下，在农村干那么苦的活，还能想着洗澡，还有心情写诗，人到了这一步，真算是活得脱俗了。"事后，一个青年教师好奇，还真的跑去向钟老核实此事，钟老刚刚抄出上面的赏荷诗，顺手递给来者说"是"，还补了一句说："在山西写了一本诗，叫《晋南草》。"说完又回到刚才写诗的兴头上，指着"荷香竹影分明记"一句，对来者说："现在这儿也好，竹子秀气，花开的也好。"

（六）诗教两则

钟老写诗教育弟子，谈文法、谈做人、谈修身、谈向学、谈情操、谈奉献、谈中国、谈世界，表现了一个老教育家对学术后辈的殷殷期待。现在年轻人思想活跃，一些研究生搞理论，先读外国理论书籍，再到中国民俗里对号入座，被钟老批评为理论与实际"倒挂"。钟老还特地抄录旧诗，和弟子沟通思想：

> 美雨欧风急转轮，
>
> 更弦易辙要图存。
>
> 一言山重须铭记：
>
> 民族菁华是国魂。

他告诫弟子"五四"以来的经验教训，治学要有自己的根基，治中国民俗学更需如此。

某出版社为钟老出书，按合同规定，预付工作费若干元。钟老推辞，出版社照付，钟老就决定用此款携诸弟子到京城南隅的陶然亭一游，师生同乐。

适逢清明节，阳光普照，迎春花开，陶然亭内，春意盎然。钟老与研究生、留学生、访问学者等四十余人一起，在园内凭吊了"五四"青年作家石评梅和早期著名共产党人高君宇的墓碑与塑像，参观了带有"女娲补天"造型的民间奇石展览，观看了退休职工票友的评剧表演，重访了元代古刹慈悲庵——近现代中国的有识之士林则徐、龚自珍、秋瑾、李大钊等均曾来此吟诗抒怀。陶然亭，还曾是"五四"新文学运动的一方舞台。在中国现代史上，西湖的雨、陶然亭的雪和桨声灯影里的秦淮河，都曾作为佳题名篇，传诵至今。它们的作者，有胡适、俞平伯、朱自清、郁达夫、钟敬文等一批一时之秀。诸弟子出身中文系，念着这些文章长大，这时就请钟老讲述与俞平老等遨游此地的旧事。临末，钟老感慨地提到，上次来陶然亭，已是二十年前，那时刚刚粉碎"四人帮"，中国知识界迎来了科学的春天，他曾与夫人陈秋帆教授相携同游此地，共度劫后余年的时光。

这一年钟老96岁，诸弟子从先生游，沐浴盛地文风，无不充满巨大的历史感。

回校后，次日，钟老赋诗一首，嘱助手复印若干，分送从游者每人一份留念。诗曰：

连日春城阴复晴，结群来此度清明；
优人呈艺心先乐①，杨柳初醒叶未青。
廿载重临人更老，诸君崛起业当兴②；

---

① "优人呈艺心先乐"句，钟老原有附注："是日评剧退休演员在园中义务演唱，围观者颇众。"

② "诸君崛起业当兴"句，钟老原有附注："业，指民俗文化研究事业。"

人间盛会非容易，珍重题诗记此行。

钟老诗教的核心，是告诫弟子们守正、弘毅、坚韧、真诚、宽容、高远、严谨、创新、为人类而工作。他生前曾说，后人在他的墓碑上刻下"诗人钟敬文"足矣。不了解他的诗教，就不能全面认识他的教育活动。

学术书信

钟老生前留下了一批宝贵的学术书信，信中涉及85位中国现代学术文化上的名家，分布于11个学科，其中有多位是《文史知识》的作者，这批书信95%以上都是纸质本和手写体，它们在当今流行电脑打字和无纸化网络通信的全球化时代，已自动转型为历史文物，因而是一笔特殊的财富。

在这批书信中，难得一见的是一批生平友好的信函，收录俞平伯、叶圣陶、夏承焘、聂绀弩、钱锺书、夏衍和王元化等51位学者、作家和书画家写给钟老的信100封，内容集中在文史讨论、诗词唱和、答复问题和互通音问方面，在此暂称第一部分。第二部分，学术文化界人士来信，收录信件22封，作者17人，信件内容以慰藉家庭变故和回忆旧事为主。第三部分，钟敬文关于学术著述的致信，收入钟老亲笔信6封，大都是他在组织编写著作，涉及梵语、拉丁文和希腊文的一些特殊专业词汇时，向该领域的一流专家学者请教的信件，如向季羡林先生请教印度佛经故事中的梵语佛典名汇，向杨宪益和罗念生先生请教西方神话名著的拉丁文和希腊文原意等。第四部分，钟敬文与外国访问学者的学术往来，共3封，通信者有美籍德裔学者艾伯华和俄罗斯汉学家李福清等。第五部分，民间文学教学科研咨询与出版。钟老于1949年应召到北京参加全国第一次文代会，然后到北京师范大学教书，陆续开辟了新中国高校的民俗学高等教育、开办了全国性的民间文学专业杂志，参与成立了中国民间文学研究会等国家级专业社团机构，全面发展了全国民俗学和民间文艺学事业。本部分收入信件10封，时间自1950年至1999年，通信范围遍布华北、西北、东北、华东、华南和香港等多地区。这些信件的内容，从一个侧面记录了钟老在新中国时期的历史活动片段，也多少反映了这一阶段民俗学和民间文艺学的挫折与发展历程。第六部分，钟敬文就民俗学机构建设等致信中央领导。共收录2封。它们都是在改革开放后，钟老为恢复成立中国民俗学会和发展民间文艺学研究事业而上书中央的信件底稿。他在信中提出的建议很快得到了中央的支持。这些信件可以成为了解钟老在《文史知识》上发表文章的背景或参考文献。

这批信函告诉我们，自20世纪初的五四运动至21世纪初，在我国的新文学史、民俗学史、民间文艺学史、古典文学史、诗词史、新诗史、小说史、外国文学史、文学批评史、语言学史和社会人类学史等诸多领域，钟老与许多大家均有密切来往，其中多为中外闻名的文坛宿将，如俞平伯、叶圣陶、夏承焘、聂绀弩、廖辅叔、容肇祖、朱光潜、钱锺书、杨绛、王力、王瑶、朱东润、唐弢、程千帆、陈原、夏衍、林默涵、季羡林、金克木、张岱年、王元化、王季思、缪钺、钱南扬、许钦文、林庚、敏泽、钱仲联、吴文藻、谢冰心、臧克家、秦牧、黄秋耘、林林、吕剑和袁鹰。凡中国的读书人，从中小学到大学，乃至一辈子，都在阅读他们。但是，他们之间写信与平常人不大一样。他们在信中不单是说古论今，问安道乏，而且还大都寄赠个人自选的得意之作，邀友好同赏（如1980年4月3日《俞平伯来信》，1978年□月11日《钱锺书、杨绛来信》）；随后收到的反馈，又都是鞭辟入里的文评新作，妙词华章、字字珠玑（如1975年2月17日《叶圣陶来信》，1990年9月27日《廖辅叔来信》）。这些信函都极富文学欣赏性，也极富文艺批评和思想讨论的中国风格。

有的信件提供了现代学术文化史上的历史人物和历史事件的许多线索，还有当事人的评价，这种信件非亲历者不能道（如1976年9月12日《唐弢来信》，1978年11月12日《王力来信》）。

有的通信，如钟敬文与季羡林和杨宪益等先生的往来信件，就中外比较文学研究、翻译和注释进行了认真的学术讨论（如1976年左右《钟敬文致季羡林、金克木》，1990年10月26日《季羡林来信》），问题之经典，为后学开辟了接续攻关的康庄大道。

很多信件写于诸家晚境，如叶圣陶、夏承焘、程千帆、吴世昌先生夫妇写给钟老的信（即1979年11月7日《叶圣陶来信》，1984年6月8日《吴世昌、严伯升来信》）。这时他们已历尽劫波，英雄迟暮。他们或耳目衰退，或老伴过世，或常住医院，有很多老人生活的难处。他们通过写信，慰藉心事，互勉珍摄，历数"数十年家国治忽之迹、友朋生死之情"（1984年11月10日《程千帆来信》）。但他们还是与一般的老人不一样，他们依然相互支持，要为国家学问的复兴和人才的培养多做工作，于垂垂老矣之中，抱定忘我奉献、死而后已的忠诚情怀。

这批学者都是有光环的人，但他们更有强烈的社会责任感。他们才是中国世代文化传承的大脊梁和硬实力。他们的信件因而具有卓越的道德学术价值。他们终其一生都是这种宝贵价值的伟大创造者。

有几位作者是钟老在20世纪20至40年代执教广东和浙江高校的老学生，当年的进步青年学子后来变成了教授、学者和省部高级领导，双方的师生关系维持了半个多世纪（参1997年10月19日《杜宣来信》，1984年6月6日《刘异云来信》）。还有的作者是钟老夫妇留日时期结交的日本朋友（如1984年6月15日《实藤惠秀来信》），以及当年送别钟老赴日留学的杭州中国民俗学会同人（如1992年6月13日《娄子匡来信》），现在他们的通信，异地异时，不免谈起家国春秋的变迁和人生事业的感悟。

钟老书信也是一笔创造书信书法的特殊财富。其中，有世称巨擘的启功书法、黄苗子书画和尹瘦石画作等多封国宝级手书，也有一些是非书法家的书信书法，如俞平伯、叶圣陶、钱锺书和程千帆，世人都知道他们学问好，但他们的书法如何，外人却不一定了解。通过本卷，读者可以发现，他们不仅是文史哲大家，也是书法家。将他们这两手对看，不能不叹服他们的多才多艺，感佩他们的文化修养。书信书法能体现中国文字的巨大能量，能反映这批现代学者的盖世才华，如果换了计算机打字，就完全看不出来了。

钟老的学术书信集，以书信的形式，向我们讲述了钟老与他的朋友们、弟子们之间的深厚情谊及其具体细微的日常内容。他们那一代人，历经坎坷和挫折，却始终过着追求真理和坚持科学精神的高尚生活，这就激励后人要提升道德、培养定力、追求卓越。他们在各自的学问上，独领风骚，享誉中外，但仍然保持着多学科的合作，这就证明人文社会科学要互相依存和互相发展，广大后学要提升人格、不断进取，增长智慧、善于合作。让我们一起读信、读背影，读一个距离我们不远的群星闪耀的时代。

启功与清宫文化

启功先生也是我的恩人，我因启老而师从钟老，故要对启老一忆再忆。

现代人文科学提倡多元文化研究，启老的学问以独

钟敬文先生、启功先生与作者在香山饭店留影（2000年，王一川摄）

步清宫文化研究而出入多元，尤能显示其特殊的学术价值。但对这种学问的独立学术身份的认识需要一个过程，它反映了现代人认识自身传统文化特征的漫长历程。现在我国传统文化研究已逐步深入，多元文化研究也在迅速展开，为我国政府保护世界文化遗产和非物质文化遗产提供了学术支撑，在这种情况下，研究启老学问的历史文化模式和特种学术精髓还有明显的社会现实意义。

（一）学科分类

研究启老的学问，有千丝万缕的头绪，但最能打动学者的问题，是他的清代宫廷学问在现代大学学科分类中的独立身份。所谓独立身份，包括基本概念、研究范围、来自学科内外的批评及其合理性。实际上，这些问题在他与学科分类的面对面的讨论中从未停止。在这背后，则是传统文化整体性与现代学科分类的两种体系的矛盾。20世纪是学科分类的时代。分类促进了现代教育的发展，却忽略了传统文化整体性的重要位置，更忽略了对这种整体文化中的特色优秀遗产的诠释和弘扬。清代康、雍、乾至后世的宫廷文化中的优秀经典文化，是这种整体文化需要继承的内容。这一阶段的文化到了18世纪至19世纪中期，还与西方先进人文学说和技术文化相融合，产生了很多重要成就。启老正是这种文化的嫡传者。

我国有五千年的历史文明，但没有清代文化的接续，现在就什么文明也看不见。清代宫廷优秀文化是我国现存历史文明中的镇山之宝。它们就在故宫、国子监、雍和宫、颐和园和皇史宬之中，至今可触可摸。它们曾经为上层阶级所享用，与普通人的知识系统和日常生活存在着较大的距离，但它们却在集权制度下形成了大量绝世精品和极为优秀的人才，集中了中国传统文化中的要素。现在它们的很多绝世遗存都已成为世界文化遗产和非遗保护的对象，启老正是描述和研究它们的全方位的专家。

启老出生的年代，正值辛亥革命成功，他的人生开始于巨大的挫折感之中。但他顺应了时代的巨变，接受了启蒙教育和新式教育。当时正值国家多事之秋，直至新中国成立，他曾蒙受了很多委屈，但他一直在勤奋、出色地做好组织分配的工作。改革开放后，提倡解放思想、实事求是，宫廷文化、民族文化和民俗文化都得到了理应得到的研究。全球化到来之后，在世界上，霸权文化和一元文化纷纷瓦解，原来被压抑的多元文化或难以分类的本土文化，都在恢复建设并补充民族传统文化的主体性，同时也都有一个迫切的任务，就是要重新识别或复兴自己的独立身份。在国内高校教育中，也要重新自觉地确认这类研究对象的独立学术身份，因为它们所指向的各不同历史时期和各不同民族的特有文化，包括宗教、哲学、价值观、历史文物文化和民俗等，正是确认本民族传统文化主体性的重要因素[①]。钟老和启老的的学问，都在确认或逐步确认独立的学术身份中，获得新的发展。

启老虽有家族成就却从不炫耀。他的这一支裔即使疏弱，他也总是谨慎而自强的。他对晚辈的学问传授，是丰富的清代学术文化知识和相关上层经典文化，而不是着眼于做过什么官，或者是计较盛衰的，所以人们都可以认同。启老的这种为人和为学是很正确的。从他的教育中，各学科的后辈和各层面的后人都能受益。述往思来，比起现代分类指标造成的文化通识教育的断裂带来的恶果，启老的学问所代表的传统文化整体性教育的价值，也就显得十分重要了。对启先生学问的独立学术身份的认识，不仅在于这种学问的本身，实际上，还反映了现代人认识自身民

---

① 参见汤一介《寻求文化中的"普世价值"》，《跨文化对话》第6期，上海文化出版社，2001，第20、22页。

传与承　　129

族传统文化特色的漫长历程和曲折过程。现在我国传统文化研究已逐步深入，研究和继承启老的学问的历史文化模式和特种学术精髓，已成为后学的长期任务。

从民俗学的角度说，研究启老的学问，至少有三个问题值得进一步讨论，即传统文化与清宫文化、传统文化与北京首都城市文化、传统文化与民俗文化的关系等。在这方面的研究中，除了避免学科分类的弊病，还要探索上中下三层文化打通研究的一些具体问题，同时也要了解启老的治学方法。

（二）清宫学问

在中国传统文化中，清代宫廷文化是一个片段。我们不能删除片段而求整体，也不能夸大片段去覆盖整体。从启老的著述看，他所阐释的清代宫廷文化，在传统文化与清宫文化的接续上，有两点是值得注意的：一是清代经典文学文化与国家大一统管理的政治向心力的关系，二是清代首都城市建设与国家史的关系。这两者都是启老经常涉及的话题。清代几度发生重大变迁，多民族文化融通，各地区的政治、经济、文化和艺术资源得到了广泛的利用、各国文化在此交流等，都与这两点有关。它们使清代思想精华借助于此向整个社会文化渗透。

　　了解启老的清代宫廷学问，首先要读懂他的书画艺术作品，这是因为它们是领会清代文史哲和社会文化的相对容易的部分，是研究的一个必要的前提。了解启老的学问，还要了解他的诗词创作，而他的创作观的精华，大量来自他对上层文化的观察、领悟和亲身经历得来的体验。他用他的体验去消化和品评现代理论。他还需要在个人体验和理论消化之间停下来，按照艺术创作的规律，去重新提炼理论的心得，这样他所得出的就是与原来理论不同的，一种独到的东西，这是一种很高的境界①。他为此讲了很多道理，都是中国式的文艺理论，其实与现代文艺学的观点和方法是十分接近的。现代人要在他的这种能停下来的动态思维中，认识他的治学特征，并将之变成现代知识。

　　就启老和钟老的交往讲，两人的传统学问功夫都足见于诗。诗是中国传统文学的最高境界，对前辈学者来

----

①本文讨论启老的体验之学受到瑞士学者毕来德（J.F.Billeter）研究的启发，但毕来德分析庄子的体验是要找出神话思维怎样为庄子所用，本文认为启老的体验特征是对现实事物的观察和处理，产生经验性行为。关于毕来德原文的阐述，参见毕来德《庄子四讲》，宋刚译，中华书局，2009，第32—33页。

说，就是不区分学科，也要区分出诗的修养和造诣的。他们的史识见于诗，学养见于诗，接人待物见于诗，高风亮节见于诗，钟老和启老因此都爱王渔洋诗①。与钟老相比，启老更能写绝品诗，别人谁都模仿不了，这同样与他的独特体验有关。体验，使启老能说自己的话。他的学问中的有些东西，是现代人已不大注意的方面，启老却能将之加工成思想资料的要点。它们与我们在现代教育中学到的、比较容易解释的一些知识，在表述上具有不同的特点，在学习过程中也有不同的阶段，这就造成了他的某些学问有一种对现代人而言的"不可传授性"，而他本人经过刻苦锻炼已达成了行动之自然，获得了怡然自得的享受感，因而能写出诗歌文学中的极品。它们不能被模仿，却能在现代互联网上广为流传，深受广大人民喜爱。这些都是现代教育失去的宝贵东西。

启老的学问由"转益多师"而得，但他学老师的话，是用体验去领会和消化的，再发展成自己的话。他把老师的话放到礼仪中，肃穆恭敬，从不改变。现在很多学生没

① 参见肖立、董晓萍编《世纪老人的话——钟敬文卷》，辽宁教育出版社，2000。关于钟敬文先生和启老对王渔阳诗的共同看法，详见该书第8—9页。启老深知王渔阳的例子，如启功七言诗《社课咏春柳四首拟渔阳秋柳之作》，《启功韵语精选》册一，中华书局，2011，第28页。

有自己的体验，在学校时学了老师的话，毕了业就把老师的话当成自己的话，结果没有了崇尚礼仪的境界，没有了师道尊严，更谈不上有个人的创新成就，这是启老所不为之事。启先生学问中的这些精神财富是与优秀的中国传统文化观相一致的。他珍惜大自然和社会的赐予，坚定自己的目标，成就了不朽的学术人格。

（三）北京文化

启老是北京人，他身上有北京人特有的疏朗和豁达。北京有比此前任何朝代的古都都明显的首都城市文化特征，启先生在这方面也独有建树。

自清代以来，北京吸收了全国不同历史地理区域内的、不同民族聚居区的、不同宗教生活的和不同中外思想文化技术人物的资源优势，拥有了历代以来最趋于相对完整的、具有首都向心力的文献文化系统。现在的北京首都文化正是在这种历史氛围中积淀下来的首都城市遗产。北京有四种影响对启老是必不可少的，即政治中心、文化中心、多民族融合中心和中外交流中心。它们都是启老的人生文化的共有根基，也是他的清宫学问的共生根脉。我们从启老的的清代学问中能发掘北京首都文化研究的多种专题，探索北京清代宫廷文化与中国历史文明的深刻联系。

清代宫廷吸收儒学和佛学达到极致。清代康、雍、乾时期在吸收佛学时，还采纳了部分当时的西方先进宗教学说，因此这种吸收也达到了历代宫廷佛教文化的极致。特别是清代藏传佛教仰赖清皇室和清政府的丰厚养赡得到了优越的发展机会，同时在北京的政治生活和文化教育传播中，增添了佛教哲学与佛教艺术的内容。这些都深刻地渗透到启老的学问中。佛教是他的信仰。信仰能产生吸收的动力，信仰到了精神的最深处就有大到无条件的吸收性动力。我们从这方面看启老的的著述和人生，所得到的营养就不是一点半点。启老是深谙佛学的，他对母亲和夫人，对人对事，都极为虔诚。他在任何情况下都与老师、亲人和朋友保持密切的联系。他始终关心弟子的学业进步。他对哺育他成长的北京、亲友和中华文化真情永存。

北京也是皇城土木建筑豪华密集和高度传统审美化的城市，它对启老的熏染也是深刻的。启老的审美意识是极美的。目前对他的学问中的美学观的研究，虽然还不如研究他的书法艺术那样容易成为焦点，但相信仍有其独立的学术价值。

（四）钟启交谊

启老与钟老交谊深厚，但他们从学问渊源到人生系统都是不同的人，钟老曾就此写诗给启老说[1]：

> 合从释氏问因缘，卅载京门讲席连。
> 一夕雷霆同劫难，三冬文史各根源。
> 小诗共喜吟红叶[2]，芜语常劳费玉笺。
> 闻说灵椿八千岁，吾侪今日只雏年[3]。

但是，启老照样能与钟老谈民俗，从民俗学的角度也能看到启老接受巨大差异性文化资料的特殊能力。

启老有接受民俗差异性文化的学术态度。他能完全接受其相异之处，并能在自己的身上表现出一种他者的智慧，然后我们可以拿他的东西与清代的书互看，发现他

---

[1]钟敬文先生此诗题目为《祝元白（启功）先生八十寿辰》，原载《钟敬文文集·诗词卷》，安徽教育出版社，2002，第408页。

[2]钟敬文先生原注："指韩蓍伯《绿云楼诗》中的某些篇章。"

[3]钟敬文先生原注："予近年所作文字，常请启老为代笔。"

能说出一般人不说不出来的很多东西，如他对子弟书的看法①。他的学问还由清代民俗文献延伸到对唐宋笔记小说的评价，以及对文人雅士的诗话和词话的口述史的认识。他有不少看法与现代海外汉学的前沿研究不谋而合。口头讲述中的许多东西是无法用文字表达的，如手眼肩的动作、口气和意趣，但到了启老的口中，都能变成"启"式的口头文化。我举个例子。有一次，钟老问启老，能否教以书法，说完就在启老的的书案上试笔。启老见状笑曰："你看他的手都不抖。"启老常年为钟老免费写各种诗词字幅，钟老要借此表达深切的谢意，启先生怎能不懂，而启老又是极恭谦之人，绝不会在钟老面前"好为人师"，于是就说钟老的"手都不抖"。启老的这种故事很多，他的描述真能达到简约自如，随性即起的程度。他在这些地方表现得极富思辨性，绝顶聪慧到了脱口而出、出神入化的地步。他描述很多师友的手眼动作都很传神，轻松又幽默，这使他跟我们谈口述史的状态，与我们跟他谈民俗一样，你一句、我一句，能够互相理解。他在这些描述中形

①20世纪90年代中期，我在河北滦县、唐山、迁西、青龙、秦皇岛等地搜集到一批旧藏皮影影卷，启老见状，嘱我注意与清代子弟书做比较研究，他对子弟书和影卷的熟悉程度让我惊讶。

成了富有个性的文化理念、行为逻辑、亲密性和凝聚力。没有了它们，启老的学问就成了死的语言和死的书本，大概连他自己都不要。

现代人已不大了解清代宫廷历史文化。对当下喜欢西方时尚的现代青年人来说，启老阐述清代宫廷文化还等于"背过身子讲话"。但也许正因为如此，启老的学问反而应该引起后学的兴趣。为什么呢？这是因为清人与现代人对待传统文化的态度已大不相同。清人用它们来描述整个主观世界和客观世界，而现代人只用它们来解释与自己有别的历史过往。在两者之间，描述却有更高的学问层次，因为正是在这种描述中，带有人类与自然事物无限亲近又安于自然秩序的基本经验；也正因为这种描述能让人们接触到事物的本身，故能成为理论的核心。他对清代宫廷文化的描述性研究，是可以转为一种根本上的共同经验的描述的。而这件事成立与否，全在于后学的见识和学问功夫。

研究启老的学问，不能不提出任何问题就埋头苦干。我们要了解他与他的学问及其多元人文环境的关系逻辑、世界观、审美意识和生活方式；要了解他对待自我与他者的智慧；要了解他所承袭的清代宫廷文化与中国传统整体文化相比，是一种有差异性的文化遗产。对他的研究成果不是取消文化差异，而是将差异视为一种共享资料，而非一种障碍。而如何把各自的文化协调起来，这是关键。启老做学问的职业道德就是觉悟、好奇、注意、了解和尊重多元文化的大善知识和大智慧。

东与西

翻译与跨文化
——中、德、美三种中国故事类型比较

提倡多元文化发展涉及跨文化对话,跨文化对话需要翻译,艾伯华编撰的《中国民间故事类型》与围绕它展开的多国学术讨论,正是这种个案。它告诉我们,从翻译到跨文化研究并不是一条直路,而是要信息互通、伦理互守、文化互见、学术互动和方法互补。时下大力提倡跨文化研究,解读这个个案,总结前人的经验,有助于缩短从翻译到跨文化研究的距离,促进多元文化之间的相互了解与共同繁荣。

艾伯华《中国民间故事类型》的中译本,由商务印书馆于1999年初版,第二版于2016年出版。两版相差17年,

看似间隔不长，但这段时间在中国现代民俗学史上却极为漫长，初版项目的主持人钟敬文先生，在此书出版后辞世。本书的作者、德裔美籍学者艾伯华，与另一位后来的当事人，美籍华裔学者丁乃通，也在初版问世前不久相继作古，历史已经翻页，一个时代已经结束。

钟敬文、艾伯华和丁乃通，三人未曾谋面，或者偶得一见，但思想碰到了一起。他们身处20世纪中国和世界的环境中，经历了战争灾难、社会动荡和文化变迁，共同寻找让学问与故事能够契合在一起的研究对象，都迷上了丰饶而多元的中国故事，并都为探讨中国故事中的中西文化差异锲而不舍。钟敬文成为创制中国故事类型的第一人，艾伯华成为用德语编写中国故事类型并在西方出版的第一人，丁乃通成为用西方AT方法整理中国故事类型并出版著作的第一人。他们在中国、德国和美国的各自社会环境和学术传统中工作，在使用中国故事资料的观点与方法上，产生了不少隔空对话，影响了世界学坛对中国民间文艺学的认识。他们的个人足迹到达中国的华北、华南、西部、台湾和香港地区，亚洲的日本、韩国和欧洲的土耳其，以及其他一些欧美国家，所做讲学和研究，引起了他们的弟子的广泛思考，产生了跨代际和跨国家讨论的广泛传承效应。

初版项目的美方高校合作者,是美国哈佛大学费正清教授的高足,著名国际汉学家,时任美国中西部历史学会主席和美国衣阿华大学历史系主任的欧达伟教授(R.David Arkush),另一位是艾伯华在美国加州大学的弟子,时任美国衣阿华大学亚太研究中心主任的金在温教授(Jae-On Kim),他们被钟先生的跨文化交流态度所打动,促成了初版的立项。现在他们都从大学岗位上退休多年,坐在太平洋彼岸的摇椅上安度晚年。几位译者,北京大学德语系的王燕生、周祖生教授夫妇与资深审校、莫斯科大学研究院毕业的刘魁立先生,也都是八旬老人了,不比参加项目时的年富力强,真是岁月不饶人。当年我给钟老当助手,被安排联络各方和负责全部译著统稿的工作,有机会得到多学科老师的栽培。为了找到合适的译者,钟老派我找过季羡林先生,后来还是中外交流史专家张星烺先生的公子张至善出了力。这样一支钟老率领的工作团队,为了一本德文书而合作奋斗,是一个十分难得的故事。

当然作者艾伯华当时毕竟年轻,所使用的中国口头资料和历史文献又庞杂,经过中译德、德译中的复杂过程,再还原为最初的中国故事,绝不是轻松美妙的浏览,反而是辛苦备尝的劳动。那时大家无不在期待这部译著早日完成,就像等待地下出土文物一样心情迫切。

费尽周章翻译此书,与一段争议有关。只要它的中译本不翻出来,某种焦点问题就会是一团"迷雾"。什么迷雾呢?有人怀疑艾伯华写不出这种书,可能是抄了钟敬文的类型,当时艾伯华来华两年,回国一年就出书,这怎么可能?但钟老看到这本书的中译稿后,却给出了否认的答案。钟老还赞扬艾伯华的天才,夸奖他创造得"漂亮",此案就此打住。接下来要做的事就是分析内部的学术争论了。艾伯华既然是第一位编制中国故事类型的西方学者,也就必然第一个碰到中西故事类型的差异问题。艾伯华当年提出的问题,四十年后的丁乃通也会碰到,也可能连中国学者自己都无法回避。钟老、艾伯华、丁乃通所谈的观点,都是这类带有根本性质的问题。开展这方面的研究,能促进人类优秀学术资源共享。

（一）经过

1.所谓争议

钟老是不大肯附和外面的争议的。他没见过艾伯华，但看过艾伯华从德国寄来的个人论文，对艾伯华所接受的严格的德国学术训练报以信任。1995年，我从美国回国前，向美国导师欧达伟教授提出了翻译艾伯华著作的要求。欧教授在台湾见过艾伯华，他也怀疑所谓的争议问题，但钟老总要见到这本书才好，如钟老能在有生之年看到它的中译本，任何谜团都能解开，那种说服力金不换。为什么要在美国考虑这个项目？因为艾伯华定居美国，他的著作权也许在美国，此事也可能在美国解决更合适。其实起初我们谁都不了解艾伯华此书的版权归属，也就只能这么想。欧达伟教授认为我说的有道理，就在他任职的衣阿华大学亚太研究中心董事会上提出了立项的意向性申请，并获通过。在我回国的第三天，亚太中心主席金在温教授也来到中国，我带他一起去拜访了钟老。他是艾伯华的弟子，20世纪70年代毕业于美国加州大学伯克利分校社会人类学系，那时艾伯华是系主任。金在温见到钟老，为钟老渊博的学识和宽广的胸怀所感动。他

东与西　　**143**

返美后旋即筹集资金，一年后筹到四千美金，比钟老的预期数目还多出一千美金，托付欧达伟教授带到中国，当面交给钟老，初版项目就此启动。我找出当事人的通信，选出与此事关联最密切的五封，摘要抄在下面，读者可从中大约看到翻译此书的来龙去脉。

1）金在温教授致钟敬文先生

尊敬的钟敬文教授：

您好！

自从在北京见到您已有近两个月了，很抱歉一直延误到现在才给您写信表达我们的谢意。很高兴也很荣幸能在北京见到您。

您所提出的翻译出版W·爱伯哈德教授的著作的计划使我深受鼓舞，我会信守在北京时给您做出的承诺，与您共同合作完成这个计划。我相信在我收到董晓萍博士拟就的、正式的、翻译与合作计划书之后，我一定可以在学校筹集到您所说的翻译和出版所需的3000美元的资金。到时候将由学校把这笔钱直接汇给您。

再次感谢您送给我们书和礼物！衷心祝愿您健康

长寿!

盼望能再有机会见到您!

金在温

教授,主任

1995年7月11日

2)金在温教授致钟老助手董晓萍

亲爱的董晓萍博士:

你好!

很高兴这次在北京见到你和你的导师钟敬文先生,回到衣阿华之后,我已给钟先生去信,感谢他的热情接待并送给我们书和茶叶。在信中我再次明确了我在北京的许诺,帮助钟先生翻译和出版W·爱伯哈德教授的著作,并希望寄一份合作计划给我们。但至今还未得到任何回音。

这次致函给你,是为了再次明确我们之间的有关协议。我正在努力筹集一笔资金,作为我方提供给出版译著的支持。你们的责任之一,是请尽快拟定一份项目介绍和合作意向，这是我向校方申请资金的基本前提。因此请尽快给予我们答复，并及早将有关文件寄给我们。

请向尊敬的钟敬文先生致以我最诚挚的问候，并代请问候尊敬的杨国昌副校长以及其他的贵校同事!

祝研安!

金在温

教授，主任

1995年8月7日

3) 金在温教授致钟敬文先生

尊敬的钟敬文教授:

您好!

兹适值欧达伟教授赴华进行学术研究，特请他代表我个人、以及衣阿华大学亚太研究中心，就我们与贵校中国民间文化研究所合作出版W·爱伯哈德《中国民间故事类型》的中译本一书，转呈我方资助费US＄4000。您原来所要求的US＄3000和后来拟增的US＄5000，我们都做了慎重考虑。但在经济上有一定困难，我经多方努力，最后筹集到US＄4000，敬请谅解并查收。

您收到支票之后，烦请以书面形式，正式复函衣阿华大学亚太研究中心，确认这笔资金已经由您收到，以便学校有关部门备案。关于出版的具体事宜，请贵所按照《申请资助报告》的承诺：保证出版基金的专款专用，保证著作的翻译质量，联系知名出版社出版，在1997年内完成合作出版计划。译著出版时，应在版权页上标明"美国衣阿华大学亚太研究中心资助"的字样。所有执行细节，由欧达伟教授负责解释。

我将于今年晚些时候或明年再次访问中国，希望届时能再次拜访您。

请转达我对杨国昌教授的问候，并向贵校及贵中心的其他研究人员致意！

此致

研安！

金在温

教授，主任

1996年8月15日

4）钟敬文先生答复金在温教授收到资助资金

美国衣阿华大学亚太研究中心

　　金在温教授：

　　请托欧达伟教授转来的贵大学亚太研究中心资助翻译出版W·爱伯哈德著作《中国民间故事类型》中译本的经费肆仟美元（US$4000）早已收到，特此说明。

　　非常感谢贵亚太研究中心对这一合作项目的支持！贵中心主席金在温教授为此付出了最大的努力，谨此深致谢忱！一并请向贵校有关领导代为转达谢意！

　　中美两国的民间文化学术交流事业，由于我们两校的合作，已经取得了良好的开端。完成出版W·爱伯哈德著作中译本工作，不仅可以实现中国、韩国、日本等亚洲国家民俗学者的长期愿望，而且必将推动东西方学者在使用类型研究民间故事方面找到更多的异同点，从而扩大双方的相互理解和丰富各自的研究成果。

　　现在，按照资助基金目标的要求，借助欧达伟教授在华研究的机会，我们正在抓紧开展工作，联系资深的德文翻译专家和国内知名的出版社着手进行此事，保证在1997年12月底前完成出版计划。该著出版时，将在版权页注明"美国衣阿华大学亚太研究中心资助出版"的字样。

衷心欢迎金在温教授再次来北师大访问并到我所作客！

顺颂

教安！

北京师范大学中国民间文化研究所

所长

钟敬文

1996年10月28日

5）《中国民间故事类型》中译本版权归中方出版社

德国学者爱伯哈德（Wolfram Eberhard）著《中国民间故事类型》，德文版，芬兰赫尔辛基国际民俗学会1938年出版（FFC No.120），截至今年（1996），该著出版已超过50年。按照出版法的规定，原出版社已不存在保留版权问题。经与对方联系，该著中译本出版后，应赠送芬兰国际民俗学会两册存档，以利国际学术交流。

翻译出版爱伯哈德《中国民间故事类型》中译本，系北京师范大学中国民间文化研究所与美国衣阿华大学亚太研究中心的合作项目。经钟敬文教授倡议，由美国衣阿华大学亚太研究中心出资赞助，协助联系中国知名的出版社，委托资深的德文翻译家，于1997年底出版此书。按照中美双方协议，该著的中译本版权归属中方出版单位。中译本出版后，责成美国衣阿华大学亚太研究中心转赠爱伯哈德夫人样书两册，一并表达中国民俗学学者对已故爱伯哈德教授的追念。该著中译本版权页，应印有"美国衣阿华大学亚太研究中心资助出版"字样。

特此说明。

此致

敬礼！

北京师范大学中国民间文化研究所

所长：钟敬文

美国衣阿华大学亚太研究中心董事会

执行委员：欧达伟

1996年11月16日

钟老在初版《序》中概括了上述信件的所有信息,并向两位美国学者致谢:

前几年,美国衣阿华大学亚太研究中心主席金在温教授,来北京寻找关于东亚学术研究的合作者。他是加州大学出身的,曾经是艾博士的学生。当谈到合作项目时,我想起了艾博士的《中国民间故事类型》这部著作,就向他建议合作翻译、印行此书。我说,艾博士这本书,虽然是旧著,但还没有丧失它的使用价值。您是著者的高足,我是他早年的学术朋友,我们就合办这件好事吧。他欣然答应了。我们就开始运作。现在,这部译稿总算即将出版了。它得以汉文的形式,与东亚学界的广大读者见面,将不但使中国学者从中得到好处,就是对于日本、韩国等国家的学者,也将会有所裨益。

……

我还要提到我们的国际学术友人、美国衣阿华大学历史系教授欧达伟(R.David Arkush)博士。欧教授曾于1996~1997年来华进行研究,其间,应我方之邀,协助校正了艾氏原著中的全部威妥玛注音,还把索引中的威妥玛拼音换成现在中国通用的汉语拼音,已使这部译著能够在中文读者中间发挥它的实际学术作用。欧教授已于去年回国,藉此机会,我也要向他遥致一份真诚的谢意![1]

设想当初缺少两位美国学者的帮助,不能妥善地解决版权和出版资金的问题,所谓的跨文化交流也是一句空话,故能联合者成大事。

2. 从翻译到跨文化

寻找精通德文的中国译者,钟老迟早要找季羡林先生。季老精通中德文,有他把关错不了。事实上直接推荐人又是张至善先生。钟老与他们父子都很熟,书房里就有张至善的父亲张星烺先生赠送给钟老的《中西交通史料汇编》。钟老有一天在小红楼外散步时碰到了张至善,谈到心心念念要找译者的事,张至善马上推荐了北大西语系的王燕生和周祖生教授夫妇,钟老回头就给季老打电话,把这件事定了下来。

我找到译者在北大承泽园的住址,又经过了金开诚

---

[1] (德) 艾伯华《中国民间故事类型》,王燕生、周祖生译,钟敬文《中译本序》,商务印书馆,1999,第7—8页。

先生的指点，第一次去承泽园好像是金先生的女儿舒年带我去的，否则我不会知道从畅春园到承泽园之间能抄近道，出了畅春园，穿过一条长沟就是。此前我是常去金府的，有了这个项目，要多跑承泽园，我去畅春园的次数也增加了，一来一往常到畅春园小坐。金先生没有参加这个项目，但不等于他不知道这个项目，办成一件事需要的因素很多，孤立因素做不成什么事，台前幕后者都有贡献，这在中外都是一种文化。

钟老对两位译者有高度评价，这种评价是跨学科的，它的分量就与同行评价十分不同。中国民俗学界找不出这样高水平的德语学者，季老率领的北大团队就有。两位北大教授为中国现代民俗学史解决了一个长期没有解决的问题，他们的翻译就不仅仅是翻译，还具有学术文化价值。钟老通过初版《序言》向他们郑重致谢，确立这种工作的学术位置。

有件小事与翻译本身无关，却与译者的文化修养有关，我也把它记下来，与读者一起分享。

译稿交出后，过了一段时间，周先生打来电话，说《参考消息》报道德国著名汉学家鲍尔逝世，鲍尔竟是艾伯华的弟子。我去他家时，他还把这张报纸复印一张给我，还在报纸的抬头补写了报纸的出处："《参考》1997.2.10 —4—"。他又在复印件的底部写了工作地址："100871 北京大学西语系 周祖生"。他是多么心细的人。现在我把报纸的主要内容抄在下面：

【德国《世界报》（1997年）1月16日报道】题：在中国乌托邦的此岸和彼岸。

德国最重要的汉学家之一，慕尼黑大学教授沃尔夫冈·鲍尔日前在慕尼黑逝世，享年66岁。

鲍尔从1966年起就在慕尼黑大学教授东亚语言和文化，德国当代许多优秀的汉学者都出自他的门下。他渊博的学识为学生打开了认识中国历史与哲学、道教与佛教、文化与文学的大门。他的言传身教已经突破了狭窄的中国问题，为许多学生指明了生活和实现自己才能的道路。

比起他的前辈，如里夏德·威廉和沃尔夫拉姆·埃贝哈德，鲍尔所取得的成就毫不逊色。[1]

----

[1]《参考消息》1997年2月10日第4版。

周先生对我说,他与夫人不搞民俗学,对翻译民俗学著作隔行,翻译这本书,让他们认识到艾伯华对中国人很重要,但没想到艾伯华对德国人也这么重要,为此他再三嘱咐我向钟老转达谢意。翻译此书让译者吃尽苦头,但周先生只字未提,这让我感佩不已。对钟老来说,他提供的德国汉学界的信息很重要,这条消息的到来,从一个侧面,为钟老在初版《序言》中所写"(艾伯华著作)还没有丧失它的使用价值"做了注脚[1]。交叉学科之间交换信息也是一种跨文化,但译者要成为治学的有心人,才能做到从语言翻译到文化接龙的跨越。钟门弟子其实都知道季老团队的厉害,他们个个是外语教学、研究与国际交流的"三能"能人,我在专业上直接接触的季老弟子,如王邦维等,人人身手不凡。说实话,跨文化的工作,要从翻译过渡到学术研究,也必须有这种人才储备。

3.威妥玛音标

艾伯华著作《民间故事拼音索引》中的转化音标工作是由欧达伟教授完成的。在此,我补充几个细节。艾伯华在本书的这一部分使用了当时通行的威妥玛音标,时

---

[1] (德)艾伯华《中国民间故事类型》,王燕生、周祖生译,钟敬文《中译本序》,商务印书馆,1999,第7页。

隔半个世纪,威妥玛音标早已不用,现代青年人不知威妥玛为何物。1996年欧达伟教授来北师大访学时,在看到原著书稿时,发现了这个问题,就主动提出可以承担这项工作,并让我转告钟老。他精通英、法、德等多种语言和音标,能够帮忙出力,钟老自然高兴,马上欣允。他住在新松公寓,每天下午都在楼外的石阶上,坐在西斜的太阳下,看译稿、改音标,一点一点地工作,这件事占用了他原定计划的很多时间,可是他不做,就没人能做。我们不是找不到懂威妥玛音标的中国专家,是找不到像他这样掌握英、中、德多国语言和汉语拼音,又能为钟老与艾伯华的对话肯于付出的外国学者。他为中译本转换了音标,是送给中国读者的一份真心礼物,所以钟老在《序》中向他致谢是十分真诚的。此书初版面世时,欧达伟教授早已回国,此事他再也未提起过。中国读者如果不看钟老《序》,就再也不会知道这件事。跨文化研究是一种十分特殊的多边学术活动,总要有人在关键时刻站出来,做出一定的牺牲,才能成就集体的事业。

4.北风那个吹

本书的特邀审校刘魁立先生,在20世纪50年代赴俄国留学，俄国是东西方学术的交汇之地，他学到了在当时来说最好的故事学理论与方法，于是钟老看中了他。他当时担任中国社会科学院少数民族文学研究所所长，工作非常忙，但他还是尽力做完了这件事，他的种种修订，钟老都非常重视。

在审校全程中，钟老本人坐帐中军，一日不曾缺席。办公室设在旧主楼六层的两间大屋子内，原称"董必武选集办公室"，1993年"中国民间文化研究所"成立，这处特殊地点被改为中国民间文化研究所的所址，学校任命钟老当所长，这里也就成了"钟办"。三年后，翻译艾伯华著作的初版项目启动，这间"钟办"正好用上。钟老把堆积如山的工作撂下，把时间和精力都集中到这件事情上来。天热，屋里的人汗流浃背，中文系搬来一台立式摇头电扇，放在大屋中央使劲吹，生怕把钟老给热坏了。钟老穿了一件圆领棉布老头衫，丝绸短裤，坐在木椅子上，闭上双目，听我念稿。他当时的视力是0.02，已看不清稿子上的字，但不可思议的事情就此发生了，他听到一条艾伯华引用的历史文献或现代书刊，会马上说出古籍或杂志的名字；听到艾伯华写的一个故事类型，会很快说出故事原文的篇名，他的这种反应开始吓了我一跳，后来也就

习以为常了, 这就是老人攒了一辈子的好功夫! 举几个例
子吧: 类型103, 德文直译为: "留居神仙的住所多年后返
回家乡", 钟老闭目说: "仙乡淹留、光阴飞逝"; 类型122,
德文直译为: "丝绸做的女鞋从空中掉下来", 钟老闭目
说: "云中落绣鞋"; 类型167, 德文直译为: "装扮成动物
劳动", 钟老闭目说: "大禹化熊"; 类型189, 德文直译为:
"先知", 钟老闭目说: "有言必中"。他脱口而出, 我快记
快改, 师徒干得热火朝天, 哪管摇头电扇"北风那个吹"。

　　说句公道话, 北大德文译者的任务就是直译, 不要
任何装饰的直译, 对我们最有利。而任凭译者的德文专
业水准怎样高深, 也达不到钟老这种中文专业程度, 因
此必须跨学科合作, 这样就可以处理复杂的资料, 跳出
语言学的三界外, 进入跨文化研究。遇到译者完全不了
解的学术史, 还非请出钟老这种亲历者不可。在那些日子
里, 钟老每每让我想起三个字: "活神仙"。

（二）发现

1. 钟老写艾伯华

　　钟老通过初版《序言》, 对外界公开发表了对艾伯华

作者在美国留学期间参加晚会（左起：朱迪、聂华苓、金在温、董晓萍。1994年，欧达伟摄）

独创性工作的意见，我抄在下面：

　　艾伯华的《中国民间故事类型》，是关于中国民间故事的一种具有相当意义的学术工具书，它也是百多年来西方学者所撰写的一部比较有价值的中国民俗学力作。

　　这部由德国学者所撰写的故事类型学著作，尽管是在种种限制的条件下出现的，但是，它却具有一些使我们不能忽视的特点和优点，在这里，不妨略举一二谈谈。

　　首先，它是把中国民间故事作为相对独立的对象，并按照中国故事的特点加以概括而写成的一部著作。

　　……

　　再次，著者在本书里，不仅提供了丰富的故事类型，并且还发表了许多对中国民间故事各方面事象的见解（包括对它的考证等），这些，从他的《前言》到许多类型后面的附记中，都随处可以见到。

　　……

　　这部值得重视的著作以德文出版后，在东亚民俗学界，尽管一直没有一个译本，但是，在不少能够阅读德文的学者的自己的有关著作里，它是经常被引用的，这也正说明它的学术价值所在吧。[1]

很明显，针对外界对艾伯华著作的争议，钟老是尊重艾伯华的劳动的。我不知道这世上是否真有"泉下有知"的神话，如果有，艾伯华应该捧给钟老一大束鲜花。

2.艾伯华写钟老

艾伯华从青年，到中年，到晚年，都在高产地写作。他的著作在多个国家出版，在多种场合提到钟老，但在相当长的一段时间内，我们是看不到他的出版物的。这不是他的原因，是历史的原因。后来我有机会到国外查了艾伯华的英文原著，弥补了这方面的信息，可惜钟老又不在了。我回国后就此发表了文章，提供给国内同行参考。现在我将搜集到的资料择要加以介绍，主要还是谈谈个人的看法。我相信跨文化有一个好处，就是只要研究者心平气和，就能教给自己很多东西。

艾伯华在《中国民间故事类型》中关于使用钟敬文资

①（德）艾伯华《中国民间故事类型》，王燕生、周祖生译，钟敬文《中译本序》，商务印书馆，1999，第3—5页。

料的注释

艾伯华在初版的第七部分《本书使用的参考文献》中，注明了使用中国历史文献和口头故事资料的分类方法与使用原则，其中包括钟敬文的成果。他说：

> 本书引用中文著作一律标出页码，注明出版社、出版地点和出版年。

他对钟敬文的成果基本都是重点引用的。还有其他被他看重的中国书，凡引用较多的。都被他设为星级文献，用"*"表示。

> 凡用星号*标出的著作，都对其内容进行过仔细研究，也就是说，所有资料大都出于这些著作，我觉得无论如何这对我的这部著作是很有用处的。[①]

他标出星号"*"的钟敬文本人成果共四种，页码、索引字母与题目如下：

[①]（德）艾伯华《中国民间故事类型》，王燕生、周祖生译，商务印书馆，1999，第455页。

第458页D,*地方传说（地区传说），钟敬文在《开展》月刊第10/11合刊上发表的文章，45页，——补遗。[①]

第469页S,*中国的水灾传说，作者钟敬文（内部油印本，无任何说明，35页）。

第470页T,*中国的天鹅处女故事，作者钟敬文（47页，发表在《民众教育季刊》上，参看此文）。

第474页Z,*钟敬文：种族起源神话，《民众教育季刊》的选印本（参看此文），19页，无说明。

读他的初版著作，对上述钟老四篇论文是多次提到的。查钟老1933年写给艾伯华的信，也提到过这四种："（我）已陆续发表过的《中国的地方传说》《中国洪水传说》《种族起源神话》《中国的天鹅处女（型）故事》等

---

① 在艾伯华提供的这条钟敬文书目中，《地方传说》应为《中国的地方传说》。

若干论文"①，艾伯华无一遗漏。他未标星号的钟老著作1种，钟老本人也很少提起，不重要，如下：

第474页Z，中华童谣集，作者钟敬文（上海）。

他使用的钟老最重要的成果，即《中国民间故事型式》②，未见标注。他在书中标出了刊发此文的《民俗学集镌》杂志③，未知这是他的方法，还是他的遗漏。他在20世纪中叶为钟老撰写的词条中，在开列钟老的代表作时，指出《中国民谭型式》一文（即《中国民间故事型式》的日译题目），同时仍说明它的发表刊物是《民俗学集镌》。钟老此文作于1929至1931年间，发表于1932年的《民俗学集镌》，这正是两人接触的时间，他们"建立了通讯关系，互相寄赠刊物"④。钟老是否就在这段时间

---

① 钟敬文《与W·爱伯哈特博士谈中国神话》，收入《钟敬文民间文学论集》（下），上海文艺出版社，1985，第496页。

② 钟敬文《中国民间故事型式》，作于1929至1931年间，收入《钟敬文民间文学论集》（下），上海文艺出版社，1985，第342—356页。

③ 例如，艾伯华对使用钟敬文《中国民间故事型式》中的"蛇郎型"资料的出处，在文末标出了发表刊物《民俗学集镌》，参见艾伯华《中国民间故事类型》，王燕生、周祖生译，商务印书馆，1999，第58页。

④（德）艾伯华《中国民间故事类型》，王燕生、周祖生译，钟敬文《中译本序》，商务印书馆，1999，第6页。

将此文寄给艾伯华？钟老在1933年给艾的去信中没有提到，从他本人为艾所撰《序言》中也看不出来。但看过艾伯华的书便知道，艾伯华对此文是使用过的。

艾伯华为德国《民间故事百科全书》撰写的"钟敬文"条目

钟敬文（笔名有静闻、静君、金粟等），1903年3月20日生于公平圩（广东省海丰县）。中国作家、文艺学家及民俗学家，年轻的中国民俗学运动的出色的领导人。学习结束之后，在广州中山大学工作。初为助教，继为讲师，同时开始该校民俗学会的活动。1928—1937年钟氏执教于浙江大学及杭州其他学校，中间因赴日本进行研究中断了两年（1934—1936）。他在日本杂志《民族学研究》上发表了他关于中国传说和民间故事的论文。在杭州他促成了"中国民俗学会"的创立。1940—1947年他任广州中山大学教授。1947年秋天遭国民党解聘，迁居香港，就任达德学院文哲系教授。1949年起，他是北京师范大学教授兼民间文学教研室主任，北京大学及辅仁大学教授，中国民间文学研究会副理事长。钟氏曾是多种杂志，如1927—1928年广州的《民间文艺》（台北 1970—1971年翻印）、1931—1933年及1937年的《民间月刊》、30年代杭州的《民俗学专刊》和《民俗》周刊，及1955—1965年北京的《民间文学》的主编和编辑部成员。

他的最重要的著作产生于战前时代。他的著作至今没有一种被译为西方文字。

出版著作（选录）：《民间趣事》，1926年，北京。《疍歌》，1928年，上海。（1970年台北翻印《疍家是华南以船为家的少数民族》）——《民间文艺丛话》（民俗学会丛书），1928年，广州。（1969年台北翻印）——《楚辞中的神话和传说》，1930年，广州。（1969年台北翻印）——《民间文艺丛话》，1933年，广州。（其中所讨论的有关于长尾少女——植物起源的神话和传说）——《中国民谭型式》，见《民俗学集镌》，中国民俗学会出版。（1970年台北翻印，页353—374）——《口头文学：一宗重大的民族文化财产》，1951年，北京。

在艾伯华撰写钟敬文的这段文字中，"《口头文学：一宗重大的民族文化财产》",钟老写于新中国成立之初①,此时两人早已天各一方,应该是艾伯华还在关心钟敬文的学术活动。钟老在初版《序》中这样谈到这段往事:

> 记得在"文革"将要结束的那些时候,有一天,从中国社会科学院文学研究所转来了一封西德学者的信。寄信者是该国《民间故事大百科全书》的主编。信中附来了关于我的词条的拟稿,希望我给核实一下,以便刊载。那词条末端的执笔者的签名正是艾博士!这当然给我以意外的惊喜。因为,它等于告诉我,我们虽然都老了,但还彼此都健在;其次是故人没有忘记我,竟郑重地为我写作了词条——词条的内容,主要介绍我的出身、简历和解放前的一些著作(如《中国的天鹅处女型故事》等)。后来,我陆续从国外来访的学者口中,略知艾博士在美国的加利福尼亚大学社会学系任教,有时还到台湾旅行,并仍热心于中国的社会、文化研究,还取得了优异的成绩等。我听到后,自然在心里是为他

---

①钟敬文《口头文学:一宗重大的民族文化财产》,收入钟敬文《民间文艺学及其历史》,山东教育出版社,1998。

喝彩的。①

　　艾伯华长钟老两岁，虽然他们至死也没见过面，但他
们自从在精神上走到一起，就再也没有分开过。

　　钟与艾的两种故事类型书终究不同。钟敬文在《中国
民间故事型式》中，创制了45个中国故事类型；艾伯华
在《中国民间故事类型》中，编制了246个中国故事类型，
增加了201个。从数量上看，艾伯华的类型要比钟老约多
出5倍，多出的部分正是他的创造。在方法上，他对中国
故事类型采取了竖式法并加以改进，与西方AT故事类型
采用的横式法大相径庭。两者的区别是：竖式法，适合表
达一种文明内部的多元文化；横式法，适合表达外部多元
文明的一元中心，这是两种不同的学术观。

　　用竖式法编制中国故事类型是钟老的原创，艾伯华
不仅从钟老那里学了这种方法，还全部使用了钟老的45
个类型，这是事实。不过他在钟老的基础上，进行了很大
的改革与更新，最后创造了新的类型编写方法，即竖横式
综合法。

---

①（德）艾伯华《中国民间故事类型》，王燕生、周祖生译，钟敬文《中译本序》，商
务印书馆，1999，第6—7页。

时隔近八十年，我们再冷静地看钟、艾两种类型，能看出，两者在过程上有交集，但在产出上是很不相同的。比较而言，它们都已成为故事文化研究的范例，都拥有重要的历史地位。其中，钟老创编的竖式中国故事类型，是内部文化的创造，但钟老没有找到用竖式法表达内部多元文化的途径。艾伯华是德国人，带着异样的眼光，搜集中国故事，又用西学训练的注释法改造中式的竖式法，将西式的注释法与中式的竖写法捆绑起来，然后使用此种新法，把简化的类型排好，再把复杂的思想内容和资料来源对应写好，三下五下，就勾勒出了一个竖横综合的理论兼方法的故事类型结构新框架。

　　为了更清楚地展示两种类型，我从中、日、印常用故事类型中，选出两个使用频率较高的类型，再依照这两个类型，将钟敬文《中国民间故事型式》中的竖式法，与艾伯华《中国民间故事类型》中的竖横式写法依次列出，放在下面，进行比较。

　　第一，天鹅处女。

钟敬文,牛郎型①:

一、两兄弟分家,弟得一头牛。

二、弟以牛的告诉,得一在河中洗澡的仙女为妻。

三、数年后,仙女得前被匿衣,逃去(或云往王母
　　处拜寿被斥)。

四、牛郎追之,被王母用天河阻绝。

艾伯华,34.天鹅处女②:

(1)一个穷青年在河边见到几个仙女。

(2)他把其中一个仙女的衣服拿走,她就成了他
　　的妻子。

(3)若干年后,她找到了她的衣服,逃回天界。

(4)丈夫去追她。

(5)天神下令将他俩永远分开,每年只能会一次面。

---

①钟敬文《中国民间故事型式》,动笔于1928年,完成于1929年至1931年。收入《钟
　敬文民间文学论集》(下),上海文艺出版社,1985,本类型见第348页。作者注:
　"牛郎型"是钟老研究天鹅处女型故事的一小部分,钟老对这个类型只写了研究
　文章,未做专门的类型。参见钟敬文《中国的天鹅处女型故事》,收入《钟敬文
　民间文学论集》(下),上海文艺出版社,1985,第26—73页。

②(德)艾伯华《中国民间故事类型》,王燕生、周祖生译,商务印书馆,1999,第
　59—64页。艾伯华编制"天鹅处女"型是根据钟老研究天鹅处女的论文改造而
　成的。

出处：

  a. 敦煌搜神记，参见敦煌零拾第15页（甘肃，敦煌）。

  b. 中国童话集，第1册；天鹅，第3—14页（四川）。

  c. 新民半月刊，第5期；天鹅，第15—16页（浙江，永嘉）。

  d. 妇女杂志VII；天问，第14—15页（满洲，奉天）。

  e. 吹箫人，第100—115页；天鹅，第23—24页（地区不详）。

  f. 新民半月刊，第3期；天鹅，第21—22页（浙江，台州）。

  g. 换心后，第53—57页；天鹅，第16—17页（江苏，灌云）。

  h. 龙女，第15—19页（＝天鹅，第17—18页）（闽南）。

  i. 天鹅，第18—19页（江苏，灌云）＝娃娃石，第60—68页（江苏，灌云）。

  j. 民俗（周刊），第17／18期；天鹅，第19页（广东，罗定）。

k. 天鹅，第19—20页（广东，梅县）。

l. 潮州妖精鬼神故事，第211—213页（广东，潮
州）。

m. 鬼哥哥，第46—56页；天鹅，第20—21页（江
苏?）。

n. 西平县志（河南，西平）。

o. 干宝：搜神记 XIV；太平广记，第463；水经注，
第35；玄中记（江西，吉安）。

p. 中吴纪闻；天鹅，第33页（江苏，吴县）。

q. 威廉，民间故事，第31—34页（山东）。

r. 施坦茨，山东，第57页（山东，济宁）。

s. 格鲁贝，北京，第76页（地区不详）。

t. 格罗特，厦门，第436页及下页（福建，厦门）。

u. 戴尼斯，第140—141页，根据1801—1803年的
一篇报导。

v. 韦勒尔：东方社会杂志，续辑 XII，第163—167页
（河北，北平）。

w. 山东民间传说（第一集），第19—23页（山
东）。

x. 民俗，第18期，第66—67页（广东，罗定）（略
有修改）。

y. 粤南民间故事集，第67—68页（广东）（简
写）。

人是：

一个牧牛人：四川b；浙江c；满洲d；江苏g；河北
v；山东q, r, w；以及s。

一个穷人：浙江f；江苏i；福建h；江西o；以及a,
e。

一个学者：广东l。

仙女：

化作鸟飞来：江西o；以及a。

天上的织女，以人形下凡：四川b；浙江f；满洲d；
山东q, r；江苏g；以及s。

是七仙女，以人形下凡：浙江f；福建h；广东? j?
k？；河南n？；以及e? m？

是九个仙女中的一个：山东w。

是仙女：江苏i。

对应母题（1）：

兄弟俩分家，弟弟只分到一头牛：四川b；浙江c；

满洲d；河北v；山东w。

牛告知仙女洗澡的地方：四川b；浙江c；满洲d；江苏g；山东q，r，w；河北v；以及s。

鹿告知仙女洗澡的地方：m。

土地神告知仙女洗澡的地方：浙江f。

有人开玩笑，给傻子讲仙女洗澡的故事，可是他真的找到了仙女：e。

母题（1）—（2）：

天王派天仙下凡：福建h；江苏p。

天仙向往人间生活，因此下凡：江苏i。

天仙下凡：广东l。

只有母题1—2：孟姜女的传说（孟姜I，第92页；I，第100页福建；孟姜I，第107页江苏）；西游记戏曲中，引自民俗，第11期，第3页。

母题（3）：

在约会时逃跑：浙江c；满洲d。

妻子返回：广东l；山东q，r；以及s；河北v。

妻子被召回天宫：福建h；浙江f。

母题（4）：

自己直接追踪或用牛追踪：浙江c；四川b；山东r，

w；以及s。

母题4阙：福建h；广东j, k, l；江西o；江苏i。

母题（5）：

仙女在天上自己用箭划了一道分隔线：四川b；浙江c；江苏g, p；山东q, w。

母题5阙：福建b（注：原文如此，应为"福建h"）；广东k, j, l；江苏i；江西o；以及m。

扩展：

让燕子传递消息，燕子把信息传错了，因此夫妇两人一年只能会面一次：四川b。

喜鹊传错了信息：满洲c。

孩子想念母亲，听从别人劝告找到了正在洗澡的母亲，他跟着她学：福建h；江苏i；广东j, k；河南n；以及a。

孩子得到一个神奇的南瓜：福建h；广东k。

孩子得到了用不完的钱：江苏i。

妻子的父母亲要谋害丈夫，妻子告诉他免受伤害的办法：浙江f；以及m。

后来妻子带着丈夫来到人间，永远不再回天上去了：浙江f。

历史渊源：

通过出处a, o, n, p, s可以证实,此类型流传在5世纪以后的时代。然而这个故事要比神仙故事出现得更早些。公元前2世纪在《淮南子》里已有记载(迈尔:《日记》第311页)。——在《荆楚岁时记》(湖北)中纯粹是仙女故事。——《江宁府志》(参见天鹅,第33页)间接地提到宋代。

这个故事的一部分看来是纯粹的仙女故事。这个故事解释了牛郎和织女两个星座的位置和银河概念。此外,很早就有天鹅处女的母题,羽裳少女的母题最早就是从天鹅处女的母题中派生出来的。今天这个母题几乎已不存在了,可能是受到道教影响的缘故。

综论:

《天鹅》;《妇女杂志》XVI,第7卷;《语言历史研究所周刊》I,第11—12册;《民俗》,第113期,第1—11页(但只当作出处a的最古老的表现形式说明与此相关的问题)。

流传地区:

全中国。

比较:

关于母题1—2请比较"田螺姑娘",关于分家和牛精的扩展请比较"灰姑娘"。关于仙女洗澡被男子看到因而嫁给该人，请比较"孟姜女"。

附注：

母题完全变成植物起源传说的有：《相思树》，第24—26页（地区不详）——《聊斋志异》中的片段（山东，青州）——略有修改的是，穷人遇到女妖，跟她成婚，但后来又把她当作鬼怪赶走了，赶走后又去寻找，把她叫了回来：《鬼哥哥》，第57—63页（地区不详）。

作为剧本的文学性文稿：《湖南唱本提要》，第86页（湖南）。

第二，问活佛。

钟敬文，求活佛型[①]：

一、一人，要解决某种困难问题，去西天求活佛。

二、道上遇见一些人与动物；他们各以自己不能明白的问题，请他代求活佛解答。

三、他到西天（或半路上），见了活佛，他们所托问

---

① 钟敬文《中国民间故事型式》，动笔于1928年，完成于1929年至1931年。收入《钟敬文民间文学论集》（下），上海文艺出版社，1985，第349页。

的事情,各得到了圆满解答。

四、他自己的问题,也因了他们问题的解决而解决。

艾伯华,125.问佛[①]:

(1)有人想解决一个棘手问题,到西天去问活佛。

(2)路上他遇见了人和动物,他们托他问自己的问题。

(3)他遇见了活佛,活佛解决了其他人的问题。

(4)他自己的问题也迎刃而解。

出处:

　　a. 民间Ⅱ,第6号,第24—27页(浙江,诸暨)。

　　b. 绍兴故事,第72—79页(浙江,绍兴)。

　　c. 妇女Ⅶ,第7册,第98—100页(浙江,吴兴)。

　　d. 民间Ⅰ,第9集,第47—51页(浙江,绍兴)。

　　e. 海龙王,前言,第4页(广东,翁源);同上,第
　　　59—67页。

　　f. 渔夫的情人,第111—115页(地区不详)。

　　g. 独腿孩子,第43—53页(浙江,新市)。

　　h. 独腿孩子,第89—91页(浙江,新市)。

---

① (德)艾伯华《中国民间故事类型》,王燕生、周祖生译,商务印书馆,1999,第
208—210页。

i. 瓜王，第28—33页（浙江？）。

j. 曹子建集Ⅵ，第169—175页（浙江，兰溪）。

k. 怪兄弟，第28—35页（地区不详）。

对应母题（1）：

男人想问，为什么他这么穷：浙江a, d, i。

穷人想娶富人家的姑娘，因此必须完成三个困难的条件，他想问活佛有关这方面的问题：浙江b, c, g, j；以及k。

对应母题（2）：

邻居问，为什么他的女儿是哑巴：浙江a, b, h, i, d, j；以及k。

邻居问，为什么树（树下边有金盆）不开花：浙江a, c, d, h, i；广东e。

龙请人问，为什么它不能升天：浙江a, b, c, d, g, j；以及k。

和尚请人问，为什么他们的寺庙香火不旺盛：浙江b, j。

富人请人问，为什么满仓的谷物丢了：k。

农夫请人问，为什么粪缸里没有屎尿：k。

扩展：

某人想独自把一缸金子刨出来，但是找到的只是蛇。他把蛇给了问佛祖的人，把蛇从房顶倒进房内，蛇变成了金子：广东e。

增添：

"百鸟衣"母题：浙江b，c。

历史渊源：

到目前为止未经证明；然而《佛教民间故事》第12期载有类似的基本母题。类型大概出自印度。

流传地区：

全中国？

综论：

比较《民俗》，第74期，第3页。

艾伯华的创造在哪里呢？有两点，以"问活佛"为例，一是他根据钟老的同类类型，再编制了新类型的样式。在他的新样式中，竖式部分是与钟老相同的，即都用竖式表述母题。横式是他增加的，钟老没有。横式是他对该类型资料系统的研究成果，包括方法、注释和研究观点。二是以"天鹅处女"型为例，钟老并未单独创制竖式类型，而是撰写了《中国的天鹅处女型故事》的长篇论文。艾伯华根据钟老的这篇论文，制作了竖横式的同名故事类型。

在他比钟老多制作的201个类型中，有相当部分也是利用了这个办法，即使用钟老发表的故事类型研究论文，还原制成竖横式的故事类型。论文是钟老写的，但编制竖横式类型是艾伯华做的。艾伯华采用这种竖横综合法，既能横扫文献与口头资料的纠结，又能在跨文化比较上做到条分缕析，能反映出中国人讲故事的文化特点，这就达到了一个西方人研究中国故事的学术目标。在他的书中，钟老的影子有没有？肯定有。艾伯华是不是从影子中变出了蝴蝶？肯定是。所以钟老说他是个"奇迹"。当然，如果钟老当年也想到了这个方法，所有的难题也会迎刃而解。

今天国内学术界已充分重视学术注释了，反过来问一句，谁还去关注竖式法？恐怕应答者寥寥。热潮中的人们往往走偏，冷静者方能全面思考。在跨文化之初，在学习上难免模仿，但模仿者必须更新，更新的结果才能提供新产品。模仿与更新的距离很近，近的底线是学术伦理。这段距离也很远，远的尺度要用创新成果去衡量，艾伯华则用这种创新成就证明了自己。现在我们来看钟敬文评价艾伯华著作的结论，确实是实事求是的。

我对中国民间故事类型的制作活动，后来因为学术上的注意点和对故事类型的作用的看法有些变化，没有一直进行下去。想不到，这种工作却由一位西方青年学者把它完成了，而且完成得那么漂亮！[1]

钟老真心地欢迎别人使用自己的研究成果并加以发展，这是一种境界。他那么诚恳地欣赏艾伯华学术活动的开花结果，那么高兴地给艾伯华鼓掌，这是一种更强大的定力，是更为宽宏大量的处世态度。跨文化者，需要具备这些素质，否则何来国际化？有了这些素质，才能解决很多愉快的和不愉快的问题，才能友好地、也有原则地，推进人类的跨文化研究事业。

3.艾伯华在西方出版的中国故事类型著作[2]

2001至2002年，我得到中国国家留学基金的资助，赴英国牛津大学做高访。在牛津大学图书馆，我惊讶地发现，这里所藏西人搜集和编撰的中国民俗书籍，比中国

---

[1]（德）艾伯华《中国民间故事类型》，王燕生、周祖生译，钟敬文《中译本序》，商务印书馆，1999，第2页。

[2]本小节是作者所撰《牛津大学藏西人搜集出版的部分中国民俗书籍》的一部分，全文原收入汕头大学新国学研究中心编、王富仁主编《新国学研究》第2辑，人民文学出版社，2005，第253—293页。

前辈提到的要多十倍不止，艾伯华离开中国后出版的中国民俗学著作也在其中。可惜双方不通音问，这在今天看来是很遗憾的。牛津之行给了我一个历史机遇，让我有条件接触这个中国现代民俗学史上的空白点，直接阅读艾伯华的后期著作。兹就我已经在牛津大学布莱恩图书馆和东方学系中国学术研究所看过的著作做概要的介绍和阐述，共4种：艾伯华的《中国童话与民间故事》《中国民间故事》《中国民俗学与相关评论》和波纳特的《中国童话》。

艾伯华《中国童话与民间故事》(*Chinese Fairy Tales and Folk Tales*)①

首设《导言》，正文分两部分：第一部分，童话，共60个故事；第二部分，传说、神话、笑话和轶闻，共77个故事。封内注："艾伯华搜集和翻译。"共304页。

---

① (德) 艾伯华《中国童话与民间故事》(*Chinese Fairy Tales and Folk Tales*)，London: Kegan Paul, Trench, Trubner & CO.Led, Broadway House: 68—74 Carter Lane, E.C.1937.

艾伯华《中国民间故事》(*Folktales of China*) [①]

版权页题注：本书的多数故事已由作者在1937伦敦出版和1938年在纽约出版的《中国童话与民间故事》一书中发表过。

书首有美国印第安纳大学民俗学者道森（Richard M.Dorson）撰写的长达27页的《前言》。另有作者自撰《导言》，6页。正文分八部分：第一部分，人、动物和植物是怎么来的；第二部分，幸福和好运气；第三部分，爱情故事；第四部分，精灵的婚姻；第五部分，会施魔法的人；第六部分，百灵相助；第七部分，善有善报、恶有恶报；第八部分，机智人物与傻子的故事。共收故事79个。末设附录5种：附录一，故事注释；附录二，书目索引；附录三，母题索引；附录四，故事类型索引；附录五，总索引。

艾伯华《中国民俗学与相关评论》(*Studies in Chinese Folklore and related essays*) [②]

①（德）艾伯华《中国民间故事》(*Folktales of China*)，edited by Wolfram Eberhard, The University of Chicago Press, 1965. in folktale of the world, General editor : Richard M.Doson.
②（德）艾伯华《中国民俗学与相关评论》(*Studies in Chinese folklore and related essays*)，The University of Chicago Press, 1965.

首有《前言》和作者自撰《导论》（题目《中国对民俗的使用》）。正文分三部分：第一部分，中国浙江民俗研究系列论文；第二部分，中国民俗研究系列论文；第三部分，日本与近东民俗研究系列论文。共收论文33篇，347页。本书是作者在《中国民间故事类型》资料的基础上，所做的研究论文结集。

作者在《前言》中说，此著除2篇新作外，余者皆为过去35年间发表于各类期刊的论文，其中大部分已于二战前在德国发表过。故事的资料搜集于1934—1935年和1937年。书中的第一、二部分手稿，原稿存于柏林人类学博物馆，不幸于二战中被毁。

还有一本书与艾伯华的著作直接有关，也略加介绍，具体如下：

波纳特（Leslie Bonnet）《中国童话》（*Chinese Fairy Tales*）①

首有《答谢词》，说明该书在编辑过程中，曾使用了艾伯华的《中国童话与民间故事》的部分资料。全书共收

---

① 波纳特（Leslie Bonnet）《中国童话》（*Chinese Fairy Tales*），Frederick muller Ltd.London，1958.

33个故事，未编号，共208页。各篇故事的题目依次为：1爱花的男子、2常青树上的女子、3仙妻、4三个铜板、5长鼻子、6白蛇传、7五虎将军、8三个小矮人、9御碑亭、10神龟之子、11买雷、12不知足的好人、13天宫中的织女、14南瓜妈妈、15世界上的牛是怎么来的、16梁将军、17玉帝金口玉牙、18公鸡为什么吃虫子、19两个傻子、20饿蟒、21番王、22阎王和楚、23王亮和阿三、24旱魃、25春梦、26财迷、27忠贞的妻子、28勤和义、29勇士、30两兄弟、31仙洞、32幸运的女仆、33红鬃马。

　　艾伯华后来的著作都写于二战后，他离开中国后的二三十年。在这些著作的《前言》和《后记》中，他对自己青年时代的中国故事搜集之旅做了总结和回顾。将这些内容与钟老在初版《序言》中的回忆对照，可以完整地看到两人交往的始末与各自的印象。1934—1935年，艾伯华肩负为德国柏林人类学博物馆收集文物的公务，到达中国浙江。浙江是中国民俗学会所在地，钟敬文和娄子匡等同人在此创办了《民俗季刊》《民间文化》等杂志，收编了《妇女与儿童》等旧刊，发表了从各地征集来的民间文学资料。艾伯华后来的中国合作者曹松叶，浙江金华人，参加过钟敬文等搜集和出版民间文学作品的活动。艾伯华通过曹松叶的私人关系，到浙江丽水地区做了田野调查。其时钟敬文在日本留学，与艾伯华有书信来往，还曾寄赠个人的研究文章和搜集故事的原始资料给艾伯华。有了这个特殊的背景，艾伯华成了为数不多的直接参与中国现代民俗学者搜集活动的西方学者，并成功地运用了中国故事资料做研究。他出身于赫德尔和格林兄弟的国家德国，德国的故事学带动了芬兰乃至欧洲，形成20世纪初跨文化故事学之大势，他是在这种氛围中得到多学科训练的青年学者。他又能来中国这个异邦从事田野作业，正好英雄派上用场，以后成为西方学界资深的中国故事学发言人和知名汉学家。

在上述三本书中，他的研究工作，都是在芬兰出版《中国民间故事类型》之后，是对利用中国故事资料的理论和方法的继续探索。其中最早的一本《中国童话与民间故事》，是与他的《中国民间故事类型》同年出版的，此书提供了他编纂中国故事类型使用的中国故事的全文。他不满足于编写资料，还发表了对中国故事的个人见解，文章写得活泼生动、情词热烈，能看出青年艾伯华发现中国故事"新大陆"的兴奋和灵性。以下是他在该书《导言》

中的一段意气风发的发言①：

这些中国故事是活的，活在酌酒的男人桌子上，活在街头玩耍的儿童中，活在家庭妇女的口头上，甚至活在现代报纸中。曾有人报道说："中国没有故事，中国人是过分理性的民族。"后来出现了第一本翻译中国童话的著作，其资料多出自小说、戏曲，或者古典文学，这些资料描绘了一个布满神鬼狐仙的奇异世界，里面也有机智的皇帝和节烈妇女。更晚的时候，还有传教士带给我们的中国故事。然而，中国人自己提供了古老的故事，有的还相当知名，接近我们德国人的家庭故事。几乎我们过去所知道的所有最可爱的人物，在中国故事里都有，不过他们穿着别样的服装，享用别样的风俗。虽然在来路上，中西故事不大有联系；但在内容上，它们却没有多少差别。从中我们能发现同样的叙事氛围。在故事中，皇帝都被说成是富农，傻汉都得到奖赏，后母都虐待前妻的女儿，流浪儿都去了彼岸世界。人与神、

①以下讨论艾伯华的三本英文著作，即《中国童话与民间故事》《中国民间故事》《中国民俗学与相关评论》和波纳特的英文书《中国童话》，所引用的中译文，皆为作者为本文研究所翻译，未发表，故译者姓名不另注。

兽与花，四海之内皆兄弟，报恩救助，开口说话，活灵活现，整个自然界都是活的。

现在的中国故事，是数千年前口头文学的存活物。它们没有像我们的故事一样，被痛苦地编成书，而是开放地活在街坊里巷，活在人们天天见面的地方。不久前，一篇文章讲到北京西城区的一个警察的故事：一天，他突然得病，住进了医院。他做了一个梦，梦见天神下凡，站在他面前，说他已被西外某庙的城隍点了名。警察请求饶命，自己马上洗手不干警察，回家去孝养父母。天神说，见阎王的日期是不能更改了，但可以宽限他几天，让他把家里的后事安排好，警察的病立刻好了。一年后，他再次犯病，了此一生。同时西外某庙附近的某人也做了一个梦，说新城隍明天就到，还说出了他前身和名字。这人在此前一点也不知道那个死去的警察的事，现在却忽然知道了，还知道自己的前身姓名和约见城隍的旧事，多么奇怪。该故事被登在一年前的报纸上。我们翻阅中国古书，还会发现，原来这是一个几百年前的老故事。你在每个地方都会发现这类故事还在流行，而且每天还有新的传说或童话故事被创造出来。它们不是提前预设的结果，但其精神氛围和故事思维是早有基础的，不过后来转化为故事、传说、逸闻和笑话等形式而已，然后它们再行传播，这就是中国人的一种幻想思维，一种富有创造性的思维。

他指出，幻想思维是无所不包的思维，它不是在日常生活中停滞的，也不在人、兽和神的面前停滞。中国的故事、传说、轶闻、寓言、笑话和野史都混在一起，具有同一个精神世界，源自同样的思维方式，因此学者不能把它们分开，也不需要分开，只需要把各个故事用我们发现它们时的本色、朴素的和定型的思维模式表达出来。

他声明，这本故事集可能与其他故事书有区别，不那么"审美"，但它们都是"中国人自己的"，具有中国特点。从前也有不少欧洲人搜集、出版了中国故事，是那些欧洲人在中国的土地上听中国人讲的，但由于用欧洲语言转述，这些故事已半是欧洲思维，或全是欧洲思维的故事了。这些故事成了一种很不明智地扮演"中国人"讲故事的奇怪产品，里面掺杂了不少欧洲人自己的见解。尤其是那些被转述的幽默故事，麻烦就更大了。他说，我手里就有这种糟糕本子，里面有八百个故事，能挑出二十几个像样的就不错了，再一经转译，恐怕剩下的七百多个故事也只能有七个让读者笑出声来了。翻译或改编的中国故事已经"欧化",去适应欧洲读者的口味,丧失了中国风格,这种变异是触目惊心的。他强调,我们所要求的中国故事是带有其原有风格和原有价值的,我对三千多个中国故事和多种故事类型做过短期的田野调查,又经过了科学的工作过程把它们写出来,我的书与此前其他欧洲人的书是不同的。

艾伯华在自己的著作中使用了"艺术故事"和"真实故事"两个概念,来解决使用中国故事资料的辨伪难题。在他看来,中国历史文献记载的许多故事都是"艺术故事",是传达戏曲、短篇小说或通俗小说的内容,与专业学者所要求的"真实故事"颇有区别。中国的编著者在书序中都说它们是真实的故事,其实这种文本应该被看成是文人创作。他说:

> 我曾在广泛的层面上对两者作了比较,发现在"艺术故事"里并没有故事母题,不过是在表面上似曾相识罢了。在中国文学中大受欢迎的狐仙故事,大都是纯艺术故事。在真实故事里是极少有狐狸故事的,即便偶尔出现,其变异的形式也颇为不同。还有的艺术故事里包

含了故事母题，如蒲松龄的《聊斋志异》、袁枚的《尸不语》和《小豆棚》等一些笔记杂纂，但其中所包含的故事母题也都被作者化为个人的叙事特点了，至少在结尾处加入了道德评价。总之，艺术故事不能算做真实故事。

现在的这本故事集是不变味的。在集子里说话的是农民、孩子和老妇，也有学生。我曾与他们朝夕相处，尽可能地对他们的讲述做逐字逐句的记录。我唯一改变的是还原它们的故事形态，而不是进行科学的阐述。

艾伯华的第二本书《中国民间故事》，1965年出版。这本书进一步提供了1937年出版的《中国民间故事类型》所使用的中国故事资料，但在理论与方法上有所不同。这时艾伯华已转向社会学、人类学研究。他从中国20世纪早期社会运动、学术思潮和民俗学运动的趋势出发，讨论中国故事资料的利用价值，不再局限于民俗学研究。

他在此书的《导言》中说，中国20世纪初的新文化运动分化出了民俗学运动，参与其中的一批知识分子是文化改革者兼文学改革者。他们把民俗想象成可以反思中国历史和中国历代文学的关键对象。他对顾颉刚的历史学成就评价很高，认为顾颉刚等的搜集故事活动，用于阐释散存于历史文献中的古代神话和流传到现代社会的传说故事如孟姜女，是希望从民间文学中发现真实的文学、真实的语言、真实的形式和真实的社会主体。顾颉刚重新检索短篇小说、戏曲文学和古典白话文学资料，追溯其原始形态，指出故事变异的模式，也分析它们在古代文学中的历史化形式，揭示其中的民间故事母题，这种方法也值得肯定。这种观察的结果是让艾伯华在重视社会学的同时，也重视历史学，最终形成研究中国故事和中国民俗的社会史方法。他从社会史方法走向对法国汉学的讨论，认为顾颉刚的解释与法国葛兰言（M.Granet）对中国古代神话的观点颇为相近，但却都是独立发生的。艾伯华通过他的工作传达了这样一种思想：在对中国民俗学的研究上，社会学、人类学、历史学、社会史和海外汉学都用得上。

艾伯华与钟敬文对民间文艺学的价值和独立学科性质的共识是另一种默契。他认为，除钟敬文之外，不少学者和作家都在参与搜集民歌，但目的是发现新的创作形式和创作素材，再去创造中国新诗。胡适就想从历代文学中找到真正的民俗遗留物。在鲁迅的鼓励下，大多知名作家用新的文学形式创作。钟敬文却相反，从作家文学转向了民俗研究。他还对民间戏曲、民间节日、民间信仰和民间艺术投入了极大的关注，寻找内在的民俗类型。西方人类学包含民俗学和民间文学，但艾伯华却倒向了钟敬文，认为民间文艺学可以独立，他与一般西方人类学家的认识有所不同。

读艾伯华的书，还要看到他的批评。他对中国民俗学的批评有三：一是中国民俗学运动的各地团体小而分散，杂志短命；二是这些民俗学者都没有经过专门的学术训练，容易被挑毛病，如记录故事不附出讲述人姓名和搜集地点，记录文本有被加工的痕迹，对故事的神怪因素和政治内容比较回避等；三是蒋政权上台后，民俗学运动的声势减弱了，几至停顿。民俗学被视为危险学科，民俗学者被斥责为迷信和文化垃圾的保护者；地方民俗学者强调地方民俗，被视为扩大地方差异，搞地方独立，冒犯了政府的统一精神；民俗学者重新解释中国经史典籍，把历代帝王解释为图腾动物或神话人物的变形，是玷污中国的伟大历史。

艾伯华肯定中国共产党的文艺政策对保存民俗资料有积极作用。他说，凡是我们提到民俗学的发展阶段时，都应该提到中国共产党对民俗所表现的极大热情。不少成为中共重要领导人或被重视的社会人物都参与过民俗学工作。被推崇为最优秀作家的鲁迅，就是提倡民间文学的。在1949年新中国建立后，中国还掀起了几次大规模的民间文学搜集运动。这些资料都倾向于反映民间文学与生产斗争、阶级斗争和社会生活的联系，能体现劳动人民的智慧和创造力。民间故事不仅能教育、动员和愉悦读者，还能给领导人提供有价值的参考资料，帮助他们了解兄弟民族的民间文学和社会历史。一些民间故事还为作家、诗人和剧作家提供了丰富的创作养料和再创作的主题。他的批评是，很多出版物不是训练有素的民俗学者编辑的，因而不能给学者提供科学的资料。

艾伯华提出了比较故事学的领域、思路和方法。他提出的比较文本对象有通俗唱本和佛教故事，这些课题至今还是冷门。尤其需要注意的是他对中印比较民间文学的看法。他是来自印欧文化圈的人，他提出了中印比较佛教民间故事的观点，对欧洲汉学是一种补充。沙畹也曾使用佛教故事研究中印文化的关系，但沙畹所使用的佛教故事都取自历史文献，艾伯华则占有田野调查搜集的口头资料，这是他的独门绝活。他的发言对欧洲汉学有三个意义：一是使用中国戏曲和笔记小说的意义，二是使用中国口头故事资料的意义，三是开展中、印、远东其他地区和阿拉伯跨文化研究的意义。这三条都已对现代欧洲汉学界产生了影响，但中国民俗学者还缺乏行动。下面是他的观点：

中国古代文献中有不少民间故事，资源相当丰富。最繁荣的是民间戏曲唱本，其次是笔记小说，再次是佛教文学。佛教文学早期从印度和中东传入，中间经过翻译，变成了中文。大多佛教文学都有明确的翻译时间，从而可以推测出许多中国早期故事源于佛经。如果能找到这类故事，是很有价值的，后人可以从翻译时间上推测此类故事此前已在印度或中东流传，也可了解这类故事何时在中国开始传播，并在被介绍到中国后又发生了哪些变异。其中哪些外来故事成功地在中国落地生根，变成了中国故事？哪些没有被接受（这个问题还没有被彻底研究，有意思的是，许多印度的动物故事都被中国人排斥了）？还有一些佛经故事不是通过书面翻译，而是通过口头途径传入的。也有少量的故事是从西方传入的，后来在远东国家广为流传。

在纵向的历史深度上，或在横向的地理现实上，中国故事都大有文章可作，比欧洲故事更丰富。在《中国民间故事类型》中，我利用了一些书面历史资料，加上了注释，说明为什么这些历史资料对我现在的研究有用，而经过研究，还将产生更丰富的信息。我希望有一天，由中国同行自己来完成这项工作，他们现在做得还远远不够。

在这里，艾伯华坦诚地说："我希望有一天，由中国同行自己来完成这项工作，他们现在做得还远远不够。"他没有因为自己是一个局外人就停止这种呼吁。他在1937年的《中国民间故事类型》中做过的跨文化比较有：朝鲜、日本、琉球、济州、越南、印度、波斯、塔吉克斯坦、蒙古、西藏。在这其中，有跨国的比较，如中、日、朝、越、蒙、印、塔吉克斯坦；也有中国境内汉藏不同民族的比较。

艾伯华的第三本书《中国民俗学与相关评论》，出版于1965年，这是他致力于中国故事研究集大成的一部著作。在此书中，他试图建立一套中国民俗学研究的理论模式，主要观点如下：

本书不是按照"民俗学理论"著作的形式编排体例的，但是包括了我在自己的工作中建设民俗学理论的几块大砖。首先，我把原则性地阐释民俗学理论的文章放在一起，说明民间故事的研究不应该是孤立的，是不能与其他文化分支现象相剥离的，而应该是与民间节日、庆典、仪式，或其他民族传统结合在一起的。

　　第二，我想说明，在学术界，对中国现代民俗的研究，应与历史资料结合起来。那些民间故事和民间绘画的主题，大都可能与古典通俗小说和民间戏曲有关。它们大都有自己的历史渊源，有的还能上溯许多世纪。在有些个案中，我们能在主题或母题之间，建立变化关系。在许多情况下，故事文本的修改，往往与社会环境的变化有关，因此我们有理由建立民俗学与社会学的联系。

　　第三，在较小的范围内，进行中国与近东的故事学比较研究，可以发现同类故事的文本差异，从这个角度，有可能通过故事分析的途径，指出彼此间的社会与文化结构的差别。这有利于将来建立较为清晰的故事传播理论，包括故事讲述人及其听众或读者的理论。处理这些传播和变异情节的研究，必然会导向对社会学发展和变化的一般理论的交叉研究。

最后，也是最重要的一点是，我试图利用本书论文的资料，去再建构中国的"地方文化"，通过对这些故事的存在形态和分布方式，提出关于"中国社会"或"中国文化"起源的假设，以及关于"地方文化"的文化特征的假设。我的总体假设是，中国先有地方文化，后来合成中国文化，在这一过程中，甚至今天，我们仍能发现早期地方文化的遗存。

他表达了建立中国故事理论系统的决心，共谈了三个问题。

1）民俗的定义。他认为，民俗学属于社会科学，但是社会科学中发展得较晚的一门科学，所以只在少数国家中才把民俗学当成一个独立的领域。在他看来，民俗有两种定义，一个是美国定义，主张把民俗学的对象限定在一个社会的口头传统或口头文学上，因此强调研究民间故事、童话、史诗、民歌、谜语、谚语、俗语，乃至民俗小说。另一个是欧洲定义，比较宽泛，除了民间文学外，还包括民间舞蹈、民间风俗、民间医药、民间信仰、民间宗教和民居等。根据欧洲定义，民俗就是一种"民间文化"。民俗学还试图成为一门比较的科学，发展自己的比较研究法，以及在民间文化要素的起源、分布与变异方面的理论，因为民俗学这方面理论所使用的资料是高度综合的，其理论与相邻的人类学相比，也经常显得更为准确。

2）中国民俗研究的发轫。中国民俗学运动的兴起，与五四运动有关。以胡适为代表，一批留学归国的青年学者投入了翻译和介绍工作。他们通过日本的渠道进行再翻译；同时采用了日本的外来语和民间词汇，以补充本国词汇的不足。这就导致了两个分支的发展，一是历史分支，证明当时学者所使用的白话不是非中国化的，而是古已有之的；一是民俗分支，以鲁迅为代表，强调创造民族新型的、大众的、能为多数人理解的文学，并通过这种形式，把一切老百姓所说所想的都记录下来。学者被要求走向平民，研究其语言和文学，这一思想有助于中国民俗学的发展。

中国民俗学后来大起大落，另一主要原因是缺乏民俗学理论系统知识和田野作业的科学训练。早期民俗学者翻译了班恩的《民俗学手册》，但对芬兰、德国、瑞士和俄国的民俗学著作整体情况不大了解，使用芬兰和美国的类型母题方法研究民间故事的学者还曾遭到批判。当然，西方民俗学者至今也不了解中国。

3）中国民俗学研究与苏联。当时的中国政府一度对民俗学很感兴趣，中国民俗出版物与30年代前期的苏联著作也有很多共同点。

在中国民俗学的各个分支领域中，民歌被大量搜集，有来自各地方的，也有出于其他因素被搜集的，其中不少是共产主义新民歌。这里有一个问题：西方民俗学者一般认为，民歌是有主名的，作者的名字可能是被遗忘了或没有记载，后来在广泛的传播中，民歌出现了不同的异式；苏联和中国学者却认为，民歌是可以被人民创作的，能表达人民的情感。民歌被分为劳动歌、时政歌和反抗歌等。这就产生了一个真假民歌混淆的问题。一个重要的鉴别标志是，真民歌有异式，假民歌没有异式，故事、传说资料的鉴别也如此。过去的大多搜集资料还缺乏讲述人、讲述时间、讲述地点、讲述环境、听众和搜集人等各种背景资料，这种资料也是不完整的。还有，民间文学中的宗教内容被删除了，除非神灵被说成是荒谬的、反面的或无力的，才可能被保留。在故事的主人公中，来自上层阶级的好人不被接纳，主人公多数是女性、她们的品质都被描写得比男人好，也比男人更有现代气息。出身农民或下层阶级的主人公都是被肯定的形象，上层阶级的人物都被说成是卑微的、狡猾的、邪恶的和贪婪的。民间舞蹈早已被儒家文化所干扰，发展得很不充分。后来秧歌被共产党改造成民族的"国舞"。此外，欧洲民俗学定义中的民间信仰、民间宗教、民间服饰、民间医药和民居风俗等，曾一度不被研究。

在西方的中国民俗学研究领域，还找不出第二个像艾伯华这样既了解中国、又了解西方的学者。在日本和韩国，民俗学者模仿他的《中国民间故事类型》，编写了日、韩自己的民间故事类型著作，这是他对亚洲民俗学事业的贡献。在西方，他的看法，在某种程度上，也影响了一个时代。

（三）意义

1.钟老与艾伯华

钟老因20世纪30年代留学日本，故日本的朋友多。此外也有一些朋友来自俄、美、英、法、德、意、加、澳等西方国家，但钟老与之交往的密切程度不如和日本友人。20世纪50年代，钟老曾与苏联专家共事。改革开放之后，钟老接待的日本和西方人士大为增加。钟老晚年以北京师范大学为基地，率领国内院校开展民俗学和民间文艺学学科的建设，同时指导全国范围内的民俗学与民间文学运动，来访的东西方学者一拨又一拨，但以其年资论，纷纷对钟老执弟子礼。唯有艾伯华不同，他与钟老是同辈。他们在不同的历史环境和学术训练中向本国读者介绍对方，并延续了一生。

艾伯华利用钟老故事类型时，创造了主题法和竖横式母题法，这就为建立AT之外的中国故事类型研究打开了一条通道。他在"天鹅处女型"故事类型的编写和研究中，引用了中、美、英、法、德五国学者的研究成果，使用了中国民间戏曲、通俗唱本、笔记杂纂和口头故事等多样化、多层次的资料，这样的科研决心，别说是一个外国人，就是放到中国学者身上也是皓首穷经的工作，而且别人未必成功，他成功了。在"问活佛"的故事中，他做了中印比较，临末指出"类型大概出自印度"，能看出他在追踪印度佛经故事的方向。他在本书中对所有故事类型的编写和研究，设定了14种逻辑分解步骤，这是在钟老的类型中完全没有的，包括"人物是""动物是""出处""母题""对应母题""前引""附注""扩展""增添""历史渊源""流传地区""资料一览""比较"和"综论"，等等。这是一个可收可放的故事类型研究框架和学术资料网络，也是理论与方法的创新。它适合用于处理中国这种历史文献与口头资料都极为丰富的古老文明国家的故事资料，经他推出，一发而不可收。从他开始，在亚洲的日本和韩国等国家的民间故事类型编纂中，都使用了这种方法，用来表示对本国或本民族故事所增加的扩展内容。在中国故事集成的编纂中，我国学者也吸收和采用了这个做法，把大量异文都收进了省县卷本中。对现代民间文艺学者来说，这对于恢复故事类型文本的民俗志，发展后续的研究工作，是十分重要的。

2.钟老与丁乃通

丁乃通《中国故事类型索引》的英文版于1978年在芬兰出版。这是第一部使用西方AT编号系统整理和编制中国故事类型的著作。丁乃通本人在美国伊利诺斯大学讲授英美文学，编制中国故事类型是他的跨学科工作。他以一人之力完成这样一部大型工具书同样是奇迹。

他的工作是相当重要的基础性建设，为中国人了解西方AT系统，以及中西学者进一步开展跨文化故事比较研究，都带来了极大的方便。

1981年7月14日，丁乃通教授来北师大讲学，与钟老第一次见面。后来钟老对我说，1930年代，钟老在杭州教书，钟是教授，丁是中学生，丁听说钟老在五四运动中的名气，前来听课，但钟不知道，也不认识他。此次见面，丁称钟老是前辈，自己是后辈。

丁是有爱国情怀的远方游子，钟老是留学归国的爱国学者，两位拥有相同的情怀；在对中国传统文化和民间故事的认识上，两人也有很多共识。丁这次讲座的题目是《历史地理学派及其方法》，钟老在丁乃通讲座时偶有插话，彼此之间坦诚相见。

在美国生活多年的丁乃通有自己的思维方式和治学态度，趁这次难得的见面机会，他告诉钟老艾伯华有抄袭行为，应该警惕。钟老明白丁乃通是一片好意，不过到底没见到原书，不好回应。但钟老表了一个态，他说赞成托尔斯泰的意见，重要的是把对人类社会有用的思想传出去，发挥它的应有作用。这种回答是委婉的，但绝无城府。艾伯华不是中国人，跟钟没有民族认同，只是在学术上隔空对话。但钟老也不愿意用国别差异和社会意识形态替代学术评价，更从未由于某种争议否定艾伯华。

下面我们用同样的办法，选择一个中日印相似故事类型"猴娃娘"，再使用钟敬文的《中国民间故事型式》、艾伯华的《中国民间故事类型》和丁乃通的《中国民间故事类型索引》，提供他们对同型故事的编写文本，比较丁著的特点与贡献。

钟敬文，猴娃娘型[1]

一、一老婆子的女儿，为猴取去做妻子。

二、老婆子以喜鹊的指引(或没有此情节)，得入猴洞。

三、母女设法逃回。

四、猴思恋其妻，频到村中啼哭。

五、她们以某种方法中伤之，猴不复来。

艾伯华，119.(猴儿娘)[2]

(1) 女儿被一只猴精抢走，给它做了妻子。

(2) 母亲(大多通过喜鹊)打听到了猴精的家。

(3) 与女儿一起逃走。

(4) 猴精思念妻子，哭泣，总是到村里来。

(5) 他们使它受了伤，结果它不再来了。

---

[1] 钟敬文《中国民间故事型式》，收入《钟敬文民间文学论集》(下)，上海文艺出版社，1985，本类型见第351页。另见(德)艾伯华《中国民间故事类型》，王燕生、周祖生译，钟敬文《中译本序》，商务印书馆，1999，第3页，文中所大略提到钟老培养日本来华留学的博士生高木立子做中国故事类型，即"猴娃娘型"，这是一个有代表性的中、日、印相似故事类型。

[2] (德)艾伯华《中国民间故事类型》，王燕生、周祖生译，商务印书馆，1999，第200—201页。

（6）从此以后猴子的屁股是红的。

出处：

　　a. 民间Ⅱ，第5号，第29—32页（河南，郑州）。

　　b. 鬼哥哥，第64—67页（江苏？）。

　　c. 鬼哥哥，第67页（江苏？）。

　　d. 渔夫的情人，第69—76页（地区不详）。

　　e. 三个愿望，第130—139页（四川，重庆）。

　　f. 民俗，第109期，第21—23页（河南）。

　　g. 菜花郎，第18—21页（地区不详）。

　　h. 吕洞宾（小），第84—88页（地区不详）。

　　i. 妇女Ⅶ，第8册，第98—99页（湖北）。

　　j. 粤南民间故事集，第57—60页（广东）。

　　k. 粤南民间故事集，第74—77页（广东）。

补充：

　　代替母题（1）—（4）：好媳妇得到神仙的馈赠，恶婆婆变成猴子，总是到村里来骚扰：g；广东j。

　　猴子父亲埋葬了他那被杀死的孩子，结果所有的猴子死后均又复活：四川e。

　　代替母题（3）—（5）：姑娘杀死猴子和孩子，逃走：湖北i。

流传地区：

全中国。

丁乃通，176A*【人以智胜猴】/《专题分类索引》中，H，猴子绑架女孩，312A*/312A*【母亲（或兄弟）入猴穴救女】①

176A*【人以智胜猴】

村民们注意到从周围山林来的猴子常常模仿他们的行为，损害庄稼和其他的物件。他们故意在野外给自己刮胡子、喝酒、穿鞋子等，做给猴子看，并且把剃刀、酒、鞋等物都丢在那儿。猴子们马上来学着，因此伤的伤，不能动的不能动了。人们便摆脱掉这些猴子的骚扰。

《专题分类索引》中，H，猴子绑架女孩，312A*

（无内容）

312A*【母亲（或兄弟）入猴穴救女】

这个动物往往是猴子，但并不总是猴子。

---

① （美）丁乃通《中国民间故事类型索引》，郑建成、李倞、商孟可、白丁译，中国民间文艺出版社，1986，第34、568、71—72页。

Ⅰ.〔许婚和失踪〕(a)一个小姑娘对一个自称是媒人而围绕她飞的蜜蜂(鸟),不加思索,轻易应允了婚事。(b)猴子送给女家礼物(b1)女孩吃了妖怪的水果。(c)她坐了轿子出嫁,但在去新郎家的路上失踪了。(d)猴子用魔力将她拐走(参见301A)。(d1)在妖怪来接她时,妈妈消灭了这个妖怪。

Ⅱ.〔寻女〕母亲(哥哥)去找女儿(姐妹)(a)沿着长成的蔬菜走,这是由女孩沿途撒下的种子长出来的。(b)蝴蝶和鸟类帮助。(c)母亲(哥哥)偶然找到了她。(d)一只鸟,通常凭着她给它的一件证物,把妈妈带到猴子的洞穴。(e)女孩装作很友好,但在猴子的眼睑上抹胶水,使它看不见。(e1)他偷了妖怪的魔法武器,留了一个假法宝给妖怪,因此他便打败了妖怪。(e2)或把它灌醉。(f)另一说法:女孩自己逃了出来,或者,另一结局:(g)女孩的姐姐访问她,发现她和一个青年男子愉快地生活在一起。

Ⅲ.惩罚追赶的猴子。女孩同母亲(有时也带了她的孩子)回娘家后,猴子每天都来诉苦大叫。于是她母亲(a)把胶水放在猴子常坐的滚子(树桩)上。(b)她把猴子常坐的岩石或铁烧得又红又热。(c)结果,猴子逃跑了，但尾巴掉了一段，屁股上的毛都烧去了；因此猴子的屁股是红的。（d）它粘在座位上，被人杀死了。

（e）其他的结局：猴子没有追上他们，或没有找到他们；或（f）这动物在她父母家旁边哭泣一直哭到死。

丁乃通整理和出版中国故事类型著作，在本书中引用钟敬文21处，引艾伯华33处，他的工作比钟敬文晚60年，比艾伯华晚40年，有充分时间吸收前人成果，这是他的优势。他主要采用西方AT法编制故事类型，故写作格式都是横式的，这也是他的这本书的特点。他的问题是研究不足，仅以"猴娃娘"为例，钟老是这个类型的发现者，钟的竖式法精简，但能概括该类型的母题要素。艾伯华便拿来直接使用，对其竖式法部分不动，艾再增添"出处""补充"和"流传地区"三项，改造为横式法，最后合成竖横式。艾没有对这个猴子的类型多下功夫，未能提出跨文化比较的观点，但也没出错。

丁乃通难免失手，这与AT横式法的功能有关。用AT整理相关程度很高的欧洲故事有很强的归一性，其故事类型格式好像电脑为之设定的程序，相关性越高，程序就越灵，归一的结果就越整齐。而中国故事与西方故事不在一个系统内,丁用横式法将其归并的时候,很多中国故事就套不进去,就会出现牵强附会的现象,或者把中国故事肢解。

丁乃通处理"猴娃娘"故事类型就遇到这种困难。他将这个类型放在176A和312A两个编号下,能看出他对辨识"猴娃娘"的母题要素犹豫不决。他把该类型编入312A就是很勉强的,其中的I和II都应该是另外两个类型。丁乃通是精通中英文的教授,有高超的跨语言交流能力。但整理编纂故事类型的工程还要求他跨文本和跨学科,这是故事背后的文化内涵造成的,为此他还需要新的理论工具。

1986年,丁著的中译本出版,钟老为之撰序,谈了三个观点,即贡献、跨文化的专业性与丁乃通在美国可以做的事:

> 他化了近十年的岁月,从事这项工作。不仅象上节提到的在资料搜集上费尽工力,他的全部作业都是那样认真、严谨的。他以运用阿尔尼和汤普森的国际故事分类为主,排除各种困难,在浩如烟海的资料中,苦心地整理出几百个类型(国际共通的和中国特有的),并各记上有关的文献。在全书的前面,冠以长篇《导

言》，书末除《参考书目》外，还附有《中日故事类型对照表》《专题索引》等。这是一件绞尽心血的科学工作。索引一类的著述，在学术上是很需要的，但编纂起来又是相当烦琐的。有些眼睛向上的学者根本瞧不起这种工作。过去我曾经暗暗赞叹陈垣先生编纂《中西回史日历》和叶绍钧（圣陶）先生编纂《十三经索引》的业绩。以他们的学术成就（陈）和创作才能（叶），却甘愿来过这种不显眼的"冷淡生活"。如果不是胸襟宽广和具有为广大学界服务的决心，是办不到的。这也正是我们要向这部索引的著者表示敬意的地方。[1]

民间故事的研究有各种观点和方法。象我们前面所提到的人类学派的故事学（哈特兰德等），就是一种。又如苏联学者普罗普教授的形态学的研究（它被推为法国结构主义这方面理论的始祖），也是一种。又如近来日本河合隼雄教授的深层心理学的研究，当然又是一种。民间故事类型索引的编著，以AT分类法为最著

---

[1]（美）丁乃通《中国民间故事类型索引》，郑建成、李倞、商孟可、白丁译，钟敬文《序》，中国民间文艺出版社，1986，第2页。文中有些用字规范与现代汉语使用规范有出入，本书保持了原样，未作修改。

名。它由芬兰学者阿尔尼发表于本世纪十年（此后，他还发表过关于芬兰民间故事及传说的索引），后来美国学者汤普森加以译述和补充。近年来日本学界对它颇为看重，著名学者柳田国男、关敬吾等都有类似的著作（《日本民间故事名汇》《民间故事的类型》等）。记得几年前，日本民间文学学者以臼田甚五郎为首的访华团诸先生，也曾经向我们提议合作编著这种类型索引。可见他们对此道态度的一斑了。[①]

我们所理解和要求的故事学，主要是对故事这类特殊意识形态的一种研究。它首先把故事作为一定社会形态中的人们的精神产物看待。研究者联系着它产生和流传的社会生活、文化传承，对它的内容、表现技术以及演唱的人和情景等进行分析、论证，以达到阐明这种民众文艺的性质、特点、形态变化及社会功用等的目的。类型索引的编著乃至根据这种观点、方法的探索，一般比较不重视故事思想内容和艺术特点等的分析和阐明。它的注意力比较集中于故事梗概的共同点及相

---

① (美) 丁乃通《中国民间故事类型索引》，郑建成、李倞、商孟可、白丁译，钟敬文《序》，中国民间文艺出版社，1986，第4页。

异点，比较重视探究故事的流变过程和原始形态。没有疑问，应该说这种探索成果，对整个故事学的建立是有益的，对我们的研究来说，也是有用的。对于某些作品，或这种口头文学体裁的某些侧面，这种作法，不仅是有用的，甚至于是必要的（当然，主要是在我们的指导思想的统率下）。但是，作为一种故事的整理、研究的主要观点和方法，它跟我们所奉行的，不能说没有一定的距离。尽管如此，我们今后还要用一定的人力去编纂《中国故事类型索引》乃至于编纂《中国传说类型索引》（这是前几年丁教授回国讲学时，亲口向我提议的）。它是我们这门科学（故事学）发展的需要，是"面向世界"和未来的需要。[①]

钟老高度肯定丁乃通的工作成果，同时希望他在美国充分吸收民俗学和人类学的前沿成果，丁乃通在美国中部高校工作，钟序中提到的"表演学派"理论就是在美国中部的另一所高校提出来的，丁乃通吸收它有天时地利之便。说到底，在跨文化比较研究上，钟老同样对丁乃通寄予厚望。

[①]（美）丁乃通《中国民间故事类型索引》，郑建成、李倞、商孟可、白丁译，钟敬文《序》，中国民间文艺出版社，1986，第5—6页。

3.艾伯华与丁乃通

1998年4月，欧达伟教授再次来华做研究，同时提到艾伯华。为使中国同行能了解艾伯华晚年对中国故事类型研究的观点，他将艾伯华在德国发表的英文文章交给了我，嘱我译成中文，转呈钟老阅读。这是艾伯华与丁乃通对话的文章，我译成后呈送钟老，钟老看罢，令复印数份，发给他指导的博士研究生阅读。

此文题目为《五十年的回顾》，艾伯华在文中对丁乃通提出了批评，丁有简要回应，他们的主要争论如下：

艾伯华批评丁乃通删除神话、传说、佛教传说和教训性寓言的做法，对此，丁乃通却认为，严格的民间故事索引是不能包括这些体裁的。艾伯华批评丁乃通把口头文艺固定在某些特定的阶级上，丁乃通没有反驳。艾伯华批评丁乃通轻而易举地确定故事的发源地和传播路线，丁乃通沉默。艾伯华认为，用AT给中国故事分类有困难，丁乃通说不难。艾伯华批评丁乃通的索引没有标注资料搜集地点，丁乃通表示是缺乏经费造成的。了解他们的分歧，对我们思考中国故事类型的工作方向多少是有参考价值的。

钟、艾、丁的"跨文化"活动主要发生在20世纪90年代以前，20世纪关于中国故事类型研究的跨文化方法还是参照西方的，理论话语权也是西方的，这是一元化的跨文化方法论。时下的"跨文化"概念提倡文化多样性，在理论上强调多元价值观。这是两种不同的"跨文化"。总结前人的经验教训，就是要向当代更先进的跨文化方法论迈进。

外国文学教育与民间文学研究
——中国与苏联（俄罗斯）民间文艺学比较

钟先生20世纪50年代在北师大中文系教书时，与外国文学专业的几个青年学生关系不错，程正民老师是其中的一位。程老师是黄药眠先生的高足，钟先生与黄先生交好，便对程老师尤加爱重。程老师专攻俄国文学理论，涉及双方民间文艺学比较，这与钟先生的对话点很多，久而久之，两人成为忘年之交。

（一）理论之"媒"

钟老与程老师，一老一少，是理论互补型，但理论在学者手中有两种命运，一种变成书本教条，一种成为思想运行的产品。他们是能在思想运行中创造观点，彼此谈得来的人。学者之间的这种交往，通过思想运行产生观点，再以学术交流的方式在不同的范围内获得响应，这种思想运行在人际关系上的体现是平等的。它可以突破年龄、代际、性别、社会分层和文化区隔，营造心与心的学术联盟，为此钟老夸奖程老师的话很多，而且都很实。

思想运行的动力有两个，一是历史，二是现实。历史有各种做法，有文献史，也有理论史。但无论搞哪一种史，到了一定的深度，都能出思想。不做史就没有史识，没有史识就没有思想，没有思想就没有创见。程老师的比较文艺学和民间文艺学著述是从史而来的[1]，这样他的研究框架就十分理性，问题思路就完整。所谓现实，也有两个意思：一是学者所处时代产生了引领性的理论问题，二是某种理论问题成为中外学术史上的焦点问题。程老师研究中俄比较文艺学和比较民间文艺学正是触及这种"现实"。他曾被这种"现实"所教育，拥有信仰，又产生了反观思想力，这些都使他能与钟老走到一起。

---

[1] 程正民《20世纪俄罗斯马克思主义文论的发展》，收入程正民《从普希金到巴赫金——俄罗斯文论和文学研究》，福建人民出版社，2015，第3—21页。

1.风从东方来

新中国初期，高校风行"学苏联"，这是当时世界上社会主义阵营国家之间的"国际化"现象。各国高校，包括我国高校，在苏联理论和高教体制的影响下，纷纷构建以社会主义意识形态的文艺学为主导的文科建设格局。民间文艺学对于文艺学的建设起重要辅助作用。

当时高校文科"国际化"的大体步骤是：苏联专家进校，与我国学者合作，引进苏联教材、培养师资，建设社会主义意识形态人文社会科学理论体系与文科结构布局。这场发生在我国国土上的苏联理论和教育方法的传播活动，对我国本土学问产生了强大的撞击力。在这种背景下，我国培养了几届大学生。他们中的少数人被选派到苏联留学，多数人留在国内学习，上苏联专家的课，使用苏联专家提供的教材。无论出国还是在国内受教育，他们都是这个特定的"国际化"时期的产物。他们的整体特点是在马克思主义的主流意识形态中塑形，满怀理想，对国际化学术信息有接受能力，同时受到本土向往新社会蓝图的饱学之士的直接教育，两国知识体系结合，号称"又红又专"。在北师大与苏联专家共事的著名学者中，就有我国"五四"以来的大学者黄药眠先生和钟敬文先生。钟老当时还兼任校副教务长和科学研究部主任[①]，日常工作的顶头上司就是苏联专家。程老师正是几届大学生中的高材生，以优异成绩留校。黄老在我国现代文艺学史上赫赫有名，还曾在苏联共产国际供职，要比一般国内学者更了解苏联文论和文学，他再把这套学问传给程老师和其他学生。

从环境上说，截至20世纪90年代东欧苏联社会主义阵营全面解体前，各国高校将俄语普及、苏联文论教育与本土教学研究整体推进，程老师在这一时期内，先后担任了北师大苏联文学研究所副所长和《俄罗斯文艺》常务副主编，后来又到中文系当系主任。直至西方学术思潮在全球化后大举涌入之前，精通俄罗斯文艺的人才始终居于理论前沿。

2.钟敬文与黄药眠

程老师曾多次跟我说过，他在学问上的老师有两个，一个是黄药眠先生，一个是钟敬文先生。他的这种认同

---

①北京师范大学校长办公室《北京师范大学校务委员会名单》，档案号1952—1，1952年，第1—2页。北京师范大学北京师范大学教务处《北京师范大学教务处、研究部工作人员名单及各系主任、副主任、秘书名单》，档案号1955—23，1955年，第7页。

不是随便得出的，是从他的思想深处来的。

在此多说几句两老的交谊。黄药眠先生和钟敬文先生分别是我国文艺学和民间文艺学的学术大师，两老在新中国成立前夕乘同一艘苏联轮船回到祖国，后来又都留在北师大执教，双方在学问上彼此切磋，对各方的学科理论都有渗透。他们还都曾在新中国初期参与中央政府和教育部的学科规划工作，这也对北师大乃至全国高校的文科布局产生长远的影响。

我见到黄老是在20世纪80年代跟钟老念书之后，那时钟老多次带我去黄老府上小坐。两老谈起改革开放后的祖国，有诗人般火热的挚爱，也有对恢复高校人文学科建设的强烈使命感和责任感。执手相谈之间，不免提到后继人才，黄老提到的"最有希望"的中青年教师就是程老师。当然弟子能不能按照他们的预期去发展，还要看个人的造化。

我真正见到程老师时，已是黄老辞世七八年之后的事了。程老师调任中文系主任，钟老就经常派我去找他，请他帮忙解决民俗学的学科建设问题。他对钟老的事总是有求必应的，不过什么事能办，办到什么程度；什么事暂时不能办，问题出在哪里，他也都会向钟老如实说明。

他也抽空来找钟老，就吸收西方学说加强俄国文论研究的问题趋前请教。钟老很爱才，回答程老师的问题很认真，有诗为证："老去心怀念友生，渐看星隐未凋零。风涛共济危时梦，肝胆相投少日情。各有遗编传日下，偶披纪传尚神兴。何时八宝山头路，独立松阴吊故灵。"[1]

从诗中可见，钟先生对程老师是有期待的。他看见程老师就想起了黄先生，这种思念也刻印在诗行中。

（二）比较民间文艺学[2]

从民间文艺学的角度看，程老师的比较文艺学与比较民间文艺学的研究，根植于他对俄国马克思主义理论史的研究。这段历史是与中国现代民俗学史和民间文艺学史有交叉的。新中国初期，苏联专家从苏联带来了科学的历史编纂学，这让中国学者眼前一亮。在苏联专家中，钟老青睐契切罗夫，也比较关注古雪夫。古雪夫认为：

---

[1] 钟敬文《怀念黄药眠同志诗二首》，收入北京师范大学中文系编《纪念黄药眠》，群言出版社，1992，第20页。

[2] 本文关于苏联理论与民间文艺的讨论，部分引自作者近期在《西北民族研究》《民俗典籍文字研究》等杂志上陆续发表的"苏联理论与党性民间文艺"系列研究论文。

"科学的历史不仅仅是这种或那种实际发明和发现的历史，而且也是思想的历史和方法论的探求的历史。因此，对于史料的研究不仅用科学发展的全部历程中所积累起来的全部实际知识丰富了我们，而且特别重要的是，对史料的研究促使人们探索出正确的科学的方法论。"①对于从经史子集国学中走出的中国学者来说，这是一套新学。传统国学惯用内部连续文化编年法，这在新社会遇到了无法解决的新问题，需要以新知识做补充。当时前辈学者将新学与自己熟悉的国学方法结合，用以处理中国资料，解决了很多问题。他们还把自己的治学经验教给程老师这些年轻的大学生，让后学领会科学方法的重要性，这些都是学苏联的好处。等我三十年后入学时，钟老送给我的第一本书就是苏联学者的历史编纂学著作《外国民族学史》，作者是莫斯科大学历史学教授托卡列夫（C·A·Toкapeв）②。"史"的功夫之重要，关系到钟老等前辈学者后来的理论反思，也涉及程老师近三十年的研究。这些研究能让我们理性地对待20世纪50年代学苏联

①（苏）B·古雪夫《论俄罗斯民间文艺学史的研究》，刘锡诚译，中国民间文艺研究会编《苏联民间文学论文集》，作家出版社，1958，第320页。
②（苏）C·A·托卡列夫（C·A·Toкapeв）《外国民族学史》，汤正方译，中国社会科学出版社，1983。

与我国文艺学和民间文艺学建设的关系。这是后话，在这篇不可能写得太长的文章里，我不会做更多的讨论。

整体反思苏联理论的输入对我国构建社会主义新文化和高等教育体制中的文科理论系统所形成的焦点问题是，这种苏式的"国际化"社会主义意识形态科学来到我国，如何根据我国的国情建设党性民间文艺理论？它与我国传统民间文艺如何匹配？

苏联的党性民间文艺理论以党指导民间文艺为最高原则，在这方面需要提出的具体问题是，党性民间文艺理论的核心概念是什么？从苏联理论家的著作看，他们从科学社会主义运动学说的角度阐述党性民间文艺，所使用的核心概念是阶级性、人民性、集体性和民族性，而我国民间文艺学的建设要走民族的、自主的道路，也要从对这些概念的讨论做起，所以苏联的输入与我方的接受是供需关系。但全面考察苏联理论对我国的影响，还会发现当时有很多思想争论，我国政府和学者的探索还遇到过重大挫折，这也要求我们提出一些新的思考问题。现在我们知道，苏联理论输入其他社会主义国家的"国际化"步骤，在其他国家也发生了类似的困境，今天我们从"国际化"的角度讨论这些问题，会帮助我们比较完整地反思这些困惑，并且能够比较自觉地关注当时本土学者所采取的解决措施、所进行的独立思考，而不是简单地将之处理为包袱。

在引入苏联理论方面，苏联文艺理论家季莫菲也夫的观点在我国的影响也很大，周扬在延安时期已引用过他的文章。新中国成立后，他的文艺理论教材《文学原理》被介绍到我国高校，让他成为仅次于马克思列宁主义革命领袖和普列汉诺夫、高尔基等人的权威人物。季莫菲也夫的弟子毕达可夫和柯尔尊都是20世纪50年代来华的苏联专家，分别在北京大学和北师大执教，讲授过季莫菲也夫的教材。黄老和钟老都是使用过他的教材的历史人物。钟老还曾与柯尔尊共事，并将季莫菲也夫的书中有关苏联民间文艺理论的部分摘出，编入自己主讲的"人民口头创作"课的理论参考资料，刻成油印本，发给听讲的大学生和研究生阅读。程老师在国内学者中几乎最早对季莫菲也夫的教材和教学活动开展研究①，两人不谋而合。

①程正民、程凯《中国现代文学理论知识体系的建构——文学理论教材与教学的历史沿革》，北京大学出版社，2005，第117—119页。

1.四个核心概念

苏联党性民间文艺理论家所强调的四个核心概念是阶级性、人民性、集体性和民族性，并将这方面的基础研究作为科学社会主义运动学说的组成部分。季莫菲也夫对"阶级性"的概念有过深刻的分析。他认为，在苏联民间文艺理论中，关于这一概念的经典论述，见于列宁的"两层文化"学说，他说：

> 列宁关于在阶级社会中的"两种文化"的学说，给予我们评价一切文化现象——其中包括有人民创作的产品——的唯一正确的准则。[①]

但季莫菲也夫也认为，列宁的"两层文化"学说是从政治学的角度提出的，不是从文化角度提出的，列宁的重点是强调科学社会主义运动，而不是文化科学，这正是"两层文化"说的实质。周扬编辑的《马克思主义与文艺》收入了季莫菲也夫的文章，正是在此文中，季莫菲也夫说到他的看法：

---

① (苏)季莫菲也夫《论人民性的概念》，于同隗译，原载《语文学习》1956年7月号。另见周扬编《马克思主义与文艺》，作家出版社，1984，第155页。

按照列宁的观点，如果要将"两层文化"说用在文化上，也要用到文化革命上，因为"胜利了的工人阶级最重要的任务就是实现文化革命——用民族语言实行普及教育，一往直前地发展中等和高等教育，人民的共产主义教养和教育"。艺术必须从文化革命任务的观点上为人民服务。列宁在跟克拉洛依·蔡特金的谈话中说过："真的，我们的工人和农民们应该得到比马戏更多的东西。他们有权利得到真正伟大的艺术。因此，我们首先要推行最广泛的人民教育和训练。它创造出文化的基础，——当然，这是在粮食问题解决了的条件之下才有可能，在这种基础上，必须生长出真正新的、伟大的共产主义艺术，这种艺术将创造出适合于自己内容的形式。"[1]

截至20世纪50年代初，苏联理论界支持列宁的"两层文化"说的，并非只有季莫菲也夫自己。在我国民间文艺学界，直至在改革开放前，钟敬文并没有对"两层文

①周扬编《马克思主义与文艺》，作家出版社，1984，第155—156页。

化"说提出反对的说法。直到1983年，他提出了"文学三层说"①，三年后又提出"文化三层说"，这时他已不再观望。他明确地指出中国的历史传统和本土国情不可能断裂，而是在"有机"地传承和创新。凡了解钟老的人都知道他始终有这种看法。今天的"国际化"学术趋势已经全球化，现在的中外同行已经大体取得共识，即认识到外来理论输入的正确途径，不是同化别人，而是交流、互见和互动。外来理论能帮助人们从外部的角度观察内部文化的复杂问题，有时谈到复杂问题，还会比内部成员讲得更清楚、更简捷。内外部文化成员通过这种"输入"与"输出"，能明白什么是祖先留下来的"对社会可贵的东西"，这些东西怎样"和今天保持着有机的联系"，从而提升文化自觉、增加文化自信。程老师对钟老的"文化三层说"十分敏感，很早就将之放到中俄比较民间文艺学的范畴内进行论证。他还将初稿拿给钟老看，征求钟老的意见，得到了钟老的鼓励②。

关于"人民性"概念，季莫菲也夫也有很多研

①参见钟敬文《民间文学的价值和作用——1982年1月在杭州大学中文系的讲话》，钟敬文《新的驿程》，中国民间文艺出版社，1987，第43—53页。
②参见程正民《巴赫金的文化诗学》，北京师范大学出版社，2001，第238—239页。

究，他在《论人民性的概念》一文中提出，"党性"是
"人民性的最高形式"。另一位苏联理论工作者开也夫
（A·A·Kaneв）引用A·日丹诺夫的话说，列宁的党性原则
"是我们党和苏联政府在思想领域、特别是在艺术、文学
和人民创作方面的政策的主要基础"①。季莫菲也夫谈到，
"人民性"的代名词就是党性、政治性和思想性：

> 在社会主义的艺术中，在我们前面的是共产主义
> 的党性，就是说艺术家要达到共产党所号召的目标。列
> 宁说，共产党的力量在于表现人民的觉悟，而党的任务
> 是"带同全部人民进入社会主义"。所以社会主义艺术
> 的党性是艺术家自己所意识到的人民利益的最深刻、
> 最全面的表现。②

他的弟子柯尔尊与他一脉相承，在北京师范大学开

---

① （苏）A·A·开也夫《马克思主义经典著作家论人民创作与苏联口头文艺学的
任务》，连树声译，北京师范大学中文系民间文学教研室印油印本，内部资料，
1955。
② （苏）季莫菲也夫《论人民性的概念》，于同陬译，原载《语文学习》1956年7月
号，北京师范大学中文系民间文学教研室印油印本，内部资料，1955。中译本
原著没有提供苏联学者季莫菲也夫的俄文名字写法，本文从原著而未注，全
文同。

设的"文艺学概论"课程中,末节设《共产党在社会主义现实主义文学发展中的领导作用》专章,强调"人民性"和"党性"的联系①。

"人民性"与"阶级性"的概念有所不同。苏联理论家认为,谈"阶级性"是强调国家机器的作用;谈"人民性"与历史动力相关。人民是科学社会主义运动的主力,如果要完整地界定"人民性"的概念,还需要同时界定"人民"的性质、人民的"历史创造力"和"人民的解放斗争"等其他系列概念。学者完成了这些工作,才能对"人民性"做出全面的阐释,揭示民间文艺研究的社会政治目标。

谭得伶从莫斯科大学留学回国后曾协助柯尔尊教学。她对苏联党性文艺的特点有双向观察的视角。从她的分析看,1950年代中期柯尔尊来华教学时,苏联文艺界已开始反对个人崇拜,党内的民主生活氛围有所改善。苏联作家还大力搜集和利用民歌民谣,如鲍科夫于1950年出版了《俄罗斯民歌民谣集》。同时期西方反社会主义势力加强了对苏联文学的干扰,苏联文学在理论建设上进

①(苏)维·波·柯尔尊《文艺学概论》,北京师范大学中文系外国文学教研组译,高等教育出版社,1959,第249—262页。

入了"巨大的变化时期"①。

苏联理论进入我国就要面对我国的问题，为此学校也安排中国著名学者参与柯尔尊的讲课。黄老和钟老都给苏联班上过课②，两老还合作开设过专题讲座。苏联班的同学回忆说，当时听到中国的一级教授讲课都很激动③。程老师也承认，他当年报考北师大，正是对这些大教授慕名而来。他折服于黄老"深谙英俄两门外语"，还能讲《卖油郎独占花魁》等古典文学名篇④。

苏联理论在延安时期已经输入，但钟老认为，延安文艺知识分子不够了解民间文艺⑤，黄老对此是赞同的。程老师通过学术史研究发现了这个问题，他说："在1951

---

① 参见谭得伶《五十年代苏联文学概述》，马家骏、冉国选、谭绍凯主编《当代苏联文学》（上），河南大学出版社，1989，第15—57页，重点是第27、45、57页。

② 钟敬文先生自1956至1958年多次为苏联进研班授课，参见谭绍凯《我这几十年》（外一篇），收入陈惇、刘洪涛主编《窗碾华年——北京师范大学苏联文学进修班、研究班纪念文集》，中国社会科学出版社，2012，第194页。

③ 关于钟敬文为苏联进研班开设讲座的具体情况，参见诸燮清《华鬓弦歌忆京师》，收入陈惇、刘洪涛主编《窗碾华年——北京师范大学苏联文学进修班、研究班纪念文集》，中国社会科学出版社，2012，第289页。

④ 参见程正民《迟到的怀念》，收入北京师范大学中文系编《纪念黄药眠》，群言出版社，1992，第189、190、192页。

⑤ 钟敬文《学习苏联先进的口头文学理论》，原为钟先生为连树声译《苏联口头文学概论》一书所写的序言的一部分，原载《新建设》1954年2月号。另可参见钟敬文于1948年末所发表的分析延安诗人李季创作《王贵与李香香》的论文，见《钟敬文民间文学论集》（下），上海文艺出版社，1985，第415—423页。

年的思想改造中,《文艺报》对高校中文系的文艺学教学展开批判,……最后连'左'派教授黄药眠也不得不做检讨,当时主要批评文艺学教学不以《讲话》为纲。"[1]现在我们都说,没有这种赤胆诤言,就没有我国文艺理论的磨炼与成熟,但当时敢说这个话是要付出代价的。

观察知识分子接近党性民间文艺理论的倾向要达到什么目标呢? 钟老认为,旨在了解知识分子的世界观,而知识分子的世界观对他们从事民间文艺研究或从事文艺创作都有重要作用。钟老不赞成将民间文艺单纯当作社会主义的工具,也不认为搜集民间文艺作品的运动就能代替学科建设,但在发生这类偏差时,知识分子也要从自身的世界观上找原因,而不能都把问题推给外部干扰。知识分子要认识到,民间文艺的性质是民间文化的本质决定的,不是政治、经济、社会运动或学术研究就能改变的。一个教训是,在20世纪50年代学苏联成风时,民间文艺的作用被无限夸大,结果妨碍了民间文艺学的健康发展,这种瞎指挥是有害无益的。程老师通过自己的研究也发现,形成民间文艺学与文艺学的互补关系的,不是政治

---

[1] 程正民、程凯《中国现代文学理论知识体系的建构——文学理论教材与教学的历史沿革》,北京大学出版社,2005,第119页。

强势,而是文化科学。他指出:"这正是钟敬文与巴赫金共同关注的问题。"他做的一项富有创造性的工作是将钟敬文与巴赫金的文化学思想做比较,同时对文艺学与民间文艺学加以总体考察。他认为,知识分子要战胜"偏狭"的心态,从不同的学科中汲取营养,欣赏别人,壮大自己:

> 文艺学要克服自己的偏狭,要让自己充满生机和活力,就必须重视反映和概括源于民间文化的民间文学现象,要把文艺学同文化史的研究紧密结合起来。巴赫金在《陀思妥耶夫斯基诗学问题》中对陀思妥耶夫斯基复调小说同民间狂欢化文化内在联系的阐明,在《拉伯雷的创作与中世纪和文艺复兴时期的民间文化》中对拉伯雷的怪诞现实主义同民间诙谐文化内在联系的揭示,都是实践他的理论主张的范例。
>
> 钟敬文对巴赫金关于文学与文化,文艺学与文化史关系的见解,关于要在民间文化语境中进行文学研究的看法,关于对传统文艺学固有偏狭性的批评,是深有同感,非常赞同的……在钟敬文看来,主要在于他并没有把文学研究封闭在文学的狭窄圈子里,而是从文化的角度,特别是从民间文化的角度,从民俗学和人类学

的角度切入文学研究，是把文艺学和文化史的研究结合起来的，这样也就大大拓展了文学研究的领域，给文学研究提供了新的角度，给文艺学带来新的活力。[①]

程老师在这段陈述中多次强调"文化史""民间文化"和"文学与文化"等概念，这不仅对文艺学者，而且对民间文艺学者和民俗学者也有很多启示。这里要指出的一点是，钟老在1979年主编的《民间文艺概论》中，保留了知识分子要正确对待民众文艺的表述框架[②]。程老师的研究告诉我们，在研究这类问题上，在20世纪60年代以后，中、苏（以及后来的俄罗斯）学者的理论能力都有了重大进步。巴赫金是纠正苏联党性民间文艺理论的失误，并将之向前推进的俄国学者之一；钟敬文是在历尽挫折后坚持追求真理，又经过深思熟虑，提出了与巴赫金不谋而合的文化学观点的中国学者。从我国所经历的一个世纪的历程看，我国的民间文艺理论的建设，不能完全依靠苏联，却要真心依靠这批爱国知识分子。周扬坦

---

① 程正民《巴赫金的文化诗学》，北京师范大学出版社，2001，第237—238页。
② 参见钟敬文主编《民间文学概论》（第二版），高等教育出版社，2010，第123—124页。

诚地表示:"像钟敬文同志这样,搞民间文艺的在中国是'稀有金属'。""像他这样的人,中国能有几个?在这一点上,我们确实应该向钟老学习。"[1]

在被苏联理论家界定的概念中,"集体性"和"民族性"也是基本概念。我国"五四"时期已有对"集体性"的讨论,但当时受到德国格林兄弟和英国文化人类学派的影响,所讨论的"集体性"与"历史性"概念混淆。这种趋势有一定的积极作用,就是使很多"五四"知识分子投身到对民间文艺的搜集和研究中,还吸引了一大批文学精英和历史学精英前来应战,包括胡适和顾颉刚。后来在中山大学民俗学会期间,还出现了早期的民族调查工作,包括调查少数民族民间文艺。但是,由于政治动荡,这种工作还没有做到将"集体性"与"民族性"概念的有机结合。当时所搜集和发表的少数民族民间文艺作品,一部分进入了民间文艺学和民俗学,一部分进入了"社会学""人类学""少数民族语言学"和"民族学",理论布局混乱、资料分散。这些都要等到新中国成立后再解决。

---

[1]周扬《继续发展民间文学事业》,《民间文学论坛》1983年第3期。

新中国初期学苏联，出现了将"集体性"与"民族性"的概念加以综合理解的倾向，但所形成的产物仍是中国式的"集体性"概念，其特点是将"民族性"纳入"集体性"中，这种做法也是与我国当时社会主义新文化建设的历程相符合的。20世纪以来，在共产党人为维护人民利益进行的不懈奋斗中，将民间文艺与多民族地区的解放运动相结合，已成为我们党实现新社会建设目标的一部分。

2.历史反思

关于学苏联，钟老写过非常认真的反思文章，再对照程老师的俄国民间文艺理论研究，对我们理解这一段学术史是不可或缺的补充。

1) 建设民间文艺话语权不能脱离民族文化传统

民间文艺是从民族传统文化中发展而来的，中国人要认识它，就要等到自己的现代社会文化意识的成熟。一个政党要领导它，要具备完善的社会意识形态、物质文化、历史传统、社会运行和文化科学的知识系统。周巍峙总结说：

……就我这代讲，是和民间文化一同成长的。甚至在战争年代到新中国成立以后，我都离不开民间文化。我从小时候、不懂事的时候，就看到街上卖唱的唱的是民歌，有些民歌到现在还记得。在少年时代，我受到祖父的影响。他是一个业余的昆曲人才。他就喜欢听书，听苏北评话，带我去看。我看的第一本书就是《水浒》，一看就迷了，老想看武松怎么把老虎打死。这里充满了智慧，充满了民间民俗各种各样的情节、语言。这对我后来的生活很有影响。再就是看戏、参与婚丧提亲。它们没有一个不是文化活动。……我们从小就喜欢参加这样的活动，以及迎会城隍菩萨出来出巡，迎会前都有民间艺术表演。

……

……中国960万平方公里，有些很重要的民间文化就在最偏僻的地方。解放初，我们去佤寨，部落之间还有仇杀，要找摆人头的架子，提着人头的是英雄，这应该扬弃，但作为历史的发展，它在佤族的发展中是很重要的东西。这跟历史怎么协调？佤族的头发在舞台上常表现甩发，佤族的妇女长发披肩戴个箍，像皇后一样，光脚。这样的民俗、历史都值得我们好好研究……我们的真东西要经得起时间和历史的考验，应是真的、是可靠的材料。总之，一方面要大张旗鼓地取得社会各界的支持，另一方面做很踏实的工作。[1]

周扬曾在新中国初期与钟老共事，他从党内文化工作领导者的角度，评价钟老热爱党，又能对民族文化传统进行坚持不懈的研究，并将两者结合在一起，这是很了不起的：

> 钟敬文同志从事民间文艺工作几十年如一日，这种精神，是值得我们学习的。郭沫若同志在世时，是民间文艺研究会的主席，我是副主席。卅年来，郭老做了不少工作，钟敬文同志因为是专家，他的工作特别有价值。
>
> 中国是个大国，是个有几千年文明的古国，这个历史和地理的条件，就赋予了民间文艺事业所具有的重要性和社会价值。当然，卅多年来，我们做了许多工作，但从社会主义的需要来说，做的还是不够的；与人民，以及国际朋友们对我们的希望比较起来也是远远不够的。

---

[1]周巍峙《一项需要埋头苦干的大工程》，《中国民族》2003年第5期。

在这一点上，我们确实应该向钟老学习。我希望将来我们的民间文艺事业能够继续发展，能够开创新局面，写出新的著作，做出新的研究成果。现在，搜集的成果是比较全面的，有的研究的著作也是具有一定科学水平的。过去没有这样全面，没有这样科学，这是不容易的。①

程老师通过对列宁和卢那察尔斯基的研究指出："有人认为马克思恩格斯的文艺思想不成体系，有人认为马克思主义文论的权威是普列汉诺夫而不是列宁。到了20世纪30年代，情况才产生根本变化，……十月革命后，面对如何建设社会主义文化的崭新课题，文艺界展开尖锐的思想斗争，以波格丹诺夫为首的无产阶级文化派否定文学传统，……以列宁为代表的马克思主义文论家同他们展开坚决斗争，列宁提出了继承传统、面向生活、扎根人民的社会主义文化建设纲领，保证社会主义文化艺术沿着正确的方向发展。"②他还谈到普希金的长

---

① 周扬《继续发展民间文学事业》，《民间文学论坛》1983年第3期。
② 程正民《从普希金到巴赫金——俄罗斯文论和文学研究》，福建人民出版社，2015，第5页。

处："艺术思维是作家的思维方式，它有明显的历史制约性。"①我们在这些地方都能看到，他同样注意到在马克思主义领袖、党内理论家、无产阶级文化领导人、作家和学者之间，要展开整体研究，观察他们对于历史传统的共同态度，也考察他们的思想与行动的差异。我认为，进行这种整体研究，与研究马克思主义文学思想是否成体系相比，整体研究的意义更重要，绝不亚于对整体系统中的某一部分的研究意义。反思性的研究需要整体而不是片面。

程老师说过，令他心驰神往的俄国理论是巴赫金的"诗学理论"②，这无异于他对整体研究重要性的表态。我们知道，在西方学术传统中，诗学是三大经典学问之一，程老师走到了问题的中心。然而他在发现了别人的奥秘后，仍会牢牢抓住自己的研究目标，回到本土理论的原点上做比较：

> 人们普遍关注的是他（指巴赫金——作者注）的"对话""复调""狂欢"理论，在此之外，我更关心他

---

① 程正民《从普希金到巴赫金——俄罗斯文论和文学研究》，福建人民出版社，2015，第143页。

② 参见程正民《从普希金到巴赫金——俄罗斯文论和文学研究》序言，福建人民出版社，2015，第3页。

的诗学理论。……当年我的巴赫金诗学研究是从巴赫金文化诗学研究起步的，是在我的老师、中国民俗学泰斗钟敬文先生的关心和指导下进行的。他在《巴赫金全集》首发式上谈巴赫金的狂欢化思想和中国狂欢文化的关系，给了我很大的启发。[1]

他不是钟老和黄老，也不是周扬等政府体制内的党内文艺理论家，但他通过自己的研究，得出了与他们相同的结论。

2）民间文艺学学科建设应该坚持民族的、自主的态度

钟老反思学苏联的经验教训，所指出的主要问题有：从原始文学概念切入，研究民间文艺与人类社会直线进化的关系的得失；学苏联的方法及其方法的问题；以及坚持由研究对象出发确定理论与方法的必要性等[2]。程老师所从事的普罗普研究和巴赫金研究，对上述问题都

---

[1] 程正民《从普希金到巴赫金——俄罗斯文论和文学研究》序言，福建人民出版社，2015，第4页。

[2] 钟敬文教授对学苏联理论的反思的原文较长，这里限于字数的原因，在传达原意的前提下，对原文的描述文字做了摘要引用，对原文的题号也予以省略，以免给读者造成本文与引文的题号混淆误读的麻烦。

有所涉及。普罗普说过，民间文艺的深处是民俗，民俗的深处是宗教[1]；巴赫金说过，民间文艺的体裁存在于社会文化整体之中，而不是仅仅存在于学者所设定的主位与客位之中[2]，这些精辟之见，非深思熟虑者不可言说。程老师要发现它们，也非要熟悉中俄比较文艺学和比较民间文艺学的基本问题不可。

在普罗普与巴赫金两人中，普罗普的民间文艺学研究信息早在20世纪50年代已经由李福清带到中国。李福清当时从莫斯科来中国留学，到北师大来找过钟老，两人谈到了普罗普，但由于历史的原因，当时还不能开展这项研究。20世纪90年代后期，程老师推荐自己在苏文所当副所长时指导过的一位年轻人到钟老门下读博士生，这位年轻人的博士学位论文题目就是普罗普研究。程老师本人又是怎样在钟老的思考中提供援手的呢？首先，他要对俄国文论中的普罗普的基本概念与概念的学术史位置予以语源学上的确认；其次，他要阐述研究普罗普的个人观点。现在我们再将钟老与程老师的关注点做对照，就

---

[1] Vladimir Propp, *Theory and History of Folklore*, translated by Ariadnay Matin and Richard P.Matin, Minneapolis: University of Minnesota Press, 1984, pp.9—11.
[2] 参见程正民《巴赫金的文化诗学》，《文学评论》2000年第1期。

能发现，在钟老所关注的"民间文艺与原始文学"的关系上，程老师的研究与之互补：

> 普罗普的故事形态结构研究，在国内受到民间文艺学家、民俗学家和文艺学家肯定和欢迎的同时，也有人一直指责它是形式主义。国际上列维-斯特劳斯在肯定其成就的同时，也认为他的形态研究是形式主义的，是随意的抽象概念的，是不考虑历史的。这些指责其实是不公正的，普罗普的故事形态结构恰恰是同形式主义划清界限的。[①]

程老师通过个人研究也认为，普罗普的民间文艺研究的要点是"功能"，这个功能在神奇故事中被大量承载。但"功能"不是外部作用，也不是一个个孤立的"功能项"在起作用，它是在故事的情节单元运行中的，能体现出故事要素与功能之间的内在联系的那种规则。程老师的这个看法是很重要的，国内民间文艺学家很少说。从民间文艺学的角度看，什么是神奇故事呢？它们或者是印

---

①程正民《从普希金到巴赫金——俄罗斯文论和文学研究》，福建人民出版社，2015，第54页。

度《五卷书》中的动物故事，或者是中国、日本和蒙古等东方国家广泛流传的史诗片段、神话、传说、魔法故事或幻想故事。但这些都不是普罗普学说的要害，要害是程老师所指出的从形式到内容兼具的"功能"。现在我们对比钟老晚年对故事情节单元的看法，就能看出他们两人在思路上的接近，只是使用的材料不同。

　　民间故事的研究有各种观点和方法。象我们前面所提到的人类学派的故事学（哈特兰德等），就是一种。又如苏联学者普罗普教授的形态学的研究（它被推为法国结构主义这方面理论的始祖），也是一种。……
　　……
　　……我们所理解和要求的故事学，主要是对故事这类特殊意识形态的一种研究。它首先把故事作为一定社会形态中的人们的精神产物看待。研究者联系着它产生和流传的社会生活、文化传承，对它的内容、表现技术以及演唱的人和情景等进行分析、论证，以达到阐明这种民众文艺的性质、特点、形态变化及社会功用等的目的。[①]

在民间文艺与原始文学之间，在学者的研究上，要打破教条，要看到故事叙事的千变万化的规则，就要去找功能。功能的网络就是文化，文化中有民俗，也有宗教。文化是多元的，某种功能在这种文化中起作用，在那种文化中就不见得起作用，有的功能在有些文化中还可能失灵。谁来选择功能？由社会现实选择。社会现实选择了某种功能，也就选择了某种体裁。没有任何体裁不是存在于其所赖以生存的历史传统和这种动态的社会现实中的。

程老师在对普罗普的研究中，还指出了普罗普谈到的故事背后的民俗，以及民俗背后的文化的观点，他对这个问题也是抓得很准的：

他认为它包括生活现实和观念现实两层面，前者包括社会法规、宗教法规、仪式习俗和神话，后者包括原始初民的思维方式。他指出："仪式、神话、原始思维形式及某些社会制度都是前故事，我认为通过它们来

---

① （美）丁乃通《中国民间故事类型索引》，郑建成、李倞、商孟可、白丁译，钟敬文《序》，中国民间文艺出版社，1986，第4—5页。

解释故事是可能的。"①

　　新中国初期引进的苏联理论,在把握历史传统和社会现实上失去了平衡,过分夸大"原始文学"的地位。苏联学者假设各国民间文艺都有从原始文学到社会主义文学的直线进化路线图,等他们描绘了这张路线图后,再要求各国民间文艺学统一步伐,共建苏联民间文艺学模式,实现社会主义意识形态新文化的"国际化"。事实证明,这个假设是行不通的,因为它抹杀各国民间文艺的本土特色,无视各国的历史传统。钟老反思说,在各国民间文艺学者的"认识能力"不足的时候,它会有一定的效应,一旦各国民间文艺学者的学术能力提高了,理论丰富了,它就会被阳光融化和晒干。怎样才能纠错?程老师认为,要继承"先辈理论和方法"与"实证的研究"这两条,他说:"普罗普对故事研究方法新的思路和重大转折不是凭空产生的,它首先是来自实证的研究。"②此点与钟老的观点是一致的,钟老也说,要检讨"学习苏联理论的

①程正民原著引(俄)普罗普(Vladimir Propp)《神奇故事的历史根源》,贾放译,中华书局,2006,第24页。
②程正民《从普希金到巴赫金——俄罗斯文论和文学研究》,福建人民出版社,2015,第50页。

方法"，还要学会"由理论对象出发确定理论与方法"，后者即实证。钟老对吸取这段历史教训的态度是相当严谨和诚恳的，他说："多年来，整个人类社会都在迅速发展变化，自然科学、社会科学和人文科学，在不断开拓发展。马克思和恩格斯的理论也需要丰富和发展。这是人类学术进步的公理，是贤明的马克思主义本身应具有的精神和性质。它也是今天我们学界一般共有的认识。至于十七年间我们奉为圣经贤传的苏联理论，像我在上面说过的，当时起过一定的启蒙、涤荡的作用，这不能一笔勾销。但是，它那种唯我独尊的精神和态度，以及我们自己在学习上缺少灵活的、比较的态度，也应该反省。"程老师与钟老在这个问题上的默契，来自两人在选择问题上都能直面"现实"，在观点与方法上都能尊重学术规律。

（三）三层文化观

程老师发现巴赫金的学说对于钟老的文化三层观有整体阐释性。这一理论倾向所导致的研究分支有两个，一是对文学作品研究的重视，二是对西方诗学理论框架的中国化的重视。

1.民间文艺作品的创作本质和条件

理解巴赫金对理解钟老的作用,首先要考虑钟老研究民间文艺作品留下的未尽问题。钟老研究民间文艺创作有两个取向:一是民间文艺作品的创作,二是民间文艺作品创作的本质和条件。钟老所研究的第二个取向,包括民间文艺创作的本质、民间文艺创作的可能性和民间文艺创作的文学性。钟老在新中国初期学苏联时,曾借鉴苏联民间文艺学者的马克思主义社会史观和文艺观,前面提到,在这方面,契切罗夫的观点对他有较大影响。

从前俄国的唯心主义学者把民间文艺创作说成是"历来存在并只具有民族形式的神秘的人民精神的表现"。契切罗夫正相反。他从唯物主义理论出发,认为"民间文艺是在特定的社会生活条件下创作的人民群众的艺术。这个问题,在阶级斗争激化的时期,有力地提出来了"[①]钟老所受契切罗夫的影响在哪里呢? 举个魔法故事的例子说,对它的性质的界定,曾是钟老在很长时间中的困惑。在普罗普那里,魔法故事大都被称为"神奇故事";在巴赫金那里,魔法故事部分地被称作"怪诞故

——————————
① (俄) 契切罗夫《俄罗斯人民创作》, 连树声译, 1956, 手稿第15—16页。契切罗夫, 也译成"齐切罗夫"。原译著未注俄文原名, 故在此从原著不注。

事", 这是在世界各地广为流传的大宗故事类型。自19世纪末至20世纪初, 芬兰学派在这个体裁上屡试牛刀而不爽。按照契切罗夫的理论, 魔法故事中的文学现象都是社会现象, 但这是说不通的, 因为民间文艺作品中的文学现象, 有的是社会现象, 有的是文化现象。文化现象与社会现象的关系, 有的重叠, 有的滞后, 也有的是平行线。很多文化现象不等于现行的社会现象, 但两者在传承中是并存的, 即你讲你的, 我讲我的; 你得到发展, 不等于我被消灭。普罗普的"神奇故事"大都不是社会现象, 而是文化现象。契切罗夫的研究可以针对社会现象, 却没有覆盖文化现象, 这是他的不足。可是在20世纪50年代我国学苏联时, 契切罗夫是被肯定的, 普罗普是挨批的。当时苏联学者的一般认识是, 如果说魔法故事是现实的, 那么人兽变形和动物开口说话之类就是明显的唯心现象, 没有现实依据; 如果说魔法故事不是现实的, 故事中的弱者获胜、强者失败的逻辑, 又符合辩证法精神。对存在于魔法故事中的这对矛盾, 苏联学界怎样处理呢? 他们要求所有学者一律向"左"转, 齐步走, 用唯物论解释魔法故事, 在这种高压下, 普罗普就成了"代表统治阶级观点和利益"的牺牲品:

他们在研究魔法故事时都是不顾社会政治问题，都是与现实生活密切有关的问题相脱节的。……

魔法故事的思想本质所以会受到唯心主义的解释，它所以跟现实的日常生活和社会基础脱节，完全是由于那些代表统治阶级观点和利益的学者们的社会观点和学术观点作祟所致。因为那些学者否定民间文学（尤其是魔法故事）是当时人民世界观的反映，所以他们只是去寻找神话的祖先，把它当作是韵文创作的起源。①

扣了帽子不等于解决了问题。魔法故事中的英雄救美、动物说话或英雄与动物助手一起去地下世界旅行的大量情节，其实是无法做阶级划分或社会分层的。被营救的美丽公主、英俊王子、小天鹅和大白马，他们的阶级属性也始终是模糊的。苏联学者并没有很好地解释这个问题，他们坦言："这种历代民间故事传统和新人生观，

————————

① （苏）普什卡辽夫《劳动是传统魔法故事中的社会理想的基础》，蔡时济、沈笠译，中国民间文艺研究会编《苏联民间文学论文集》，作家出版社，1958，第341页。现在这本书已很难找到，为了帮助我的研究工作，苏联民间文学理论翻译家连树声先生将个人20世纪50年代所存译者样书的两本赠我一本，还专程到北师大亲手交给我，谨此向连先生郑重致谢！

新生活，新概念的冲突，以及由此而产生的旧故事的改变，在苏维埃时代的初年表现得特别显著。"①他们对这种情节"做了一些修正"，还制造了毁坏民间文学的悲剧，后来被批评为"庸俗社会学"。

钟老在自己20世纪50年代讲授的《民间文艺》和《人民口头创作》的教材中，将"魔法故事"改为"幻想故事"，以此将之暂时搁置②。他还有另外一种不同的看法，他在20世纪90年代主编《民俗学概论》时做了表述。他认为，中国民间文艺学者要注意一个事实，即对"魔法"一词，东西方有不同的理解。西方的"魔法"多指"法术"，由外部施法带来情节变形；中国的"魔法"指内部原因造成的变形，大多与"巫术"等民俗信仰有关③。中国学者使用"魔法故事"的概念，要从中国实际出发。钟老对中国民间文艺作品中的这类社会现象与文化现象不匹配的问题，以及由此对苏联理论的存疑是长期存在的，

① (苏)普什卡辽夫《劳动是传统魔法故事中的社会理想的基础》，蔡时济、沈笠译，中国民间文艺研究会编《苏联民间文学论文集》，作家出版社，1958，第377页。
② 参见钟敬文主编《民间文学概论》（第二版），高等教育出版社，2010，第150页。
③ 参见钟敬文主编《民俗学概论》（第二版），高等教育出版社，2010，第158—159页。

他生前不止一次地跟我谈起这个问题。记得钟老还曾就"文化现象的性质"出过研究生考题。他提醒门下弟子说，治学要讲真话，对研究对象要说老实话，不可以违心附庸。2000年，钟老应邀到程老师所在的北师大文艺学中心做学术演讲，再次指出这个问题，认为文艺学与民间文艺学的学者对此都要予以关注：

> 文艺，不仅是社会现象；还是一种文化现象，一种多方面的文化现象，而任何文化现象都不会只是一个层面。比如讲理性，人都有理性，但也有许多人的一些行为不是理性的，而是情感化的。人是多方面的存在，把他简单化，就不行。在此基础上产生的文学，可以、也应该从社会学的角度来研究，但同时也应该从民俗学、民族学、心理学、人类学等多角度来进行研究，这样才能把文学的内涵都挖掘出来，否则每个作品都是反帝反封建的，没有什么特点，也就谈不上研究了。所以，在这一点上，文学的多学科多角度的研究就显得非常重要。只用一种方法，就想解释文学的整体，一定会很不完整。①

---

① 钟敬文《民俗学对文艺学发展的作用》，《文艺研究》2001年第1期。

在上文中，钟老讲道："每个作品都是反帝反封建的，没有什么特点，也就谈不上研究了。"这段话之所指，现在读者可以一目了然。

捧红普罗普的列维-斯特劳斯，在解决这类问题上发动了革命，提出了结构主义的方法。这种方法既能用于社会现象研究，也能用于文化现象研究，远比此前人们所设想的直线进化论、阶级论和心理透射论等各种单一说法要复杂而有趣[①]。

程老师指出，巴赫金在解释社会现象与文化现象的矛盾上，给出了迄今为止最为深刻的回答。程老师从中提炼出了一些主要问题，如在社会现象与文化现象的交叉运行方面，他讨论了巴赫金的"社会学诗学研究""历史诗学研究"和"文化诗学研究"[②]；在文化现象超历史传承和超社会存在的方面，他讨论了巴赫金的"复调"理论、"怪诞"理论、"广场"理论和"狂欢"理论[③]；在提倡文化多样性方面，他讨论了巴赫金的"人文精神""多元、互

---

① 参见（法）列维-斯特劳斯（Claude levi-Strauss）《结构人类学》，陆晓禾等译，文化艺术出版社，1989，第69页。
② 参见程正民《巴赫金的文化诗学》，北京师范大学出版社，2001，第14—24页。
③ 参见程正民《巴赫金的文化诗学》，北京师范大学出版社，2001，第44—156页。

动的整体文化观"和"整体诗学研究"方法论①；在跨文化研究方面，他讨论了巴赫金的"对话的启示"②。

程老师主要是文艺学者，不是民间文艺学者，但他所讨论的这些问题，无论对我国的文艺学还是民间文艺学来说都是超前的，而且还谈的相当透彻。

2.民间文艺体裁研究

体裁是民间文艺的文化承载物。体裁以民间文艺的形式，以社会现实的内容，在多元化的文化空间中，传承历史传统和反映社会选择。体裁的生命力在于是否被民众和社会运动所选择，凡活跃生存的体裁，都是历史传统、现实文化功能和社会重要性的综合产物。对体裁的研究，不是单纯的民间文艺分类研究，而是整体研究。

体裁问题，在西方文论中，从柏拉图至今都是经典问题。在后来的西方浪漫主义运动、文艺复兴运动和国家民族解放运动中，它分别被从哲学、文艺学、民俗学、人类学和政治学等角度，加以学科划分，变成了高头讲章和金科玉律。巴赫金恢复了体裁的文化根谱，于是在学者

①参见程正民《巴赫金的文化诗学》，北京师范大学出版社，2001，第223—231页。
②参见程正民《巴赫金的文化诗学》，北京师范大学出版社，2001，第253—256页。

们的讨论中,体裁与多元文化的联系密切起来。程正民喜爱巴赫金,也自然会喜爱巴赫金的体裁学学说,他说:

> 巴赫金认为体裁具有特别重要的意义,诗学研究应当把体裁作为出发点,强调体裁是诗学和文学史的交汇点,体裁的发展问题是文学史的根本问题。他指出体裁是有含义的形式,体裁有其社会性,艺术家必须学会用体裁的眼光看现实。他认为体裁是历史的记忆,体裁的发展有规律可寻,传统与创新、稳定与变异、集体创造和个人创造的辩证统一,是体裁发展的活力所在。这些看法非常独特,也有很高的理论价值和很强的理论冲击力。巴赫金关于体裁诗学的研究内容很丰富,既有一般的体裁理论研究,也有具体的小说体裁和复调体裁的研究。在巴赫金看来,体裁的历史发展和文学的历史发展,有其客观的和内在的发展规律。他从日常生活语言现象出发,认为日常生活中就广泛存在着言语体裁,而文学体裁是一种特殊的、典型的、更为复杂的言语体裁。[①]

---

① 程正民《巴赫金的体裁诗学》,《清华大学学报(哲学社会科学版)》2009年第2期,第68页。

从巴赫金看钟老，钟老正是经由歌谣、神话和故事的体裁进入中国民间文艺研究的大家。他的体裁研究旨在探索文化，从不停留于体裁本身。他的学说因此与巴赫金暗合，被程老师关注。在钟老晚年的集大成著作《建立中国民俗学派》中，谈到巴赫金和文艺学，他说："巴赫金的学问，涉及了人文科学的许多重要领域，包括哲学、社会学、语言学和文艺学。对于这一点，已有人讨论过，我就不多说了，我只从与我的专业有关系的方面，就他的文学狂欢化的观点，简要地谈谈自己的看法。"[1]自从巴赫金的书在中国被翻译后，钟老与程老师的谈话便离不开这个话题，两人之间也不能不互相影响。

程老师所研究的问题不一定都是热门，但被他选中的研究对象往往是学术史上的一些基本问题，它们就摆在那里，一时绕过去了，回头还得补。能够最先触及这类问题的学者，也肯定不是普通的学者。看程老师的书就知道，他敢啃骨头。他拾起前辈留下的难题，有条不紊地研究，埋头出书。我有他的很多书，这在我的书房中形成了"特色"。我喜欢看他选择问题的方式，看他的论证过

---

①钟敬文《建立中国民俗学派》，黑龙江教育出版社，1999，第152—153页。

程。他看问题很深，又能讲得很实，表述逻辑又特别清楚，看这种书真是一种享受，他那本《卢那察尔斯基文艺理论批评的现代阐释》我就是在飞机上看完的。跟着他的文字走，如登轻舟，如乘顺风，轻舟无论驶向哪里，总能穿过惊涛骇浪，来到一片宁静的港湾，让人停在那里，体会理论的乐趣。

（四）反哺师恩

程老师在钟老晚年建设民俗学学科中做了很多关键性的、富有成效的工作，他的学问格局与做人方式是一致的。

1.协助钟老推进学科建设

我保存了一份程老师当中文系主任时的会议资料，这是1998年中文系申请211工程项目的报告，报告中提到以中国民间文学为主开展中文系建设的明确方针，还有一份《致校领导关于加强民俗学（原中国民间文学）重点学科建设的报告》，这是在钟老的主持下撰写的，两报告配套提交。程老师指挥的中文系是一盘棋，各学科都有历史传统和开拓空间，但对钟老以近百岁高龄率领的民俗学国家重点学科，他制定了优先扶持的策略。后来又经过十几年的建设，中文系有了四个重点学科，整个文学院升级为院级重点学科，民俗学就不再是唯一的扶植对象了。有一次我跟钟校长半开玩笑地说，我们与文学院的建设关系，原来是百分之百，现在是百分之二十五。他并不这么看，他帮我分析文学院发展的整体形势，高屋建瓴地指出民俗学科应该与其他各相邻二级学科互补共进，这种思维方式给我很大的触动，但我还是忘不了程老师，因为他是最早的栽树人。多年来民俗学专业继承传统而不断创新，由老牌国家重点学科进入211、985工程，都是在他的任上开始实现的。当时高校科研管理体制已经改革，我们这个老学科在标准化的梯队数据和成果数据上已开始告急，露出大树之下小草难植的端倪。程老师就几次带我去参加学校的论证会和教育部的检查会，让我了解学校层面和国家层面对学科评估的要求，做到既要坚持原则，又要妥善处理现实问题。我给钟老当助手，这才发现自己身在福中不知福。钟老为创建两门学科付出了毕生的努力，皆因后学跟不上才有生存危机，而程老师在这些事上从不多说，他只是帮我们从根本上想办法，这些往事对我的教育是非常深刻的。

钟老还有一桩心愿有赖于程老师才得以实现，那就是1996年成功地举办了"中国民间文化高级研讨班"。在钟老看来，此事势在必行。从这年的年初起，他便不顾年事已高，以一己之力，向港澳友好投书，慷慨陈词，争取必要的工作经费。一位早年在香港认识钟老的著名香港企业家拜见了他，送给他一大笔钱。这位企业家敬重钟老，乐于为钟老捐善款，而且还不止这一笔，后面还会有。但企业家的要求是，这些钱不能用于办班，只供钟老个人使用。他不明白，为什么钟老这样的大名人历尽坎坷还要为国家培养人才，他劝钟老抓紧有生之年为自己修书立传，不要再为他人作嫁衣裳。钟老认为企业家不理解他，把钱退了回去；企业家也不理解钟老怎么会拒绝如此"亲近"的私人馈赠。最后还是程老师把事情给办成了。当年5月份，由他签字，中文系盖章，向教育部申请到了经费。当年秋季开班，七十余位各地学员来到北师大学习，十四位中外学者前来讲学，钟老还与北京大学的季羡林先生携手登上杏坛演讲，办班大获成功。程老师在开幕式上有一段讲话让钟老十分欣赏，我抄在下面：

我系的民间文艺专业，在中国民间文艺学科奠基人之一钟敬文教授的率领下，从民间文艺到民俗学，再到民间文化方向，不断拓展学科领域，使本学科始终保持着强劲的学术势头，充满了学术生机与活力。

本次高级研讨班举办的意义……旨在提高中国民俗学队伍的理论素质，培养本专业的高级人才。在这一点上，钟老给我们做出了好的表率。他老人家不写自己的回忆录，而是一本本地出版各种文集，正如他所言，是要"收获一片庄稼"，现已94岁高龄的他，仍按每年的惯例招收多名博士。80年代初在钟老的倡导下，举办了民间文艺暑期讲习班和为时半年的进修班，那两个班的开办，标志着民间文艺与民俗学在十年浩劫之后恢复了自己的研究队伍；而此次高级研讨班是在国内外民俗学发展迅猛的形势下开办的，我们相信该班的举办，将把我国民间文艺、民俗学队伍的培养工作推进到前所未有的新阶段。

办班反映了主办者的一个深刻而富于长远意义的文化忧思，即把什么样的研究队伍带入21世纪。主办者和学员将研讨如下几个问题，首先，如何完善人才的"知识结构"，即不仅具有本学科的理论与知识素养，而且还要有相关学科的理论和知识底蕴；好的知识结构对跨世纪人才来说具有决定性的意义；其次，本学科研究如何对待外国的理论、学说和方法，如何注意消化和应用它们，这是本次研究班的敏感话题；第三，要增强民族自尊心和主体意识；第四，民间文化研究要有利于我们的国家和社会的建设。上述问题的思考和研讨，都将成为本次研讨班的重要特色。①

　　他讲的内容，既有历史、也有现实，钟老夸他讲话"实"。自从这次办班之后，钟老开拓的民间文化学研究分支有了体制上的保障。

　　近五年来，我与民俗学专业同仁共同承担了搜集、编纂《钟敬文全集》的工作，其中有一卷是《文艺学卷》，谁来当编者最合适呢？我便第一个想到了程老师。其实文艺学专业还有其他教授可以请教，但如果将文艺学、民间文艺学和中俄比较研究这几个因素加在一起，就没有比程老师更合适的人了。于是我给他拨通了电话，他毫不迟疑地答应了，没讲任何托词。很快，他就交来了齐、清、定的书稿，还写好了带有研究性质的《编后记》，领

①此为程正民教授1996年9月9日在北京师范大学"中国民间文化高级研讨班"开幕式上的讲话，由作者根据录音整理而成。

跑第一位，这就是他的方式。他对钟老有不变的深情，我是始终受到他的这种高尚思想境界的感染的。

2.提携后学

1994年，我去了美国，这段留学经历对我后来的学术工作影响很大，它让我了解到中西学术的差异，加深了对钟老历尽坎坷建设中国特色民俗学的艰辛与伟大的认识，也对程老师为中俄比较研究的非凡付出有了切身的体会。我还多少长了一点本事，带回了三本书稿作为学习汇报。这时我也做好了跟随钟老继续刻苦修炼的心理准备，因为距离钟老告诫我"十年磨一剑"的要求，我还差着很多个来回呢。谁知那年也巧，大学对我们这批77、78届上大学的留校博士青年教师采取了倾斜政策，从等待晋升高职的"文革"前大学生中，挤出"破格"的名额，在我们中间选拔正高。当年在程老师的主持下，我"破格"晋升为教授。一年后，还是由于他的坚持，我成为博士生导师。在这次申报新博导之前，他一边给我打气，一边劝说钟老要给后学压担子，一番苦心与诤言天地可鉴。多年后回首这次举措，客观地说，确实对钟老等前辈学者与跟进后学之间的"青黄不接"的危机起到了缓解作用，但这也对我们这批后学提出了更高的要求。它告诉我们，解决职称不是自己的事，是国家、时代、大学和前辈几代学者给我们的责任。后学需要好自振刷，名副其实，才能挑得起这副担子。如果把高职当成个人所得，那就永远是巨人脚下的矮子。多年来，程老师从不曾板起脸来教训我，而总是以他的方式给予提携，他以此推动钟老门下的梯队建设，稳固民俗学的学术阵地。

前面提到，他给钟老推荐的做普罗普研究的博士生的确有才，后来还去了俄国的彼得堡大学进修，在普罗普当年工作的楼下的一间办公室里查俄文资料，准备论文。可惜等她毕业时，钟老已经辞世，我就拟了一封信，发给钟老生前嘱咐过的一些学者，信的大致内容如下："先师钟敬文先生已于本年初永远地离开了我们。……现本年毕业的6位博士生都已结束了博士学位论文撰写工作，……完成了申请答辩的各项工作。您在先师生前一贯支持民俗学教育事业，兹特根据他生前的遗嘱，邀请您参加他的毕业博士生的论文评审与答辩工作，扶持我们完成先师的未竟之业。"钟门此时遇到了极大的困难，我写信的心情极为难过，这时程老师又是不出所料地接受了请求，为该生评阅论文，担任她的博士学位论文答辩委员会委员。2002年5月28日，该生的博士学位论文答辩会在科技楼举行，程老师与刘宁老师、谭得伶老师和刘魁立老师联袂出席，他们在总评语中写道："这是一篇具有创新价值的科学论文。俄国民间文艺学家普罗普的故事学研究在西方学界产生了巨大影响，对我国新时期的民间文艺学研究也有启示作用。但从前我国学者关注普罗普多为引进信息、文学评介或引述其部分观点做文章，缺少对普罗普的故事学著作本身进行研究。在钟敬文教授生前的指导下，该论文对普罗普的故事学学说做整体研究、还原研究和本体研究，视野宏阔、专业性强，所取得的成果具有重要的开辟意义和学术价值。"几位老师都是中俄比较研究界的名宿，他们的中肯评价，对这位年轻学者是宽厚的鼓励，也是对天上的钟老莫大的告慰。该生顺利毕业后，程老师鼓励她继续拓宽对普罗普的研究，夯实研究成果，走出自己的学术之路。后来，他又在自己主持的研究项目中，切出一个子课题交她去负责。这位年轻学者几次对我说："程老师是那种让人无法忘记的好人。"我同意。

我们这批留校教师其实都跟程老师的关系很好，谁有什么学术上的问题、工作上的麻烦、心里头的烦恼，都愿意找他去说,他也都能提出他的看法。他能把他的智慧和善良都给你,但绝不求回报。

蝴蝶东西飞

2006年,我去牛津大学开会,访问了这所大学的自然博物馆,还专门参观了馆内的达尔文展区。我第一次来这里是2001年,那时我在牛津大学做高访,住的时间比较长,常有功夫来这里看看。我还和中国科学院的植物学博士黄振英一起去过剑桥大学,参观过那里的达尔文的其他文化遗产,寻访过他的旧居、图书馆,观摩过他采集的蝴蝶和鸟类老标本。我从小喜欢自然科学,却没有学成自然科学,但这并未妨碍达尔文学说对我的触动,这也算是一种缘分吧。在我看来,达尔文从蝴蝶、飞鸟的嬗变,找到地球生物进化的密码,这一发现,等于把中国古人所说的花鸟虫鱼一类的释名之说,变成了伟大的近代科学。他的学说还从自然科学影响到文化科学,带动了世界上的人类学、民俗学和民间文学研究。此事之妙,妙不可言。他就是引发自然科学与人文科学双进步的"元始天尊"。终于有一天,有无数的后学,来自遥远的天边,站在他的遗像前凝视，我就是其中的一个。

我走进民俗学专业是考研的结果。当时没有别的可选，我就想先上这个专业，争取一些时间，打好学问的基础，再做其他打算。上研究生之初，我还是"身在曹营心在汉"，除了上专业课，也去听哲学系的课、经济系的课和历史系的课，还跟其他系的研究生都成了好朋友。我甚至去蹭过理科的课，连理科研究生打桥牌我也站在一边观战，我对打桥牌绝对是门外汉，但我喜欢听他们头脑清晰的分析对话和有逻辑的排兵布阵。我这个文理兼爱的"毛病"一直延续到读博士之后。不过，等到我后来接触民俗学多了，又庆幸自己没有半途而废，因为后来我才知道，在这个领域里，天大的本事也用得上。

我的转折点发生在写硕士论文时期。当时我选了一个题目，写明代第一才子杨慎的民间文艺观。选题的原因，据说是这个题目难度高，需要解读明清文献，了解古典文学、古汉语和文献学知识，还要用民俗学的理论去解释，弄不好会以卵击石，不战而败。但我生性喜欢找难事做，所以也就自动冒险了。为了搜集资料，我去了四川、云南和贵州，沿着五百年前这位知名翰林从北京到西南边疆的发配路线走了个来回。在调查来去之间，我得到了钟老的多次鼓励和指导，这对当时学问不大的我，是足以助长自信心的。我还访问了其他地方学者，像四川师范大学的王文才教授和云南民族学院的王叔武教授等，他们都在文学史、民族学和边疆史领域卓有成绩，在治学门径上给了我很多点拨。我还在北京的北海和柏林寺、四川的成都、云南的昆明和保山、贵州的贵阳等地图书馆、文史馆和博物馆等，复印了数箱资料带回。这样的旅行便成了我的学问开窍之旅。在万里来去之间，我看到了中国杰出的文科学者们，一个个厚重有文、博大精深，居于斗室之中，却创造于上下层整体文化之巅。他们发现了民间文学的妙用，于是在鱼与熊、狼与外婆的呓语呀符之间，找到了一个深藏千年的机关。他们对杨慎古代学问的熟悉和引用，也让我深感中国文史文献藏量丰厚，并与民间文献关系密切。我还去了杨慎当年履职和生活过的许多地点，那帝都夕照下的皇史宬，绿荷飘香的新都桂湖、少数民族歌舞烂漫的滇贵高原，无不渗透着中华民族可贵的实践品格。至于历代民俗，对于历代文人才子来说，也许曾使之悲情，但也曾使之生辉。当中国历代优秀知识分子终能将之与社会和人民文化的运行共同思考的时候，便会每每走进它的世界，与之共话山高水长。

1985年暑假前，我通过了硕士论文答辩，专家评语是钟老写的，先生给我以很高的嘉许，随之我的脑子也跟着悄悄地转弯。1986年初的一天，我忽然收到钟先生寄来的他的新书《钟敬文民间文学论集》，扉页上有他写给我的亲笔签字，《后记》里有他阐述治学经历的自传体文章。这个天降之喜，让我除了无以复加的激动和钦敬，还能有什么呢？我马上意识到，我今后的研究方向就此选定了。面对这样一位纯正的学术巨人，我愿意跟着走。钟老此著给我的新教育是，民俗学这门学问，以个人选择始，以社会责任终，对此我也要有精神准备。两个月后，我参加了钟老的招生考试并被录取，不用说，我后来的博士学位论文是在杨慎研究的基础上扩展进行的，题目叫《明清民俗文艺学思想史略》。

　　十年后，我到了美国，在大洋彼岸回望祖国，我能看见国内正在拼命地补西方的课，而美国却在拼命地提倡自然生态和文化原创，这使我更加体会到中国长期农业文明的世界意义，也能隐约感到当时国内尚存的广大农村传统正面临着不可逆转的转变和消失，急待研究，钟老坚持民俗学研究是何等富于远见。我给钟老当学术助手，写信问他家里的事情是不是堆成了山，他回信却说延长学习时间吧，还给我开了一张新的课单。那时他已92岁高龄，非常需要我在身边工作，可是他写给我的竟是这种无私的师训。我后来对民俗学加深理解，也与他在这门学问中的人格化影响是分不开的。当然，学做别的学问也要学做人，但对民俗学这种没有权势地位的普通人的学问来说，对有时自以为是、高高在上的知识分子来说，学会做人恐怕尤为重要。

我的民俗学基础理论和基本方法都是钟老教的。后来钟老门下的弟子逐渐增收，钟老教我的一些经历，别人也有，但稍有不同的是，我生而有幸，成为他招收的第一个博士生，又在较长的一段时间里，是他的教学对象中的"独生子女"，所以相对而言，偏得也多。博士生毕业后，我继续跟着他当学术助手，给他抄手稿、整理讲义和编书，这也使我得以不断弥补与他的巨大差距。先生穷毕生之精力，将中国传统文化中的精英诗歌、明清通俗文学和传统民间文学的天籁文体打通研究，创建了中国民众的学问，个中的智慧、成就和历史经验，绝非一个后学在短时间内能学到的，而是要长期学下去的。因此，留校以后，我照常跟他上课，除了我自己有课，几乎每场必到，举个例子说，他为后来博士生讲授的"中国民俗史与民俗学史"的课，我就听了7次，录音带也有7套。跟他久了，我更意识到，这门学问绝非小儿科，十八般武艺都用得上。而论钟老的武艺，又岂止十八般？有些是我们后辈学也学不来的，比如说他写诗做赋的天才，我就学不来，但至少在民俗学的学习上，还可以用功，这也是当助手的"专利"，于是，每逢我自己在教学科研中有了新想法，特别是在后来汹涌而来的现代化和全球化中有了新问题，我总能第一个趋前请教，听他耐心地回答和旁征博引，一来二去，我们之间的日常对话又成了第二课堂。有时我眉飞色舞，他也谈笑风生，事后他说"写下来"，我就照着做，时间长了，我照写不误，他也照"批"不误。他把指导我的工作变成了继续教书，我也把记录他的思想和表达自我当成了一种愉快的训练，优哉游哉，竟不知时间飞逝。这种情况是与西方教育很不同的，西方教育讲究个人价值，师生之间的交往也是有限的。中国却有"一入门墙，永为弟子"的史训，如果这种传统能够得到合理保持和正确使用，就能把前人长期积累的重要学术成就持续地传承下去。

　　国际化教育也是认识民俗学的必要过程。钟老生前，在他的支持下，我去了美国、英国、法国和芬兰等国家。在外国合作导师中，美国著名历史学家欧达伟（Professor

R.David Arkush）和英国著名汉学家杜德桥（Professor Glen Dudbridge）对我的影响最深。两人分别受教于20世纪中后期世界一流汉学家费正清和龙彼得的门下，训练极为严格，著述精深，令其洋弟子望而生畏。我在国外给自己设定的目标是，学他们的学问，反思和发展中国的民俗学。在那种强烈的反差中，我的感想何止千万，收获也是巨大的。最根本的，还是在国际学术环境中，增进了对中国民众学问的认同。1995年8月，我从美国回来，次年给钟老编好《民俗文化学：梗概与兴起》一书，由中华书局出版，在那本书的《编辑后记》中，我对这种在内外冲击中学习的收获做了总结：

> 我曾在海外学习和工作。那时先生远隔重洋写了信来，殷殷嘱我学习现代欧美先进的人文科学成果，记得当时选修的课程有"人类学""民族志""神话、魔术与思维""后现代主义与后结构主义人类学专题""结构学和符号学"等等。现在回想起来，这段留学经历对我的思想影响是深刻的。回到这本书上说，它无疑加深了我对钟老的民俗文化学学说的理解。
>
> 比如，一般地说，80年代以来，中西学者似乎齐

头并进地研究民间文化，像摆在读者面前的钟老此著一样，西方学者也出版了他们的著作。双方虽然各有侧重，其中西方学者比较偏向某一国家、民族、人种或社区的研究，但不失为端绪，引起了人们的兴趣。尤其是双方研究中国民间文化的著作，起到了一定的带动作用。然而，这究竟不是问题的全部。从另一方面看，在这种学术大趋势中，即使是同一研究对象，研究者由于民族文化背景不同、研究视角的不同、乃至个人兴趣的不同，也可能得出不同的结论。因此，在这个意义上讲，我们观察东西方研究下层文化的潮流，只看到学者之间课题的相似，还是远远不够的。中西学术的差异是多方面的：彼此都有为各自历史文化所制约的价值观念、关于新生活的想象，以及在此基础上所追求的理论创作模式。所以，无论就研究者、还是学习者而言，都应该同时留意这方面新兴学说的理论来源和结构体系的民族文化特征，知己知彼，然后才能说长论短；进而取长补短，共同繁荣人类优秀的文化学术事业。本书经趋府请教钟老，并征得先生的同意，使用了"梗概与兴起"作标题，正在于有意说明中国这门学术自己的民族性。我也希望通过此书的编辑，尽量能够使读者感到传达出了先生的这种治学个性。

此外，钟老的民俗文化学被誉为前沿学科，我认为，还在于它包含了以下三个不同层次的要素：

①学科自身的基本理论

②本民族学者的研究实绩

③国际学术对话

在当代中西交汇的世界文化发展的背景下（具备这些要素是重要的），特别是既能拿出本民族学者自己的优秀研究成果，又能开展积极的国际学术对话这一点，更为重要。这种著作，中国人要研读它，外国人反过来也要借鉴它；它的地位，因此也是不可替代的。[①]

留学之行对我个人学术思想的发展也是十分关键的。我跟欧达伟教授学习，从形式上看，很像我在跟钟老学习和工作，但实质上不大一样。他完全用西方知识分子的思维方式和发现问题的方式跟我说话、上课和讨论。他有他的一整套思想，他也迫使你发展你自己的思想。仅

[①] 钟敬文《民俗文化学：梗概与兴起》，董晓萍编，中华书局，1996，第286—288页。在钟先生已出版此著的引文中，漏排"具备这些要素是重要的"一句，现已补上。

从中国民俗学的角度说,他启发我考虑的问题有四:一是对民俗现象做社会史研究,二是从下层民众的角度自下而上地研究民众观念,三是建立使用民俗资料的学术原则和问题系统,四是做中西民众思想史的比较研究。另一位牛津大学的合作导师杜德桥教授,重点研究中国汉魏唐宋书面文献中的下层人物和下层思想记录,有小中见大的发现能力和独到阐释。他给我的启发是,在使用中国民间文艺史料上,不要受既往分类观念、分期结论和作家文学理论观念的羁绊,而是要借助人类学、民俗学和宗教学的成果,思考民俗资料的地方文献化、出版化和宗教仪式化的实际过程,由此探求它的含义和建立理论阐释框架。可以说,外国学者的治学精华,也不是都能刻意学来的,因为中西学术有不同的学术渊源、教育传统和话语体系,收获的大小是由另一种因素决定的,那就是你自己越有积累、越有思想越好。这样双方可以共同营造对话和平等交流的氛围,而真正的学习是从这种氛围中开始的。双方谁都不会跟对方一样,重新从小学到大学再上一遍课,再来彼此学习,而是在某个展现精华的交叉点上,彼此吸收,并互相启发。数度留学的经历,还让我对民俗学愈加敬畏。我已明白这里是一潭深水,这里曾来过许多的世界级探险者，但成功而返的人并不多。它还会吸引无数现代人前来取而用之，但做好它的研究却不大容易。

学习民俗学要定期回到民俗环境中去接受洗礼，去与它的创造主体在一起感知、体验，而后发现新问题。这些年来，在走过数百个基层村庄和城市历史建筑保护区的胡同大院之际，我的思想也在飞动。我们仍在描述普通人的日常生活，但已不仅仅是在使用传说故事，而且是结合文史文献、碑刻拓片和政府档案进行综合研究，做了许多其他学科不做的工作。我们还从"物质化"的角度，对民间文艺做了社会史的整合研究，其实这一做法也十分适合大都带有"物质性"传统对象的民俗学研究领域，因为所有带有物质性的对象都是综合了各层文化精华才被保存下来和产生社会功能的。此外，当代中国农村和城市都发生了社会流动，旧民俗在沉淀，也产生了新民俗，它们本身都具有多样包容的特点，还需要给予多元整合研究。

近年兴起的人类自然遗产、文化遗产和非物质文化遗产保护事业，促使人们对旧民俗和新民俗的认识，在新的时代和新的学术逻辑要求下，又要有新的推进。

我何尝不知，达尔文的进化论在文化科学领域里已被炒翻了好几个个儿，从物种进化论到社会进化论，从直线进化论到多线进化论，从传统进化论到新文化进化论，实在有各种各样的革新说法出来。但任何伟大历史人物的贡献都在其对原点问题的发现上，达尔文也是如此。他告诉我们，蝴蝶和昆虫是有联系的。这个世界存在着太多的奇妙的联系，人们数也数不清，只是从这个联系到那个联系之间是要有变化的，这个变化还要有一系列的过程，所以虫子又不能直接变成蝴蝶，这就是联系的关系复杂性和过程复杂性。当然，后来证明这个道理的，不只是他的学科，还有自然科学的其他门类和人文科学与社会科学的其他分支，而他的学说始终具有超时代的世界影响力。仅从民俗学的对象看，不也是如此吗？举个小例子，中国人就给猫和蝴蝶建立了多少联系？比如说，在猫和蝴蝶之间建立了行为生态链，叫"猫扑蝴蝶"；在猫和蝴蝶之间建立了民俗文化链，叫"耄耋富贵"（耄与"猫"、耋与"蝶"谐音）。这样一来，中国人就把地上跑的小猫和天上飞的蝴蝶联系在一起，创造了自己的民俗新资源。这事不归达尔文管，但他给我们的最初启发我们却不能忘记。

邮件社会学

法国专家来我们大学讲学，留下有一批书要寄回法国，我的研究生王文超和高磊帮忙，在北师大附近的北太平庄邮局将邮件寄走。王文超返回后，抄给我一份北京至巴黎的国际邮寄价目表，上面将空运、水陆运、邮品千克以下和以上的人民币单价与邮品的最高限重等都写得十分清楚。我曾是国际邮局的常客，看了这份抄报，发现无论是国家允许的国际邮寄种类、运输方式，还是邮品的限重，统统都增加了，对国际邮寄的限制则明显减少了。验关费涨价了，但其他费用都不高，说实话，还要比从巴黎寄回北京更便宜一些。这个变化让我万分感慨。

我比较多地开始寄国际邮件是在20世纪80年代，改革开放后，中国人从国内向国外寄国际邮件的政策、程序和内容也逐步开放，国际邮局很快变成了一个文化大气场。我开始是在建国门附近的雅宝路国际邮局寄的，在那里见到了京剧表演艺术家梅兰芳的公子梅葆玖，他常去寄东西，京剧名家出了舞台，进了邮局。我小时候跟父亲看过梅兰芳的《贵妃醉酒》，父亲早上四点起来排队买票，跟处理工作上的大事一般。我什么也不懂，就知道剧场为梅兰芳而沸腾。后来又从钟老的书上看过他与梅兰芳的合照，仅此而已。我从没想过能见到与其父长相酷似的梅氏子女，但也正因为有了在国际邮局的相遇，几年后，我们在去台湾的飞机上遇见时，才能点头一笑。女指挥家郑小瑛也是常去国际邮局的，后来她率团来北师大为师生演出，我也有在国际邮局远远望见她一样的心情。别人听她指挥可能会想到中央交响乐团，我听她的指挥却想起了国际邮局。诸如此类的往事还有一些，这让我对去路途很远的国际邮局增加了额外的好奇和兴趣。

从前国际邮品的海关检查很严格，一件包裹、一封信寄到国外，好像物主本身要出国过海关一样。再后来，距北师大最近的北太平庄邮局也可以寄国际邮件了，其他各大区的邮局也一样，这个消息还是国际邮局的工作人员告诉我的，于是我们寄一般邮件不必再跑远路，可以就地办理。这个改革给各高校带来了极大的方便，因为高校总是国际邮件的大户。但开始邮件送到北太平庄邮局后，还要再送到国际邮局再出国，转一个圈，速度就要慢几天。

最初到北太平庄邮局寄国际邮件的大学客户也不乏名师。时间回到20世纪80年代末，如今的耄耋名师们当年也不过人到中年，他们自己骑车或走路去邮局寄国际邮件。我在北太平庄邮局看到过著名心理学家张厚粲先生，她是窈窕名媛，精神抖擞，在信封上写一手漂亮、规整、正体的英文，给我印象特别深。我从小是学俄文的，俄文的写法像古典英语的花体字，要知道莎士比亚念语言学校时就写这种。这种俄文写法对我后来写英文也有影响，写出来的字母都有点斜体，不过我见到张先生之前并没有意识到这一点。看了张先生写的信封，才发现英文原来可以这样写，现在这叫"跨文化"的感觉吧，实在有意思。我在北太平庄邮局还经常见到童庆炳先生，他总是一个人来，背个书包，从书包里拿出一些信件，自己贴邮票，自己交给柜台。我们教师都知道他的儿子在美国留学，我便想过他和夫人曾老师的一番"父母心"。但这是私事不能问，再说事情也不一定是这样，所以我从来也没问过他。我去邮局寄国际邮件的大部分原因是为钟老工作，少数原因是家事。钟老每年给他的外国友人寄贺年片，几乎五大洲都寄，以日本学者居多，现在这些人都不在了。

国际邮件的最大变化是20世纪90年代中期全球化的到来，随之我国的国际邮件也"国际化"了。以价目表为例，过去每个邮件都是称重计费，再按寄达目标国的地点换算为实际要价。国际化以后就不同了。我去邮局，邮局的服务不仅有传统的称重计费，还增加了其他计价方式，例如，你寄贺年片，超过五句话就加价收费了。对英文的贺年卡怎样算句子单位呢？邮局按标点符号算。邮局的服务生说："你们会写英文的，写了五句，只点一个句号，那我们怎么收费呀？"他们就按标点符号算，Marry Christmas！Happy New Year! 算两句，Dear Professor，算一句。这可真逗，不过顾客也真没脾气，你让邮局怎么算呢？世界上的语言这么多，写字作文这件事又这么主观，你让邮局怎么设定客观标准呢？我回校跟钟老说这件事，钟老也觉得有意思，就说还是听邮局的吧。

2007年我去美国工作的前后，我国邮局已受到全球快递业务系统的冲击，一时间措手不及。西方发达国家流行高价高速的市场化快递业务，并建立了配套邮路查询系统，任何顾客的邮品只要一发出，就能自己即时查询邮递状态，这样的邮递天地可是太大了。我的所有美方签证资料都是从美国高校快递来的，今天寄，后天到，速度之快令人咂舌。

2012年，一位外国专家结束在北师大的合作研究回国，我帮他到雅宝路的国际邮局寄邮件，这次看到国际邮局已经全面市场化了。这所祖国标志性的国际邮局已经面带微笑向中外市场打开了大门。邮局人员主动给我们名片,说高校邀请的外国专家邮寄书物可以上门取货,当场验关、当场包装,外国专家和我都很感慨,认识到这种变化很深刻。

后来我就很少去国际邮局了,因为几乎全部业务都可以在北太平庄邮局解决。偶尔再进国际邮局,就像迈进了新世界,全不见当年上层名流到邮局的身影,都是寻常百姓出入。其实这时北京社会各界的名人也不用出门寄国际邮件了,连外国人都可以享受上门服务了,何况为祖国文化事业做出重要贡献的国宝月旦。

再后来,网络邮寄也冒头了,人们通过网络邮递,寄鲜花、寄月饼,寄各种礼品,举手之劳,方便快捷。北太平庄邮局能寄国际邮件,也能寄网络邮品,为顾客综合服务。连国际业务也能照此办理,我的一个教授朋友家收到了孩子从国外寄来的鲜花,祝他们夫妇节日快乐,这把整天埋头实验室的教授惊讶得不得了。我与学生之间也产生了这种交集。给我印象最深的是一位女研究生,她能从网上做所有想做的事。她的妈妈爱吃家乡的小米,她就从妈妈家乡的售米网站上订购,再寄给在另一个城市的大学教书的妈妈。她还与我们大学的快递公司代理店建立了诚信"友谊",她固定找这家代理店寄东西,代理店固定每次给她从优价目,邮费一律打折。她寄各种东西,书籍、衣物、食品、礼品,乃至行李,想寄什么就寄什么,代理店全都打折办理,还保证按时寄到,从无差错,双方互惠互利。我问她会不会出问题,她坚定地说"不会"。我的其他学生对这套网络购物和邮寄系统也很熟练,个个都是网购高手。他们出生于这个网络信息的时代,对大千社会的步入与对网络的步入是结合在一起的,他们对社会信任的一部分就是网络信任。他们常年生活在相对封闭的校园里,一般不大与道途较远的校外大区邮局或更远的国际邮局发生联系,于是网络成了他们精神上的"高铁"。他们在正式走上社会职场之前,这条"高铁"为他们运送精神品质的各种储备,也为他们运送各种他们可以承担的物质用品。除了大学生群体,这个社会,这个地球,现在不也是一样吗?

现在说说"邮件社会学"。邮件是一种拥有多元意义的流动物品。它是一种物质,也是一种精神承载。在当今社会里,人在流动、社会阶层在流动、交通工具在流动、商品经济在流动、高科技发明在流动、诺奖小说在流动、快递哥在流动,什么都在流动。而在物流量的整体系统中，邮件的流动量应该是最大的。流动量最大者，信息量也最大。邮件的特定意义在于，它是人类明确发出指令的、定向运动的、带有明确的情感价值观的、精神性的物化邮品。邮件由寄件人和收件人构成了一组社会关系，在全球化下，这种社会关系是世界各国、各民族社会结构模型的一部分，邮件无论很大或很小，都可称为其缩影。有心者如果统计一下全球化邮件的社会关系，就能写一本《邮件社会学》。这本社会学是人类社会从原始阶段到现代化阶段所有社会分类的扩展版，其信息涵盖政治、经济、军事、商业、法律、文化、教育、艺术、历史和语言等各个层面。它的邮寄路线就是最新版的异质社会全球化地图。

我前面说的那种原始的称重计费的邮件，属于同质社会的文化产品，它现在正在消失。它迟早还会变成一种非物质文化遗产。但我们始终不该忘记这种社会文化运作模式的原初意义。邮件的原初意义是来自同质社会的。在同质社会中，邮件是异动的物件。乡下的耕夫村妇、城市的街坊邻居，大家门对门地住着，脸对脸地生活，谁给谁寄邮件呢？如果说有"邮件"，"邮件"的情意都隐含在实物民俗中：过年的饺子、相逢的美酒、瓜田李下的农产品，我给你送，你给我送，移步之间，千尺深情，干吗上邮局呢？上了邮局就生分了。古代也寄邮件，那都是遇到了战争、科举、荐官外任或朝廷塘报等特殊情况。但是，也因为情况特殊、邮件稀少，所以在人们的思维中，还是按照同质社会的模式去认识。在古代名人诗篇中，一种邮件变成千古诗篇，被自己和万世感怀，这种例子也是因为传递资源少而产生震撼。换成网络时代，上个WIFI，发个"伊美尔"，连一分钱都不用花，有话随时说，精神思念的成本也就没那么高了。可我要说的是邮件的原初意义，在从前经济、科技、交通都不发达、人员很少流动的社会中，邮件所带来的信任、挚爱和思念都极为宝贵。换到网络时代，技术沟通是举手之劳，人类这些最可宝贵的东西也可能就变成白开水了。

邮件是个好东西，全球化网络速递也是好东西，但好东西和好东西碰到一起却不一定都产生好东西。如果人类不恪守真爱的文化品质，不保留诚信的人文精神，邮件的好东西与全球网络速递的好东西碰到一起还会产生坏东西。曾经看到有报纸报道说，恐怖分子由速递邮件寄恐怖物品，威胁他人的生存，这就是坏东西，这就是"正正得负"。"邮件社会学"要研究什么呢？就是要研究怎样传递好东西，避免坏东西。网络速递能让脸和脸不再照面，门和门变成虚拟，但人类的心和心总是要打招呼的。所谓打招呼，就是要加强全球化、高科技、网络时代的社会建设和文化建设，用崇高的人文精神和优秀文化遗产托举邮件，用邮件传递人类社会的光明、和平和博爱。

百科文为先

人类科学，包括自然科学和人文社会科学，都与文学有缘。但文学要与自然科学结缘，还要有合适的作家、合适的时代，以及文学与自然科学结缘的合适条件。近代文学就当过近代自然科学的"新娘"，比如法国凡尔纳的科幻小说，20世纪来到中国，曾引来中文读者为之唏嘘迷狂。我那时还是念小学的小小少年，也加入了这股思想热潮。那时夜读小说，白天立志"向科学进军"，一个人被两个梦牵着疯跑，乐不可支。后来我读了雨果的书，才知雨果早就讲过文学与科学的相关性，他说"没有一种心理机能，能比想象更能自我深化、更能深入对象。它是伟大的潜水者。科学到了最后阶段，就遇上了想象"。现代中国人对文学与自然科学的认识，也有自己的土壤。20世纪五六十年代，我国亿万少年同唱的一首校园"红歌"，《中国少年先锋队队歌》，它的词作者就是中国文豪兼中科院院长郭沫若先生。还有一些科学家，如华罗庚、赵九章、茅以升和王梓坤等，也莫不以科学家善属华章而被称颂一时。

从人文社会科学的角度看，在人类社会进入现代化进程后，不乏自然科学向文学"求婚"的历史。20世纪初，中国的中西学术文化大碰撞、大交流，我国现代意义上的人文社会科学纷纷建立，与自然科学共同成为人类科学大家族中的成员。一时间科学昌明、文学繁荣，"新"字当头的科学书刊和文学小说成了最高"票房"的赢家。一场轰轰烈烈的五四运动，更为科学与文学的结合提供了前所未有的盛世舞台。"五四"响亮的口号"科学"与"民主"，从国家民族独立的高度上，揭示了科学"爱慕"文学的本质：它不仅是精英的权利，还是普通人的权利。但是，以往精英的权利备受关注，而普通人的权利却遭到蔑视。"五四"时期，已有现代作家为此而书写现代小说，揭示建设人类精神家园是题中应有之义。以民俗学为例，曾起步于展现普通人权利的民间文学，就把民间文学当作理想化的文化价值体系加以构建。"五四"进步学者中参与民间文学的搜集和研究者，遍及历史学、人类学、民族学、社会学、古典文学、文艺学和艺术学等多个学科，使发展民间文学在广义上成为现代新文化改良和社会改革的一种方向。到了延安时期，乃至新中国成立后，这种传统仍在延续。民俗学本身，则始终把民间文学当作半壁江山，至今仍在学问结构上，以括号的形式，认同民间文学的研究，写成"民俗学（含民间文艺学）"。总之，在多重意义上看，都可以说，民俗学有"文学"特质。

文学的产品之一是小说。20世纪中后期以来，高科技发达、物质财富迅速增加，人类的科学和文学兴趣也在提升。他们在继续探寻自然科学的奥秘，同时也在坚持建设高尚文学的价值体系，维系自然与人文的和谐，那些为人类和谐理想而唱诵的小说，更是功臣。

但我国至今有小说而无民俗学小说，这是一种缺失，其实民俗学是需要小说的。民俗学有三个压力需要通过创作民俗学小说去化解：一是资料的压力，虽然民俗学研究民间文学，但民间文学的传播却要靠文学；二是研究的压力，民俗学的田野研究重视个人生活史，但个人叙述中的主观意识不是民俗，而是文学；三是非物质文化遗产保护的压力，民俗学能揭示其中"看不见"的精神种类和文化逻辑，文学能保存其中"看得见"的形象和文化符号，民俗学的解压者正是民俗学小说。

我国没有民俗学小说的遗憾，究其原因，是它的产生过程十分艰难。首先，是缺乏产生民俗学小说作家的空间。在民俗学的理论发生期和发展期，保留了文学的位置，但民俗学者的工作重心在于构建宏观理论，难免对文学小说创作采用规避的态度，结果使民俗学小说的作家难以产生。中国民俗学的奠基人钟敬文先生，原来也是作家，但他始终没有写民俗学小说。其次，缺乏以文学手法处理民间文学资料的工作框架。20世纪90年代中期，西方人类学小说兴起，其作者恰恰是一批人类学家或民俗学家。他们创造了一套用小说方式处理民间文学资料的方法，一时间人类学小说家崛起。他们的工作要点概括起来，大体有四：①用双时间法，处理神话思维和现实日常实践的双轨现象；②用公共广场法，处理"怪人"个体与集体狂欢共存的节日现象；③用"大词法"（big word），处理即兴表演与母题类型的跨时空传承现象；④用注释法，处理民间文学与地方知识的互读意义，等等。

20世纪90年代中期，我曾在美国见到了人类学家兼作家露丝·比哈尔教授（Ruth Behar），她出版了一些研究著作，但并没有将被理论抽象后剪裁掉的大量田野作业资料抛掉，而是采用了与前辈不同的做法，即将所有田野资料捆绑在一起，写成了一本长达457页的小说《女性写文化》(Women Writing Culture)，其中有超过四分之一的篇幅(119页)，描写自己在田野中与被访谈人打交道的日常经历、双方的对话、冲突和互读。她还提出一个新观点，即田野作业也是一种翻译文化的工作。她认为，在现代田野作业中，学者与民众接触的性质，已不再是单纯地获取学术资源，而且是对普通人的日常生活和未知世界表达敬意。学者对民众的文化，首先是翻译，其次是研究。文化翻译的过程，是让学者反思自我文化的过程。学者不应该只顾自己出书，出了书就把田野资料私藏起来，或者丢掉。学者应该有这样一份责任心，展示民众提供的鲜活文化，坦诚地面对现代社会与传统民俗文化的衔接与冲突。学者对多元文化的接触和相互接触后的多种反应，都应该做出符合学术伦理原则的交代。总之，学者不能以学术研究为由，"侵犯"被调查人的原文化价值体系和审美生活。我认为，我当时被她说服了，连她光彩照人的外形也牢牢地抓住了我的心。她曾对她的学说连讲了七讲，我连听了七讲，每每都在座位上浮想联翩。那时她的这本《女性写文化》还没有正式出版，我请她在我的笔记本上写出书的英文名字，谁料她不但写了，还画了一朵小花，在小花的下面，签上了自己的名字。我始信这是出自现代人类学家的手笔，她对她从未登陆、却在我背后屹立的中国，充满了好意。在我们之间随后的谈话中，她对中国的尊重和友情也随处可见。

西方同行的开拓，让我们稍微心里有底，但这不等于就能产生中国的民俗学小说家。这是因为民俗学小说家不仅要懂别人的方法，还要能发明自己的方法。这种作家不好找。再次，也是相当重要的，就是缺乏继承本土文学遗产并向现代化转化的实践积累。中国自古就有小说模式，历代文人中也不乏写小说和编故事的旷世奇才，司马迁、关汉卿、冯梦龙、罗贯中、施耐庵、吴敬梓、曹雪芹、蒲松龄和纪晓岚都是个中高手，还不要说各地、各民族、各历史时期的话本小说家、讲经僧侣、史诗艺人、墟场歌仙和城乡故事讲述人。他们都掌握着小说家的经典祖本。然而，如何学习祖先遗产，领悟他们，把他们的本领抽绎出来，转入现代阅读体系，并加以传扬，这些都是至关重要的。当然，这方面的积累、探索和实践，也需要时间。

其实，现代民俗学传承本身也是需要小说的，这是因为，现代民俗学的一些问题可以通过创作民俗学小说的途径去化解。民俗学是要研究民间文学资料的，但民间文学资料中的美学思维、价值话语和情感表达，是需要用文学的手段去保存的，更是需要用文学的形象去演绎和再现的，这是任何学术论文都不能代替的。现代民俗学仍然依靠田野作业，但现代社会的被调查人具有很强的个体意识，他们的回答往往是现代学校教育的产物，这就造成个体认知与民俗知识系统之间的差别。在传统教育模式中，受教育者大都是不识字、不开放社会的人群主体，他们有集体化的思维方式，有同质化的母题、主题的叙事套式，有稳定的日常实践规范，这些都是与现代学校教育有明显区别的。现代社会的个体意识更适合创造个性化的新传统，倾向于使传统的民间文学母题产生重大的社会现实价值，乃至产生国际交流意义，这就给民俗学的研究带来了压力。不过认识到这两种教育模式的差异，又正好是现代作家的机遇。如果他们能够把握这两种模式，就能给现代小说创作以十分不同的养分和灵性。

能甘为此克服压力去奋斗，写出中国的民俗学小说者，难找。现代民俗学还有其他的解压方法，比如数字化。数字化能把海量民俗信息转化为数字数据保存、展陈和研究，但数字化是高科技的"新郎官"，而文学对于民俗学却好比"望夫石"上的"孟姜女",彼此的关系既旧且深。对身处现代阅读体系的读者来说,把民俗学难以处理的文学资料写成民俗学小说,还能引导读者跨越以往阅读的封疆,引领他们走进另一个伟大的精神世界。在那里,作家以其心智的强大,开启读者对民俗文化想象力的强大;揭示民俗文化的理想价值体系对于良性社会运行作用的强大。

写民俗学小说的人才,要具备跨行作业的创作素质,包括对民俗学和小说两者,要两边懂、两边通;对精英理论和民俗学两者,要两边吃,而且都能吃得下;对现代和古典两头,要能通今,也能汲古。仅仅有这些还不够,还要有一定的民俗学专业训练,因为民俗学小说的创造力,很关键的一条,是来自民俗学的田野调查经历和资料。此外,作家本人的创作动力也要十分强大,要甘为民间文学的驱动而付出,要甘为一个未被充分认识的、缺少书面历史的、没有多少人为之写小说的普通人的权利世界去构思现代小说;还要对集体性叙事类型和套式,与现代个性化的叙事转型和变迁,都加以揣度和吸收,然后讲出更漂亮的新故事。

改革开放30年来,我国已加强了对西方人类学小说的理论和著作的译介，国内也涌现了一批使用民俗民间文学素材创作的文艺小说和影视戏剧作品。我国政府进入联合国非遗保护公约后，又有不少民间原创的代表作浮出水面，进入现代化和全球化下的中国文化符号系统。有了这些铺垫，再有相应的人才，民俗学小说可谓呼之欲出。我相信，对我国民俗学小说的开拓，总有人会去努力，至少在原则上，做到文化风格、思想风格与语言风格相统一，它的发展就有希望。

在科学与人文之间

在牛津大学访学期间，我认识了达芙妮·奥斯本教授（Daphne Osborne），两人遂成忘年之交。她是一位分子生物化学家，因酷爱科学研究而"嫁给"了实验室，直至在实验室里工作到生命的最后一息。她也喜爱人文科学，曾以优异成绩考入牛津大学文科院系，后因科学家父亲的影响而转入剑桥大学理科就读，但她一生强调人文科学对于自然科学的作用，强调科学家要有文化良心。我们的见面很偶然，却不知为什么彼此吸引，加上她对中国感兴趣，我对化学有兴趣，两人便越聊越起劲。2005年，达芙妮·奥斯本应中国科学院之邀来华进行学术交流，她提前写信告诉我这个消息，我们决定在北京见面长谈。我也同时邀请她到我所在的北京师范大学民俗学专业跟师生座谈，她也马上就答应了。不久她如约来访，见面座谈。她在那次座谈会上作了一个生动的报告，介绍她在科学与人文之间奋斗的传奇人生，畅谈女性成就和文化观，引起了听讲师生的极大反响。此次访华结束后，在上飞机前，她打来电话道别，她身上那种科学家的风范，好像居里夫人在世；她的彬彬有礼，让人对一个自然科学家的学问、教养和高尚的人文精神有统一的认识。不久她赴南非做研究，不幸被沙蝇叮咬，剧毒细菌侵入免疫系统，于2006年与世长辞。所有热爱她的人都为之深感痛惜，为失去这一位世界科学巨星而陷入无限哀痛。两份世界顶尖杂志《自然》(Nature)和《科学》(Science)都为此发表了文章。这里对她的经历及来北师大演讲时与师生的交流对话作一介绍①。

①2005年5月11日至18日，达芙妮·奥斯本教授到北京师范大学民俗典籍文字研究中心讲演，民俗学学科点师生四十余人参加了听讲。中国科学院植物研究所黄振英研究员担任了分子生物学专业词汇的翻译工作，北京师范大学外国语学院的马磊副教授担任了人文内容的翻译工作，特此说明并致谢。

（一）男学院中的女院士

达芙妮·奥斯本教授，英国剑桥大学三一学院博士，英国牛津大学萨蒙维尔学院（Somerville College of Oxford University）资深院士，英国剑桥大学丘吉尔学院（Churchill College of Cambridge University）历史上的第一位女院士。她以在分子生物学领域里成就卓著而蜚声世界。她在《自然》（Nature）杂志上发表论文22篇，在美国《科学》（Science）杂志发表论文5篇，在其他世界知名杂志上发表论文近200篇，取得了少见的成就。她的建树与优秀的学术训练有关。

她毕业于英国剑桥大学。现在的英国剑桥大学和牛津大学都是男女生混校的，但在二战前是男女生分校的，有男学院和女学院，学院里都是清一色的男生或女生。经过二战，人们意识到没有必要在大学里进行性别区分教育，剑桥大学的丘吉尔学院便率先进行改革。丘吉尔学院是一所以英国首相丘吉尔命名的学院，据说丘吉尔生前曾讲过："我希望我的学院里有女生。"人们就把他的话当成改革的先声。达芙妮·奥斯本说："我不能肯定这是否是真的，在这所学院第一次招收女生时，丘吉尔已经不在世了，但我的确是这所学院招收的第一个女生。"学院领导开始只想试试看，先搞一年，后来真的变成男女混校了。到现在，剑桥大学只剩下一所女学院了，牛津大学也仅有一所女学院，但也可能寿命都不会太长。达芙妮·奥斯本回忆说："去年院士选举，一位女学院的院士正在访问中国，中途被召回参选，因为人们把她看成是反对男生进女学院的最后一个障碍。再过一年，大概这种形势还要变化。"

20世纪70年代，达芙妮·奥斯本进入剑桥大学的丘吉尔学院工作。据说当时丘吉尔曾有另一个想法，要办一所相当于美国麻省理工学院水平的著名学院，达芙妮就成了该院的第一个女院士。丘吉尔学院开始重理轻文，理科占70%，文科占30%，以后发生了转变，人们认识到科学离不开文化，现在文理各占50%。

有人问英国政府在大学教师中有没有性别歧视现象，达芙妮说："开始有。我毕业后，最初是在牛津大学农业系教书，这个系是政府建的，男教师的工资比女教师工资高，男女同工不同酬。20世纪60年代发生了变化，以后在学术界，无论职称晋升，还是行政提拔，都已基本没有性别歧视了。也许你去问别人，别人还会说有，但我认为，在英国教育界，自60年代后，这种情况有了实质性的改变。”

（二）科学家父亲的决定

达芙妮选择从事自然科学研究受到了父亲的影响。听讲的师生对她外貌极为美丽而从事极为枯燥的实验室研究感到十分诧异，希望了解其中的奥秘。达芙妮·奥斯本说：“现在回想起来，父亲的观点、教导和行为方式，对我的一生起了关键的作用。我的父亲是一个科学家，准确地说，是物理化学家和理论化学家。我母亲是家庭妇女，当时英国的上层女性都不工作，在那个时代，她只能当一个妻子。她容貌美丽，衣着华贵，与父亲出入相随、志同道合。在孩子面前，他们十分注重言教和身教，给我做出了榜样。他们对自然科学抱有浓厚的兴趣，喜欢饲养小动物或昆虫，我是他们的独生女，就在他们的这种行为熏陶中长大。记得幼年时代，他们把我带到野外去观察动物。入夜时，他们就把一条被单挂在树上，再拿出一个手电筒，从被单后面照，这时飞蛾就会寻光而来，他们便观察当地的各种飞蛾。白天，在日光下，他们可以观察蝴蝶和昆虫。父母亲对大自然的所有生灵都充满了灵感和睿智，也让我从小就认识了很多有趣的小生命。给我印象最深的是，他们从不伤害幼小的生命，他们收集它们、观察它们，然后把它们放归大自然，从不碰毁它们。他们还在我幼年的心田里播下了友爱的种子，要我与天地万物亲密相处。父亲说，除了落到你食物上的苍蝇要消灭，其他的都不要伤害。"

达芙妮·奥斯本读小学期间，父亲被英国政府调往印度工作，任英国驻印度总督的科学督导，母亲也陪同前往，她被一个人留在英国。父亲隔很长时间才回来休假一次，那时达芙妮才能见到他，母亲每年都能见到，她一年要回国探亲几个月，陪达芙妮住一阵。父母在印度工作期间开始搜集蝴蝶的幼虫。根据当时的科学发展水平，人们对蝴蝶及其飞蛾都已比较了解，但对蝴蝶的幼虫却知之甚少，但从幼虫、到飞蛾、到蝴蝶，是一个完整的生命循环过程，忽略了幼虫就不能形成对蝴蝶的全面认识，所以他们就决定研究蝴蝶的幼虫。他们要观察什么样的幼虫变成了什么样的飞蛾，与什么样的飞蛾变成什么样的蝴蝶等。他俩召集了许多男孩，弄来一批箱子，里面放上了食物，喂养这些幼虫，然后每天做观察。他们终于发现，蝴蝶的幼虫大约需要两周的时间发育成飞蛾,以后飞蛾再变成蝴蝶。父亲调回英国后,把部分幼虫也带了回来,在家里继续观察。

达芙妮在英国完成了12年的正规学校教育,她说:"这种教育什么都讲一点,就是对自然科学讲的很少,于是我迷上了历史,历史课的成绩也很好,学校就说:'那你去研究历史吧。'"高中毕业后,达芙妮以优异成绩考进牛津大学历史系。她父亲从印度回来,听说此事,找到校方说:"念历史绝对不行,我的女儿必须念自然科学,她只能把历史当兴趣。"父亲便把达芙妮从牛津大学拽出来,送进了剑桥大学。剑桥大学对所有学生来说都是最好的大学,那里有十分优秀的自然科学师资,非他处可比。

北师大的师生对达芙妮的"转行"发生了兴趣,纷纷问她,在大学里学过历史,对后来从事科学研究有什么帮助吗?她回答说:"我想我最终不会成为历史学者,因为我太偏爱生物学了。我更喜欢自然史,喜欢了解生物的行为,观察它们的日常活动和发现它们的生命规律。我的兴趣很多,但一个人只能在一个很小的范围内成为专家。我当上丘吉尔学院的第一位女院士时,开始要管院里的90个学生,我帮助学生选择我看好的专业去攻读,比如建筑学、人类学、希腊学等，这是与我的兴趣有关的，英国人把这叫'九命'。中国人有没有'猫有九命'的说法？大概有。而其实人只有一命，所以只能有一个专长。"达芙妮至今对文化科学感兴趣，但她却只能在自然科学领域选择并做出了卓越成就，她的经历对爱好广泛而志向不一的中国青年学生也有启发。

达芙妮·奥斯本是注定要从事自然科学研究的。她受惠于父亲最深的是他引导女儿做一个科学家，并只把历史只当作一种兴趣。但在具体专业方向上，达芙妮不想当父亲那样的物理化学家，而要当一个生物学家。初入剑桥时，她选的都是生物学的课，在课上学了达尔文的物种进化论，知道了生物有趋光性，但在第一节课上，她碰到了蚯蚓。上课的女教师发给每个学生一条蚯蚓，还让学生把蚯蚓挂在一张纸上，听它从纸的这面爬到另一面的沙沙声，又让学生把蚯蚓拦腰切开，观察体内结构。达芙妮自幼被家里教育是不能杀生的，于是就产生了抵触心理，表示："我不能把蚯蚓切开，不能这么做。"女教师问："你确实不能切开蚯蚓？"她说："是的，我喜欢研究自然史，但我反对切开任何动物的身体。"女教师就说："那你就去上其他植物学的课吧。以后，在我们上动物解剖课的时候,你可以不来,直接去植物园观察植物好了。"这位女教师富有同情心,把达芙妮给解放了。在剑桥大学的后面,正好有一个很大的植物园,那里就成了达芙妮的学习乐园,也成为她走向植物学的起点。

北师大师生还对一个杰出科学家处理学术研究与个人兴趣的关系十分好奇,希望达芙妮·奥斯本再讲讲体会。她以当代中国大学生风行的学英语现象为例,介绍了自己的认识。她说:"我只说英语。很久以前英国也曾风行学俄语,这属于一种文化倾向吧,开始我也跟着学,很有兴趣,但慢慢我发现,学俄语要付出极大的精力,远远超出我起初的想象,于是我就犹豫了。俄语不好学,就像中文一样不好学,里面有语言文化,也有字母。不像德文或法文,对我来说只有字母,于是我想,我没有必要花这么大的力气去学俄文,就停止了。对一件你有兴趣的事情,如果你精力充沛,又有兴趣,又舍得花时间,那你就去做。否则,就放弃。研究工作需要兴趣,但兴趣不等于研究,还要肯于花时间,肯于坚持下去。"听讲师生继续问:"您的研究与兴趣是统一的吗?"她肯定地说:"我不做任何我不喜欢做的事。但兴趣不等于研究。对你有兴趣的研究工作,一旦你真的从事了它,就会发现,它可不都是快乐的，也有很多痛苦，有时还有挫折，让人十分沮丧。在你的试验结果失败或事情的进展低迷时，你还会非常悲哀。兴奋是片刻的，痛苦是经常的，但正是这种片刻的兴奋支持你把某种研究做下去。有一个年轻人，他不是我的研究生，是别人的研究生，他整天牢骚满腹，我很看不惯。我对他说，没人要求你非做这个不可，你想做什么可以自己做主。你对研究毫无兴趣，就最好别去碰它。"

达芙妮·奥斯本最终选择了生物化学。她对生化科学有兴趣，喜欢了解生物的功能及生物产生功能的过程。她先是获得了植物物理学的硕士学位，然后专攻植物学和化学，研究化学物质在植物体内刺激激素生长的过程，以此获得了分子生物化学的博士学位。问她这种研究的选择和转折是怎么发生的？她说："我也说不清楚。你在和别人交谈时，忽然发现这个问题值得研究，你就去研究，事情就是这样。"在她身上有欧美学者特有的坦诚。

在美国，在植物学研究上，麻省理工学院和加州理工学院是两派。有一天，某教授对达芙妮·奥斯本说，你应该去加州理工学院，那里的Linus Carl Paulling教授是当今世界上最伟大的植物学家。达芙妮·奥斯本就到了加州理工，跟Linus Carl Paulling在一起工作，这位教授出身于著名的Paulling家族，与达芙妮·奥斯本的父亲相熟，1954年因化学键研究获诺贝尔化学奖。在跟他一起工作的日子里，达芙妮·奥斯本发现这位父亲的老朋友确实了不起。他不仅学术上有名，而且记忆力惊人，过目不忘。她跟他在美国学习了两年，到第二年的年底，牛津大学的植物激素专业有一个空缺，写信来问达芙妮·奥斯本是否愿意受聘，那时达芙妮正好参加牛津大学Dorothy Crowfoot Hodgkin研究组的合作研究，就接受了这个邀请。1964年，Dorothy Crowfoot Hodgkin以X射线技术研究生化物质结构的重要成就获得诺贝尔化学奖。达芙妮在这个小组里工作了十年，之后又回到了剑桥大学。

在剑桥大学，达芙妮·奥斯本组建了一个新的研究小组，并担任领导工作。后来英国政府把剑桥大学的所有研究小组撤销，达芙妮·奥斯本的研究组随之停办，她又回到牛津大学，在萨蒙维尔学院从事植物激素研究。到她来北京师范大学访问时，她还在领导这个研究组的工作。该研究组的体制是开放的，吸收来自世界各地的学者，人尽其长，合作攻关。达芙妮·奥斯本本人到世界许多国家和地区做实地考察和研究，主要就特殊植物分子裂变现象做具体考察和现场分析。达芙妮·奥斯本还有一个自己的实验室，但这个实验室不可能拥有世界所有植物及其环境和研究设备，因此需要到植物的生长环境中去做调查研究。达芙妮还经常访问世界不同的国家和大学的植物学研究机构，再回到牛津大学教书和搞研究。

在场师生希望了解达芙妮学术生涯中最重要的经验，她回答说："我不知道。我想告诉你，不要去找所谓最重要的经验。不过我可以告诉你什么是最令人兴奋的。你做一个实验，去检验某个观点，然后又证明这个观点是接近正确的，这就够了。在科学上，没有绝对正确的东西，只有相对正确的东西，这就足以让你兴奋。然后你再去继续探索。我想，在你们的学科里也有这类问题。如果你发现了前人没有发现的东西，这不是最兴奋的么？"

达芙妮·奥斯本是世界著名科学家，也是牛津大学分子生物学专业的研究生导师。她培养了很多博士生，指导了来自世界各地的高级访问学者。她的弟子都以能做她的学生为荣，对她报以崇高的赞美和敬意。在这次与北师大师生的座谈中，关于如何培养研究生，成为双方频频接触的话题。达芙妮·奥斯本介绍了她的经验。她认为,合格的研究生导师要引导研究生独立思考,但也不能让研究生独来独往,放任自流。她说:"我带过不少研究生。我喜欢研究生同我争论,不喜欢研究生对导师俯首帖耳。研究生看问题有自己不同的角度,应该发表自己的独立见解。比如,做一个观察实验,我就一定要让研究生提出问题,他们也应该提出自己的想法,我有时会说:'这也许不是最好的办法,还可以试试其他的办法?'就这样集思广益,才能把实验做好。当然也不是让学生随心所欲,想做什么就做什么,这也不是好办法,他们还不会做研究生,这种研究生只会当你的两只手,去抓你要的食物而已。"达芙妮·奥斯本对于研究生是否能当导师助手有严格的界定。她认为,从导师的角度看,研究生当助手有两种,一种是给导师找材料的助手,一种是跟导师一起思考和研究的助手。在研究生还不会做研究的时候,导师如果不能正确地指导他们,他们就只能当第一种助手,即为导师抓导师所要食物的助手。她说她不需要这样的助手,因为她的科学实验和资料系统都是亲自做的。

达芙妮·奥斯本从做导师的角度看研究生的素质,提到创新的素质是最重要的。她举例说:"我有一个学生,是学习生化方向的,主攻植物落叶的脱落过程(shedding processes in plants when leaves fall off），一次，我向他介绍在这方面的前人成果，他说：'我不想先入为主，不想先跟着别人的文献走，我想先建立我自己的思路。'又说：'在我看来，新东西是一定会冒出来的，但不应该是从别人的文献的夹缝中迸出来的。'我就说：'去发现你自己的观点吧。'结果他成了一名非常出色的研究生。这是一种不受他人思想束缚的人。这种情况肯定也适用于你们的学科领域。你可以不去先接受别人的观点，而是发展你自己的观点，但你要对你自己的实验做出解释，还要指出前人的实验错在哪里，还要从新材料中看出可以采取那些新的视角去解决问题，等等。"

（三）理性与美丽

达芙妮·奥斯本从事分子生物学研究与达尔文的生物进化论学说有直接渊源关系，而达尔文的生物进化论学说也催生了英国文化人类学的进化学派，后来这一派的学说成为中国民俗学的思想来源之一，在座的民俗学专业师生对这段学术史有兴趣。有人又问："您刚才提到进化论，您个人现在怎样评价进化论？既然真理总是被更新的，那么追求真理的价值何在？"这时她很坦然，也很自信地回答说："追求真理是人类的本性，真理的价值就体现在人类对未知的或者不了解事物的理解的过程中。达尔文和我们一样，也是从这点出发的。我认为，他的学说还是正确的。现代人可以从社会学、人类学等新的学科角度去对他进行重新阐释，但这不等于说达尔文就错了。科学事业的每一次进步，都让我们对世界万物增进了认识，因此我们也能看到，达尔文是不可能全错的。艺术科学也如此。但过去的理论学说需要被重新解释。"一个学生问："为什么猿没有变成人？"她回答："达尔文没这么说，他没有说猿直接变成人。达尔文只是说，灵长类动物早期有多种形态，其中的一种经历了上万年的演变，才直立行走，变成了人。如果猿都能直接变成人的话，那就不是进化论，而是转基因了，那是不可能的。"达芙妮虽然不从事文化科学研究，但她对自然科学的解释毫不死板，充满了文化的幽默感，大家听了会心大笑。

达芙妮·奥斯本谈起她与中国民俗学者相遇的经历时说："我在牛津大学认识了董晓萍教授，通过她，知道了你们学科的研究情况。这是让我最兴奋的一件事。这项工作不是自然科学，但它也是一种科学。你们从事这项工作的方法是科学的。"她发现中国还在进行本民族传统文化教育，十分赞赏，并感叹地说："我认为，在这点上，欧洲应该十分小心。欧洲人正在失去自己的传统。失去了传统，就失去了整合社会的力量。撒切尔夫人曾经对我说，没有传统，就没有'社会'的概念。她的话被证明是对的。在英国，在欧洲，都一样。人类不能被彻底地全球化，各国家、各民族都不能失去自己的文化传统。"

达芙妮·奥斯本属于中国人说的那种"才貌双全"的高级知识分子女性。她的科学天才自不必说，她的绝顶美丽也不亚于任何电影明星，凡是见过她的人都会感叹上帝把她打造得这样完美。她身上有贵族母亲的基因，喜欢漂亮的衣服，喜欢穿着打扮，她超群脱俗的聪明和美丽让她成为人生所有场合的宠儿。然而，美丽是惹眼的，科学是寂寞的，她如何处理这一对矛盾？也成为师生们关心的问题。

在女科学家诸多的人生问题中，爱情和婚姻是第一大问题。对此，达芙妮·奥斯本直率地说："有不少男人追求我。但太多了也麻烦，容易挑花了眼。我曾与一个研究放射性结晶体的科学家相爱，这是一个很长的故事，但结局是一个悲剧，我们未能走到一起，他后来也终生未娶。我们遇到了各种各样的障碍，其中最大的一个障碍是宗教信仰不同。现在看，为宗教信仰而分手是很愚蠢的。我后来与另外一个学者结了婚，这个人很有名，得了诺贝尔奖，但我们在一起并不快乐。也许他并不这么认为，但我真的不快乐，最后我还是跟他离婚了。女人的美丽不等于成功，也不等于事业本身。"世界上女科学家的婚姻和事业会有千百种模式，但达芙妮选择了婚姻与事业合一的模式。在她的人生中，她不嫁给最爱的人，就嫁给实验室，此外并无第三选择。我在牛津时，她每天早上9点开车去实验室，晚上6点下班回家，准时来往，从不改变。我曾在一本书里看到德国哲学家康德每日守时如"钟"，达芙妮·奥斯本让我见识了一位女科学家的人生之"钟"，对此我的佩服无以言说。

女科学家在男性成堆的世界顶尖科学界怎样相处？彼此有哪些优势和劣势？女科学家与男性一起竞争有没有特殊的困难？这也是北师大师生感兴趣的问题。达芙妮的回答让大家明白，最好的科学家是在研究意识上超越性别界限的。

她说："女性不应该把自己放在与男性竞争的位置上，我是尽量把对方都看成同事的。如果女性与男性竞争，或者男性与女性竞争，就不会有最好的团队合作。"

大家已感受到这位女科学家非常热爱生活，强调人类友善相处的品格修养。那么，她是否有"完美女性"的概念？如果有，她是怎么定义的？达芙妮告诉大家说："完美女性是不存在的。每个女性都生活在不同的社会环境中，每个女性都只能在自己所处的社会环境中塑造自己的形象。这好比一副手套，手套好不好，要看戴在你的手上是否适合。在欧洲，男人总是被女人们竞争，对女人来说，重要的是不要在男人面前盛气凌人。男女之间要亲密合作。女人还可以做得更好。中国的情况不可能像欧洲一样，中国女性的完美应该是在中国环境中塑造的。"她的认识让大家感到高尚而通达。

达芙妮·奥斯本拥有传奇的人生经历和辉煌的事业成就，问她什么是此生最难忘的事？她毫不迟疑地说，最难忘的事是跟父母到野外去捉蝴蝶的幼虫，再把植物的叶子翻过来，看它们的背面，找躲起来的幼虫。"那时蔬菜里有很多幼虫，我们每到周末就去捉。这种经历给我的影响很深，让我懂得去发现不平常的东西，而发现的观点就是研究。这是我父母教给我的。"她最后说，她总是很忙，很少做工作以外的其他事，这次她来中国，是唯一和年轻的研究生面对面地谈生活的机会，而不是像在研究所里那样只谈科学。

达芙妮·奥斯本从少年时代起就"被"自然科学化了，但她富有人文思想，对大千世界的万事万物保持了一生的挚爱与纯情。她的科学世家背景和动人美貌非常特殊，不是人人都能具备的，但从她身上仍能总结出一个最普通的道理，那就是她的科学观与人生观是生动的契合，而不是僵硬的扭结，更不是功利的工具。

达芙妮不会讲中文，只能用轻畅柔美的英文跟这个世界交流，但她纯正的伦敦音和高雅的语汇，她简洁透彻的思想表达，仍能成为一种标记，证明科学与人文的结合极有魅力。

穿过分层

祖国的田野

从十年到十年

在我的心中，有一个挥之不去的字眼："十年"。那是一个曾给我以"文革"印象、知青身份和被南驰北往的火车载着失学的无限苦恼一次次地从城市运往"田野"的年代，从此我和别的插队生一样，学会了"修理地球"这个词，用来比喻自己的"新农民"职业。它在浪漫气质下掩藏的小资意识，在精神夸张中忽略干科学事业的具体条件的盲动热情，在艰苦奋斗中丧失理论品质的迷茫心态，都是那一代人所熟知的。那个年代，人在"田野"，身不由己，我还第一次接触了农民，被安排和他们住在一起，吃在一起，劳动、学习和开会在一起，看他们怎样种田、怎样说话、怎样花钱、怎样婚丧嫁娶、怎样相互往来、怎样分家析产。而且，看也得看，不看也得看，不然一天早上，我们这个"新农民"阶层突然被创造出来，又被突然送到他们面前，两个群体如何面对、如何相处呢？那时我们还被要求"消化"到他们中间去，包括思想观念和日常生活，两者之间的距离越小越好，没有更好。这种人生经历算不算是"田野作业"呢？在我读了民俗学专业的研究生以后，这成了悄然漂浮在我脑际里的小问题。

1995年夏天，我到芬兰参加国际民俗学会举办的民俗学高级培训暑期学校，此行令我眼界大开。学校的主讲教授是当时欧美和亚洲一些国家田野工作者的顶尖阵容，里面有芬兰民俗学家劳里·韩克和安娜·列娜·茜卡拉、德国民俗学家鲍辛格、美国人类学家和民俗学家鲍曼，以及口头程式理论的继起人物、美国人类学家弗里。鲍曼的讲课给我印象最深，他自始至终站在那里，从头到尾地埋首念讲稿，操着纽约口音，语速很快，白色的稿纸像雪片一样一张一张地从他的指缝间飞下，一摞厚厚的讲稿在规定的30分钟内准确地念完，没有任何寒暄客套，台下却照样刮起了一场掌声的风暴，听者不约而同地用掌声赞叹他的理论思想的强劲力量，而且都知道那力量的源泉正来自田野。

我被分在赫尔辛基大学民俗学教授安娜·列娜·茜卡拉指导的一组，同寝室的室友是劳里·韩克的学术助手玛利娅，这使我得以随时向她们请教芬兰的田野作业情况。安娜·列娜·茜卡拉从赫尔辛基带来了一个笔记本电脑，每天下午开小组讨论会时，她就用它来打字，记录我们的发言要点，并当场把她的总结意见打印给我们，这种写作方式和工作速度，我还是第一次看到，跟我在乡下趴在炕沿上写知青"学习体会"，完全是两码事。在一个单元工作结束后，她就把那个笔记本放在一只暗红色的皮箱里，拎走离开。看着她那双细瘦的皮鞋踏在青草地上匆匆远去的样子，人们会联想起她在田野中的倩影。据说她的田野远足之处，抵达过芬兰的东部、瑞典的南部和俄国的西伯利亚，还曾和她的社会人类学家丈夫一起到过南太平洋的玻利尼西亚群岛，做了十年的田野作业，因此她会说芬兰语、瑞典语、俄语、玻利尼西亚土语和英语。我听后有些惊讶，问她是否如此，她却平淡地说，芬兰的民俗学者人人都是这样，劳里·韩克也能熟练地用四种语言工作。芬兰是国际民俗学的大本营，历时百年而一直保持中心地位，到20世纪末仍能凝聚像鲍曼这样的大学者，这可能是其中的一个原因吧。

美丽的芬兰湾是一个神奇的地方,国土有70%以上覆盖着茂密的森林。国内产生过诺贝尔奖的获得者,产生过人类洗澡史上的桑拿浴、产生过世界民间故事类型的创造者,也产生过北欧文学史上不朽的英雄史诗《卡勒瓦拉》,这些都是芬兰人引为自豪的人类文化贡献。《卡勒瓦拉》的中文译制片《三宝磨坊》,"文革"前就在我国放映过,写的是女酋长卢西恶婆的女儿嫁给一个穷铁匠的爱情故事,我小时候看过,历久未忘,猜想它当时也一定打动过无数像我一样的异国少年的心。谁曾想多年后,我竟然来到《三宝磨坊》的故乡,就住在它的童话世界里。这里是约恩苏大学的科学考察营地麦克里亚尔威,一个在地图上小得让人找不到的北极圈内的小地方。时值夏季,沃野茫茫,漫山遍野的极地风光任人饱览。最有趣的是,晚上的光亮几如白天,营地进入"无夜之夜",当地人需要拉上窗帘"造黑"才能入睡。各国学者便在亮堂堂的"黑夜"里去"田野"中散步,三三两两地交谈学问,一路上欣赏白昼下的蓝天、彩云、红花、绿草和芬兰人恬静的生活,我始信这世上真有一块不眠不休体验田野的万古圣地。一天夜晚,安娜·列娜·茜卡拉请了来一位《卡勒瓦拉》世家的歌手到学校演唱,由于窗外太亮,不符合暗夜篝火中演唱史诗的古老民俗，她便指挥大家把遮光窗帘拉上，把屋里弄黑，又嘱人点燃蜡烛，模拟篝火，虚构了一个民俗志环境，那一夜的学校就成了歌舞的海洋。歌手不停地唱，安娜·列娜·茜卡拉和她的芬兰同行脱掉鞋袜席地而坐，安神倾听，时而按照情节节奏的变化伴唱或伴舞，姿态就跟当地的老百姓听众一模一样。当史诗的演唱变得欢快高昂时，她竟然泪流满面，忽然拉起另一个男教授在场内飞快地旋转、疯狂地起舞，跳了一圈又一圈，把飘逸的长裙卷成了袅袅白云，人也仿佛成了史诗中那赢得爱情的公主，那平时拎着红色皮箱高雅矜持的女教授风度转瞬不在了，只见她已把自己完全投放到一个民俗志文本中去体验其生命的过程。这时你不能不折服她是一个田野全才，承认她的本领和能力我们还一时达不到。

经过一个阶段的理论培训后，学校正式安排了四天的田野作业实习。我们小组一行六人在安娜·列娜·茜卡拉的带领下，来到了芬俄交界的一座边境小村庄，调查一种叫圣·彼得·普拉斯涅卡的传统宗教节日仪式，事后我们全组成员合写了一篇题为《哈特瓦拉村的圣·彼得·普拉斯涅卡：阅读一种表演》的田野报告，并提交了一盘录像带。这次拍摄民俗学田野考察纪录片，对我们小组的每个成员来说，都是平生首次，为了表达对组长的感激之情，大家一致提议，在录像带的片头字幕上写上："导师安娜·列娜·茜卡拉"。

我从芬兰毕业时，获得了一张由国际民俗学会颁发的"现代田野作业技术合格证书"，颁发人是校长兼教授劳里·韩克。安娜·列娜·茜卡拉站在一边，热情地拥抱我，表示祝贺。鲍曼从我身后拍下了这一镜头，作为"一次性"的纪念。那一瞬间，我似乎看到了这些国际知名学者在不同文化的田野作业中待人的真纯举止。此行时间虽短，却在我的求学道路上产生了重要影响。它是一个中转站，连接了我这重要的十年的前五年和后五年。

前五年，发生在1990年代初，我去美国留学，学了几门有关田野作业的课程，也听了美国教授讲他们在英伦三岛、非洲的扎伊尔、北美的多米尼加和美国本土做田野作业的个人经历，开始接触现代田野作业理论，在这先后，我自己在国内的华北和东北地区做过田野调查，有过很薄很浅的底子。芬兰之行的意义，在于把所有这些个人的零散东西集合起来，从整体专业水平、现代理论构架和国际技术规范上，进行了一次系统的训练、刷新、整合

作者在美国留学期间与美国同学一起上导师R.David Arkush的课（1995年，罗瑞摄）

和提升，给了我一个新的世界。

后五年，我根据在国内基层社会调查的实际，尝试使用适合国内民俗学田野作业的方法。在大学的寒暑假和一些节假日里，我到过河南、河北、山西和陕西的农村，搜集田野资料、开展课题研究，完成了国家社科基金项目和教育部留学回国人员科研启动基金项目，参与完成了中美、中法国际合作项目。在这期间，我着重进行自己的探索，在不能套用芬兰理论的地方，包括在其他欧美理论行不通的地方，创造为我所用的观点方法。例如，在芬兰的边境小村调查时，我发现村庄的宗教仪式主持人毕业于美国的加州大学，深谙家乡的传统民俗，又能用流利的多门外语向田野工作者介绍；连那个演唱《卡勒瓦拉》的女歌手都是硕士研究生，在日本留学，还计划将来到美国读博士，她要从理论到实践上，继承其家族传承的史诗遗产。这种民间受教育的程度与继承保护民俗文化的群体素质，在我国是不具备的。芬兰全国的民间文学资料挖地三尺，搜罗齐备，形成了现代科学档案管理系统，已用来接待世界各地的研究人员和培养本国的民俗学者与民俗表演人才，这个速度，至少也领先我国三十年。因此，在这些国情不同、条件不同、对象不同的地方，我们自己必须办自己的事。这两个五年相加正好等于十年。

时间不是切纸刀，一刀下去，边角齐整，不留毛边，怎么会呢？其实，在1982年以后，我也做过所谓的田野。最难忘的一次是1983年8月21日至25日，我刚读完研究生一年级，到辽宁省兴城县参加一个民俗学学习班，课后就地在海滨的一个小渔村搜集民间故事，进行采风实习。不过这种采风是旅游式的，事先没有什么计划，也没有跟当地渔民做任何沟通，那些跟老乡闲聊的把戏，当过知青的人都会。虽然那次我搜集了七八个渔岛传说，但心里感到并没有什么收获，以为田野作业不过如此，凡下乡知青都能自学成才。之所以说那次永生难忘，是我在短暂的田野滞留中认识了北京大学的屈育德老师，她一个人在空气中飘浮着鱼腥味和嘈嚷人声的水边礁石上独坐，神态宁静，气质不凡，我眼前一亮，走了过去，以后我们就成了忘年交。我原以为天生不是做田野的材料，自幼身体不好，接触社会又少，缺乏从事田野作业的体力条件和个人背景。但自从见了屈老师，我改变了想法。我们初见面时，她已是劫后余生人，曾染绝症的伤痕仍留在她清丽的面庞上，她却从未以此为由拒绝下乡。对于关乎祖国人民文化的民间文学和民俗学事业，她的热爱之情和敬业精神足以感召我的灵魂。那一次，谈到采风，她也谈到理论的指导作用，其见解之清晰和深入，我后来一直很少听人说起过。

1987年，我为了撰写博士学位论文，曾到黑龙江和吉林做过田野作业。这时在导师钟敬文先生的要求和指导下，我已经阅读了外国民族志的著作，对科学的田野作业有了初步的了解。钟先生本人已不能带我去做田野作业，他那时已是84岁高龄，到了坐拥书城的晚年，出远门下田野已经很难了，但他十分强调这项工作的学术意义，是我从事科学田野作业的启蒙人。后来我赴美留学、赴芬深造，也都是出于钟先生的鼓励。他在这方面的理论思考片刻未曾停歇，这从他后来一直催促我的师弟师妹下乡的意图中也可以看出。1998年，钟先生又提出建立中国民俗学派，里面还是提到了田野作业，这些都对我的探索起到了长期的指导作用。

前十年的这些经历，虽不能成为后十年田野工作的直接材料，但却是间接的积累。所以，在本书中的许多认识，是针对这段经历有感而发的。

将前、后两个十年相比，不能进行理论对话，但老实说，从我个人的人生经历讲，十年插队仍然对我后来的田野作业有意义。我对农村生活的心理准备和忍耐力是在那时锻炼出来的，我对农民群众的理解和敬意是自那时奠定的，我与民俗学的缘分也是从那时结下的，以后邂逅屈老师、又师从钟老，便"命中注定"了现在的我，所以我不怕下乡，等我自己当了教师以后，也对学生这样说。

现在看，对什么是田野作业的问题，答案已经比较明确了：它不是知识分子的思想改造运动，不是学者单方面的采风行动，也不是兴之所至的旅游出行；它是一种人文社会科学的理论和方法。

田野工作者还有一个不言而喻的矛盾，就是既要和研究对象亲密地相处，又要和研究对象保持一定的距离，以免因主观的感情结交影响了相对客观的理性判断。因此，田野工作者下乡时要很坚决、很热情，返回时也要很果断、很冷静。田野工作者的田野民俗志是在返回以后才写的，他们要从日常经历中跳出来做研究。在这个意义上说，田野作业的理论和方法又不是绝对的，田野民俗研究也不等于民俗学的全部内容。

文献与田野

我们这一代人，在我们的时代，从事民俗学研究，有四个条件赶上了，这让我们比我们的前辈更幸运，能大踏步地走向田野。第一个，1990年代以后，民俗学高等教育迅速扩展，承接了一批批国家社会文化建设急需的课题，这中间的很多课题需要到田野中去调查和拟立。第二个，文化部领导的中国民族民间十大集成志书搜集出版运动在全国范围内展开，钟老主持了中国民间文学三套集成的搜集出版工作，这对发展民俗学的搜集理论和方法论是很大的推动。第三个，外国学者陆续找上门来，主动联系钟老，国际合作项目增加，而这种国际合作大都需要在田野中完成。在这种开放的环境中，民俗学的学术能力被激发发展。第四个，21世纪以来，我国政府进入联合国教科文组织非物质文化遗产保护工作系统，这对民俗学产生了冲击。非遗作为一种理念，很理性，但也很理想化。而全球化下的民俗学研究，更关注人类利用自然与文化的行为所产生的连续性影响文化，这时民俗学者应具有"历史性"的研究意识，在多元文化的繁荣发展中，重新指认这个连续文化同一体，以更深刻的理性，指出民俗学与非遗学的联系，这也需要做田野考察。

重新认识民俗学要通过历史学。20世纪80年代末，美国历史学家欧达伟教授远渡重洋来找钟老合作，钟老派我前往。这种合作持续到2005年。这次经历让我认识到，田野作业不是寻找历史文献的另一半隐形文字，而是重构民众的精神世界。这是两个不同的世界。学者需要转到民众的立场，通过民众的视角，才能发现这个世界。1997年至2003年进行的华北基层社会水利研究是又一个转折点。这次工作历时6年。法国历史学者蓝克利（Christian Lamouroux）到北师大拜访钟老。钟老认为他提出的水利问题有价值，同意了他们要我合作的邀请。我们去了山西和陕西的3个县155个村庄，我还和学生背着矿泉水箱子，爬上晋南的缺水山村，进入了海拔较高的"田野"。那里的农民热情到"火热"，把新娘子没舍得盖的被子拿给我们盖。我们也不好意思盖，就钻进自己带的被套里睡。我送给农民社首一盒龙井茶，他却供在佛龛上。事后我才明白，不是他不喝，是我弄错了。当地没水，拿什么泡茶？他们把土渠的水烧开一杯，放上红糖，递给客人，就是最大的敬意，自己照样舍不得喝。就是在这样一方土地上，有着严格的节约用水习惯法，而整个山区生产活跃、家户和谐，人民乐观。这显然是另一种"特质"历史，是需要民俗学的理论和田野实践，并与历史学者合作使用书面文献，才能写作的历史。很明显，用从前考察灌溉水利社会的方法考察这种非灌溉水利社会是不合适的。从民俗学的研究看，需要避免的是另一种倾向，就是过分强调民俗文化的功能。缺水农民的梦想是水利灌溉，所以用水技术和水利民俗功能的两端都被他们给放大了。他们的节水民俗是在可视化的严重缺水危机中产生的村社自治行为。这种节水文化的抽象化程度，始终带有遵循历史传统的法理性质。从某种意义上说，这也是我国特质文化的一种体现。

民俗学者使用历史文献，区别于现代民俗学史上的"历史化""历史过程"和"历史性"的不同概念。以往的搜集活动大都是"历史化"和"历史过程"中的事件，负有"载道"的使命，自身的意义和附加的功能都不只在搜集，我们的西方同行也有这种经历。现在的民俗学者做田野，就要关注民俗搜集文本的"历史性"。因为有了"历史性"的意识，才能了解民俗文化怎样成为各国、各民族主体文化中的特质文化成分。这种"历史性"，不是我们以往认为的某一社会阶段的"历史过程"的产物，也不是以往学者做学科的"历史化"手段，至少不完全是这样，因为这样做的结果，会把学者的概念强加给民俗和民众，会由学者替民众"翻身"，替民俗"特色化"，结果干了一阵，以为自己改变了世界，没想到民俗转了两圈又回来了。民俗学要研究的民俗是它本身具有的"历史性"，这是一个动态的、镶嵌着历史传统模式的、又随日常生活和具体社会变迁的、能始终与大自然对话的，以及能在现世和超现世之间穿越协商的大知识系统。这个"历史性"不受时间牢笼的限制，它是一种有超级长度的文化类型，为特定社会的民众群体所固有。它扎根在民众的思维模式中，民众的行为模式中，民众的物质产品和社会组织中。它们与其他阶层的社会文化互补。以往"历史化"和"历史过程"的研究，将之视为上层文化的对立物，这是政治、经济、阶级的视角。要不要解释？要解释。但解释了以后，你会发现，它还在"灯火阑珊处"。因此，学者本身也要具有"历史性"意识，并将之纳入问题意识，这样才能发现藏在一般文化中的"特质"。怎样找出"特质"？到田野里去找。书面文献不是没有记载它，但很少，不全。已有的少量记载，写了它的形貌，没写它的民俗含义。去田野中怎样找？就是去找祖先在历史上创造的，又依然活在当下的那些"特质"。特质文化是国家社会整体运行中另一个潜在的互补系统，是民族共同体成员识别自我，也让世界识别我们的文化独立身份。

对民众历史的调查，不只是走进民众的精神世界，还要走进地方社会组织和他们的物质文化，那里有他们的具体社会。民俗学所研究的具体社会，并不以马林诺夫斯基以来的人类学派所强调的社会运行基本要素去操作，如人口的增减、土地所有制的结构和资本的变迁等。民俗学要研究民俗所反映的具体村落、家族或个体成员之间的情感纠纷、社会态度、日常具体问题及其口头叙事、行为价值观。再由这种叙事和行为模式，考察当地的自然地理、历史传统、技术活动、习惯法、民间组织自治规章在现实生活中所处理的事实类型。民俗学者需要把这些看成是一整套民众文化知识，再由此分析一种由自下而上的视角所折射出来的国家社会形象。民俗学者在田野调查中处理的文献与田野的关系不是简单对应的，而是要承认这中间存在的，因具体而复杂的、动态的思维类型。正是它能告诉我们，以往所认为的一般规律并不可靠。田野调查还让我们看到，在历史文献中被认为是不可能的事物，也许在民俗中就是可能的；在历史文献中认为灾难能制服人类，在民俗中却是灾难与人类共存的。这种思维模式是打动人心的。提炼这种民俗文化是田野人的责任。

敞开社会的大门

田野作业携带社会功能，学者要有良知，心系社会命运，才能做好田野。有些学者有采风激情而无社会观，对被调查人有思考而无感情，对搜集资料拿来使用而无学者的位置，他们就是社会的"门外人"。这种田野作业无法彻底倾听，对方的社会也不会敞开大门迎接田野。

现代社会的急剧变迁急需田野学者，田野学者的生命史有怎样的多姿多彩，就能带来怎样多元化的具体社会史，就能充实怎样的民俗学理论。民俗学的学术史不都是大学者史，它更是无数田野工作者的个人经验史，是田野学者的生命史。我们把各种各样具体的个人田野史编辑起来，也是一部生命"史"。大学者史要写，田野学者的生命史也要写，而且更动人，更丰富。

民俗学者是身处田野与社会中的文化人，要有足够的社会担当，要让田野研究增加社会信任。我在2007年出版了一本《现代民俗学》，讲了我在这方面的体会。让我没想到的是，第一个做出反应的，竟是这本书的责任编辑农雪玲。她在拙作付印前写了一份书评寄我，题目叫《所谓民俗——被凝视着的俗世民生》，我抄一段在下面：

　　（作者）对于民生社会的关注贯串全书，让人分明感觉得到，在她这里，"现代民俗学"真正是走入民间、扎根于最广大民众土壤的"术业"，它不是庙堂之上俯视人世烟火的那"学问"，它眼光向下、思考向上，要观察斯土斯世斯人的最切近问题。正像书中所说的"现在民俗学者有责任加强研究，参与避免这一灾难的行动"，这句话虽然是针对农村土地的加速丧失和土地民俗的日渐崩坏来说的，但是它正显示着一种在当下急速变化的社会中，用心挖掘和认真整理民俗传统，提出应对迁变的路径、在现实之中有所作为的担当与责任感。比如第四章《土地民俗》的个案就是对寺北柴村的土地组织"伙"的研究——60年前日军到栾城县驻扎，转身就进了这个村庄，却没有像对其他村庄那样进行烧杀抢掠，而日本学者在这里进行了农村惯行调查。可以说，"伙"是由于被日本学者调查而从此为世人所知，而这种组织所体现出来的民众智慧，又因为在近年农村迅速被城市侵蚀的进程中此地始终没有被城市化而更加引人注目，董教授选择这里以了解华北基层社会的最一般的生活史，显然是找准了一个十分独特的切入口。令我深有感触的是，董教授在这里进行田野调查时，注意到了在这个以无战争破坏和无抵抗事迹而中外扬名的村庄中，战争和战后的政治运动给这里的村民所带来的巨大政治压力及由此压力带来的心理忍耐——如果不是对民众的生存状态抱有深刻的同情和理解，显然是无法做到这一点的。在正规而学院化的调查中，最容易漠视民众深隐着的感情和态度，即使得到了表面上正确无误的数据，实际上往往因为没有获得民众的信任，并没有能接触到最核心的人文内层。董教授在这里所进行的研究，之所以能深入"伙"的价值观层面，并触及当地民众的精神世界，我想这很大程度应该归功于这种与民众忧戚与共的关联感。本书梳理了传统民俗延续到现代社会和现代学者研究视野中的主要部分，包括了粮食民俗、水利民俗、土地民俗、性别民俗、组织民俗、宗教民俗等。这些内容，即使是对现代民俗学一无所知或毫无关涉的读者，也仍然会从中找到切身相关之所在——因为，这就是民俗。

我没见过农雪玲，能听到这样的反馈，我自然是十分感慨的。

今天的田野连着世界。全球化对民俗学对本国特质文化的自卫能力提出了严峻的考验，要求民俗学带着自己的特质文化去接触别人的文化，那里有多样化的历史资源，也有鲜活的个性，一个都不能少。当代民俗文化的发展，还超越了国家间、地区间和代际间的界限，营造了多元文化的接触点，这也提供了民俗学研究的新课题，从前习惯于本土作战的田野作业，现在需要做内外双重民俗学的研究。这些年，我利用出国的机会，在国外也做田野。田野让我发现地理文化的多样性、社会模式的多样性和民俗主题的多样性。田野让我感到我的"中国细胞"在呼吸。

异邦的田野

　　近些年来，我数度进出全球化大本营的欧美国家，到了美国、英国，也到了以历史遗产保护闻名的法国。我经常带着书稿飞行，在别人的文化刺激中，我成了自己的第一个读者。我读自己的书稿，也读自己心情的多元化。站在发达国家和发展中国家之间，可比较的地方很多，从农村史到城市史，从封建史到大革命史，从宗教史到文学艺术史等，有许多声誉可以共享，有大量遗产可以对比，有很多名流巨著可以互译交流。我有不少机会在那些远离中国的地方做田野，"泡"进欧美人的生活，反观中国人的生活传统，把守理性，也不失掉激情。虽然这些东西还算不上什么课题，却可以给全球化带来的田野复杂体验充任注脚。它们曾让我心跳，让我发现别人在全球化的"沙尘暴"中怎样立足，结果也有不同的收获。

牛津的洋庙会

牛津市的圣极乐教堂（St.Gile Church）是一个基督教教堂，以百余位创教先贤的墓碑环绕教堂而闻名，墓碑长满青苔，掩藏在绿草坪中，这是教堂历史的见证。教堂的两侧各有一条小路，供人穿行，一条开在教堂的正门前，是公用通道，一条开在教堂的后门边，属教堂私有。后门的小道有点神秘，路口的西端停着几辆教堂的私人汽车，东端有一座供人栖息的小花园，东西两侧都安装了镂空雕花的铁门，平常开着，每逢教堂举办重要活动时关闭。我每天去牛津大学中国学术研究所都要经过这里，走后面的这条小路。每年9月4日至5日，圣极乐教堂办庙会，这条路的两扇铁门就都关上了，门上挂了一张纸条，上面写道："庙会期间，此门关闭，我主保佑你好福气。"

据当地人讲，圣极乐庙会是牛津的传统庙会，起源于1830年，即中国鸦片战争前的十年，从此一年一度，按期举行，迄今已有一百七十多年的历史了。但跟中国数不清的庙会相比，这里充其量算是一个有传统的现代自由市场。

9月4日上午9时许，当我走到教堂门口的时候，从市中心到圣极乐教堂的一路上已欢歌如海，庙会已大体准备就绪。三条主要街道都改成了临时的步行街道，包括我所在的中国学术研究所的那条街，平时安静得像古代深闺，此时也比一般在国内看到的现代自由市场还要热闹。一辆辆大型载重货车从四面八方开来，在大马路上一字排开，把很多现代游乐器械卸在道边上，再由专业工人组装成型，准备供购物者娱乐之用。然后载重车又停靠在道边上当"永动机"，给其他商用设备供电的供电，打气的打气，上水的上水，什么也不能干的当活动平台，无一显得多余。与庙会无关的各色车辆则全部绕行，牛津市交通部门管制两天，给市场活动让路。只有警车、救护车和消防车"三车"可以上岗，它们都停在路口的显眼处，随时待命，保障市民安全。比游乐机械还多的，是花花绿绿的食品车，漫街散布，货主都穿着英格兰或苏格兰的传统民族服装，现场制作，现场吆喝，煞是好看。有的货主已是白头翁或银丝高髻的老太婆，这时也打扮得跟欧洲古典戏剧人物似的，一身古意，高声叫卖，招人光顾。年轻的女摊主大都化妆成格林童话中的"睡美人"，也能逗人购买。此外还有布玩具车，上面挂满了虎、兔、猫、狗等各种布制动物玩具，神态各异，稚拙可爱。还有的是杂货车和流动摊贩车，虽不显眼，但也有自己固定的售货路线，次第不乱。

庙会人山人海，牛津的全市人口无论男女老幼好像都来了，大街上的行人络绎不绝。青年男女说说笑笑、结伴而行。老年夫妻走得慢，牵着手，快乐地前往。全家出游的团队最多，所有的家庭成员都穿得整整齐齐，跟过年似的。也有的是成年人领着孩子来，有的中年人推着坐轮椅的父母来，可见这种盛会是牛津一桩大事。在我身后，走着一家三口，一位爷爷领着孙子和孙女，我听老人对孩子说："你们俩可别走散了，玩什么都要在一起。"

圣极乐庙会的传统活动是骑马、小吃和布玩具。在百年后的今天，在牛津这座很少变化的小城里，这些活动仍然保留着、传承着、同时也在向现代市场的形式变化着。

一个明显的变化是传统骑马被大型马术游戏机代替，试看而今翻身上"马"者，不再是当年英伦的赳赳武夫和童子军，却是大呼小叫的孩子和陪伴他们的家长。可乘之"坐骑"，多至59种，以电动马车为主，马车的名字依然叫"英国传统皇家功勋御马战车"，所有马具都装饰得金碧辉煌，犹有昔日贵族风采，待操作人员按动电钮，通上电流，便听见《骑兵进行曲》的音乐缓缓地响起，钢铁的"马群"开始奔跑，马头上飘起流金穗带，马背上的镶银鞍座载着骑手上下翻飞，马棚上飘扬着英国米字旗，各种景象相互映衬，编织出一幅英军远征的古老图画。当骑手们把脸转向人群中的亲人，帅帅地扬手一笑时，商业社会的现实又回到了人们的面前。

此外，玩具车可谓五花八门，有龙车、鹅车、象车、鬼脸车、水杯车、蘑菇车、花果车、安徒生童话车、格林童话车和古典城堡车等等，皆可供幼儿骑乘，也允许大人陪伴孩子乘坐。最好玩的是龙车，仿照神话传说中的苍龙制作，由龙头、龙身和龙尾三段组成，共六节厢位，每个车厢里有两个座椅，一次可乘12名游客。我看到一对夫妇带着他们的一双儿女来到龙车前，女儿有残疾，看上了龙车，粉红色的脸蛋儿抽搐在一起，张手大叫，表示要上车游览，她爸爸就高兴地去排队买票，再抱她去坐车。在龙车奔跑起来后，这个小女孩竟然不哭不闹，安静地享受快乐，那位爸爸更加兴奋，抱紧了她，向站在地面的妈妈示意。妈妈也很激动，赶紧拿出照相机来照相。在妈妈膝前的童车里，还坐了另一个小男孩，也在看着女孩笑，估计是小女孩的哥哥。我藏在一边，原想看看遥远西方的龙，没想到竟记住了这难忘的一刻。

适合少男少女玩的是那些惊险刺激的大型现代娱乐

机器。有一种叫"蹦吧"（BOMBER），人坐上去后，会旋天大转，一次转30圈。人在上面，忽而倚天飞立，忽而冲地猛扎，观者无不捏汗。但这种高险节目都有严格的游戏规则，禁止高血压、心脏病、喝酒者、腰肌劳损者和孕妇接触，类似国内公园的"五不准"。几年后，国内也引进了这种游戏机，不过都是大城市游乐场的现代装备，而不是庙会级别的游戏工具。

我数了一下，庙会上的小吃车有52个，小吃品种有热狗、焦糖苹果、英国酒、棉花糖和其他各种水果糖，被都游客包围着，打听着，选择着，货主应该个个有钱赚。我还看见大人小孩都在不停地吃，但地下却没有几片废纸、几处污渍。这也应该是长期培养出来的市民公德，不过，目前国内还做不到。我不禁想起华北庙会上漫天飘舞的白色塑料袋，在心里悄悄地做了个对比。

圣极乐庙会的布玩具也是传统项目，但它们不是按照现代市场经济规则出售的，而是按当地的一种经济交易风俗做买卖。货主不讲价、不直销，只用赌胜的游戏方式决定商品价格，据说此举经久不败，根深蒂固。货主真诚地欢迎游客参观他的布玩具，热情地邀请游客参加他的赌胜游戏，所有游戏场所都是缩微景观，有的模拟打篮球,有的模拟踢足球,也有的模拟赛马、射击、套圈、飞镖和水中戏鸭,里面有些高科技的设计,不是传统庙会所能承担的。游客无一违约,争相参与,博得一笑。"赌资"不贵,一两镑而已,纯属是大众消费,但它却能让现代人在不知不觉中接触到民族传统玩具,又乐于参与,这就把市场民俗做活了。最后的赢家尽可挑选一件看中的布玩具拿走,赚头高达货主本钱的几十乃至上百倍,搞得赢家喜笑颜开。当然赢家少,输家多,所以货主也不赔。这种摊点共有77个。

夹在食品车和玩具货摊中间的,还有外国风味食品摊点。最受青睐的是来自美国附近的加勒比海岸快餐和烤苞米,货主大多是白人,顾客大多是黑人,彼此以礼相报,绝无种族歧视,这也让人感触,能看到英美殖民史已成被抛弃的历史。另外,手机自由市场在庙会上占有不小的地盘,手机报价之低廉,在国内无法想象:一个手机只要9.9镑。它能打进圣极乐庙会,说明这种刚刚流行起来的全球化商品要变成大众产品,也要找庙会。

圣极乐庙会保持着它的宗教性质,节日期间,圣极乐教堂全天开放,提供收费茶水、面包、经书和教堂史料,进行有偿公益服务。我来英国的时间不短了,但还没有时间参观这所老教堂，便趁此机会到此一游。原来教堂不大，比不上巴黎圣母院。但信仰者的动静可不小。他们组成了"好消息小组"，沿街传播福音。还有两个吉普赛女郎蹲在小棚车里给人算命，车厢板外面贴着电影明星海报似的招贴画，写上她们的名字、家世和个人显灵的功德。其中一位是罗马尼亚人，自称演过数部电影。

牛津市政府机构也参加了庙会活动。比较有意思的是消防队的社会募捐活动。他们把消防队专用的黄色防火安全帽的仿制品摆到庙会的一小块空地上，进行现场募捐。游人只要象征性地捐一块钱，就能赞助消防事业，得到一顶消防队员的帽子做纪念。这个摊点的所有销售员都是年轻英俊的消防员小伙子本人，他们手持摇铃，含笑倡捐，有不少男孩拽着家长的手去"买"消防帽，还要求消防队员叔叔亲自给他们戴在头上，然后满意而去。也有的是家长拉着几个孩子来捐钱，一个孩子捐一英镑，并要求这些孩子把钱放到消防员叔叔的手上。这种"军民鱼水情"真是一种情景式的消防文化教育，连外来人都不好意思随意走过，人人都停下来捐钱，包括我。

我还买了其他小吃品尝，自认为相当于中国庙会的"带福还家"。我希望把这点钱算做门票钱，能让我稍微走近英国人的自由市场。

巴黎公社的红色记忆

巴黎有三大公墓,拉雪兹神甫公墓就是其中之一,也是最大的一座。中国人的一段红色记忆巴黎公社墙就藏在这里。

拉雪兹神甫公墓的墓区密路交叉,碑雕林立,各个岔道口都有木牌路线图,但要想找到一个指定的墓地非常不容易。中国人都想找在中国影响很大的法国名人墓,这要费九牛二虎之力。我们从南口进入,向左,向上,见纪念小广场,由两个纪念堂加一个纪念柱组成。在纪念小广场的南部,是音乐家肖邦之墓。肖邦墓的东头,是喜剧家莫里哀之墓。与莫里哀墓相邻的,是作家都德之墓。都德墓的南边是雨果墓。巴尔扎克的墓则位于北门一侧,与作曲家比才的墓相邻。这些人的名字在中国的中学和大学课本里都有,名声高高在上,但到了这里才发现,他们在这个人类灵魂的大殿堂里只是少数人,他们与数以万计的政治家、军事家、科学家、思想家、文学艺术家、传教士和普通平民长眠在一起,地位都是平等的。正如这座公墓门上神甫的箴言所说:"谁相信我,谁就能获得永生。"从这以后,扫除名人特权的观念就像一阵风,一直在身后推着我。

由肖邦墓向前走,到东南角的墙壁前,我看到了我的既定目的地——巴黎公社社员墙。中国书上写过,这里是巴黎公社最后157名社员被枪杀的地方,故被称为"公社社员墙"。巴黎公社革命发生在中国的清代道光年间,但影响了整个中国20世纪的历史,这是其他清代事件所不能比拟的,更是法国人所想不到的。在20世纪的中国红色记忆中,共有两种进口的红色记忆,一种是俄国的红色记忆,另一种是法国的红色记忆,两者之间的联系就是巴黎公社。这个信仰曾被中国的社会主义革命前辈所秉承。那些前辈少小离家,投身暴力革命和阶级斗争,就是从这个信仰中找到了巨大的动力。我注意到,法国人对巴黎公社墙的表述如下:"1871年5月21日至28日,一批共产党员在这里被杀害。"原来这是一部只有两天的历史,现在这是一份平静的记录。当战争岁月过去,和平年代到来的时候,血的记忆也已经长眠。

现在的巴黎公社墙是被精心修饰过的,在整个公墓中,这里是鲜花最多的地方,公墓管理人员了解不断有人前来吊唁，就在墙边种满绿草，种植了花坛，还在纪念碑前面摆放了一大束鲜花。这段墙的周围有许多左派人物的墓，还有一个叫卡尔·马克思的家族墓，不知是不是那位让巴黎公社名扬世界的马克思的家族。我站在这里浮想，想到中共党史的思想从这里起源，想到我的前辈，我的导师，还有大批中国志士仁人为实现巴黎公社高呼的理想奉献了一生。他们始终都没有机会前来，如今却是我来了。我能想象，这座被他们用一生的忠诚和奋斗朝拜的圣地，在他们的心中，要比我现在看到的更加辉煌、更加神奇和更加伟大。这就是传说的力量，一个共产主义理想的传说的力量。革命学说的出口的力量之大，有时大过武器和暴力。

从巴黎公社墙离开，我顺路向前走，又参观了其他许多墓地，墓主有法兰西共和国的缔造者、法兰西学院资深院士、法国艺术家、科学发明家等。他们都不是中国书上提到的伟人，却是法国人或其他国家的游客驻足凝视的人。我在别国游客沉思的时刻，开始了我的新思考，我拍下了他们的镜头，以补充我的知识。

看多了，我也有另外的感想。与中国公墓相比，法国的公墓更像一部历史书，固然里面有巴黎公社，但也有巴黎公社之前的法国社会人物，按中国的时间换算，可历数至宋、元、明、清。各墓区之间的衔接时间超过几百年，大批在欧亚各国颠沛流离的古代传教士，在法国大革命中叱咤风云的历史人物，在一、二战中的捐躯者，以及在现代社会的故去者，也都安葬在这里。在中国上哪儿去找这种墓地？传统的中国墓地不是帝王陵寝，就是百姓宗族墓地，两者并不混淆。现代中国公墓也都有现代的分类，政治的、文化的、名人的和无名人的墓地相对分开，级别观念犹在。这些事在中国不觉得奇怪，到了法国就会看到差别。他们的墓地可以把不同时代、不同阶层、不同类别的人们放在一起，回归原初，留给后人一种更加充满人性、人文和人类历史精神的总汇，这也许也是一种文化遗产吧？

法国的墓地很国际化，里面的长眠者还有许多从世界各国而来，在法国成名，最后安息在法国的人们。他们中间的有些人，对某些国家、某些人非常重要；但对另一些国家、另一些人可能就不重要，但你想找谁，都要充满敬畏之心去搜寻，这可能就是国际化的意义。我们来自中国和东欧共产党国家的人都想找巴黎公社，但我看见其他国家的人也在匆匆忙忙地找别人，还有一些游客专门来找传教士，在那些殉教者的青冢前洒泪祭奠。大家都在寻找与自己历史相关的部分。法国的公墓给你的正是这样一个大历史。这里不存在绝对的伟人墓区和绝对的平民墓区，也不存在绝对的法国人墓区和绝对的非法国人墓区，大概这就是法兰西共和的精神，一种容纳多元文化的态度，这也应该是一种文化遗产建设的态度吧。

我问前来参观的法国人是否知道巴黎公社，他们说，法国教育部门是把巴黎公社事件写进了中小学历史教科书的，但历史书并不是只强调巴黎公社，而是讲巴黎公社是法国整体历史的一部分，因为历史是不能被随意切成不同的部分的，否则就不是公民社会的完整教育。他们还指给我看，就在巴黎公社墙的附近，还有二战以来的法国共产党、西班牙共产党、意大利共产党人的墓地和纪念碑。我发现，在一个法共的纪念碑上，镌刻了镰刀斧头，一人高举着党旗，这无疑是巴黎公社的续篇了。

在离共产党人墓地不远的地方，有二战蒙难者的墓区，里面摆放了各种雕塑，形成了一个"特区"。其中有一个雕像由橄榄枝与蒙难者群像组成，这是用来纪念德国纳粹集中营中的法国死难者的。另一组雕塑群像是一批骨瘦如柴的人在做苦役，这是用来纪念在波兰纳粹集中营中劳累身亡或死于毒气残害的法国遇难者的。还有一个雕塑作品是一双女人的手，被绳子紧紧地捆绑，向绳套外面无力又无助地下垂，似乎在诉说着妇女儿童在战争中遭受的摧残，在呼吁永久地停止战争。这一部分墓地实际上就是一个反侵略反纳粹的纪念馆，它展出了巴黎公社以后的百年战争史和人类共同的强烈反战精神。还有一些墓碑和雕塑是为现代人修立的，如联合国法国维和部队阵亡官兵合墓，最近的墓碑立于2005年，墓主都曾生活在距我们很近的时代，是这个现代化和全球化时期的和平保卫者。与巴黎公社时期相比，这个时代整个人类社会都发生了翻天覆地的变化。

这座公墓也保留了很多民俗。一般墓室都是由公墓管理员和墓主家属共同管理的，但以家属管理为主。家属可以随时探访，自己给花浇水，送鲜花献祭。扫墓仪式活动在万圣节进行，跟中国的清明扫墓风俗一样。但近年也有些变化，一些人提出万圣节是基督教的节日，而法国人大都信仰天主教，所以万圣节不灵。也有些名人身后萧条，墓前冷落。我们经过一位著名心理学家的墓，四周有铁栏，铁栏中放了一张镜框镶就的心理学家遗像，此外再无任何雕塑和花草，太过简单，不过在当地厚生薄葬也是一种民俗。

参观拉雪兹神甫公墓的巴黎公社墙和墓区建设，看到它的昨天和今天，我绝无绵绵悲戚，反而充满了继往开来的信心，这大概是因为这里更像一处历史文化遗产地吧。墓区中突出建筑艺术和建筑文化内涵，不是让人垂泪，而是让人获得历史教育。它不用理论说教，而是用整体历史构筑恒定的人文精神。它平等地对待所有的长眠者，让所有灵魂都得到安息。它也用政治家、科学家和文学艺术家的一座座丰碑为实例，讲解历史因他们而巨变的故事。它从未忘记巴黎公社，但也展现了它的现代变迁和民俗化的一面。它因此能让来访者更客观地认识巴黎公社，并自愿地传承它的红色记忆。

巴尔扎克、雨果和齐达内

在法国，人能产生一种幻觉：完整的事情可以掰开，对立物也可以整合，就像巴尔扎克、雨果和齐达内，三人就能故事连载，这就是法国。在这个精英文化和通俗文化同样四处弥漫的国度里，在这种对巴尔扎克的天才、雨果的辉煌和齐达内的落幕大戏都能接受的文化原则中，谁都会变,变得不再固执,变得既坚持也灵活。

出于专业背景,我到了法国,自然会先去拜访巴尔扎克和雨果,而不是去打听齐达内。我还会先选择参观巴尔扎克故居,然后再选位于市内的雨果故居,正所谓先难后易。我的法国同行说,巴尔扎克的故居连他们都没去过,驾车不顺道,但这也让一个外人更加心里发痒,还似乎非去不可。

巴尔扎克故居位于巴黎布洛涅森林与塞纳河环抱的老区,从前是巴黎郊外的一个村庄,叫"帕西"(Passy),后来政府在那里建了一座地铁站,仍叫"帕西"。巴尔扎克故居是原来村舍的最后遗存,距今已有二百多年的历史,被巴黎政府列入历史文化遗产名录,其门口的文化遗产标志牌上这样写道:

> 巴尔扎克于1840年10月1日租下了这座房子,共5间房,3层楼,共住了7年,后面连着贝尔东街(rue Berton)。他在这里创作了《邦斯舅舅》(Le Consin Pons)和《贝姨》(La Consine Bette)等世界名著。[①]

[①]巴尔扎克故居和以下要谈的雨果故居法文解说词皆由小女蜜蜜代为翻译,特此说明并致谢。

在巴尔扎克的一本书里,他写了对这座房屋的地点和花园的兴趣:

> 我需要这间房子,它能让我的心安静下来。它刚好位于城乡之间,还有一处花园。它是我生活的巢、生命的壳和人生的避难所。

我沿着贝尔东街如画般的小路走下去,能想象得到当年作家就这样随意地走到巴黎市中心,再折路而返。我徜徉在花园的红花绿草中,能想象当年作家就这样陶醉于花园中,在此采摘丁香,献给一生钟爱的Hanska夫人。在暗香浮动的氛围中,他的书和鲜花一样如蘑菇般地生长,他心中的紫罗兰能一直长到巴黎太阳的边上。故居的解说词也时时提醒游客,这里还是作家拼命工作的地方。从雷努阿儿街的故居正门进入,下楼梯,步入楼内,能看见门厅墙上有一幅玻璃框镶的字幅,上有作家于1845年2月15日写下的一段日记:

> 工作,就意味着午夜醒来,写到清晨8点。早餐用

15分钟,再写到下午5点,然后再吃晚餐、睡觉,醒来就开始第二天的工作。

它的对面是作家于1842年8月25日和31日写给Hanska夫人的信:

> 其实你想要的,在我看来也没有别的,就是每天16个小时的工作。帕西就好像是一个洞,我就是洞里的老鼠。

第一间展厅的解说词说明了作家与这里其他建筑的关系:

> 这层房子的下面有楼梯,楼梯的下面有地下室,当时被另一个家庭或艺术家租用。巴尔扎克在未成名前,先以别人的名字写书,然后才开始自己独立创作。他生前从事过很多职业,包括誊写员、推销员、房地产商、记者、编辑、作家等。他在当编辑时已与雨果等著名作家相熟。而在他的多种非凡的才干中,我们最希望大家记住的,就是在19世纪奉献给巴黎伟大艺术作品

的巴尔扎克。

　　所有的解说词都表示，巴尔扎克一生都在为这所民居所提供给他的方便而感激不已。

　　较真地说，巴尔扎克在巴黎有十多所住处，在最繁华的香榭丽舍大街都有豪宅，这里不过是他的落难之所，绝不代表他一生经历的亮点。但是，法国文化遗产保护部门却选择了它，在这所不起眼的建筑中，展示了这位世界文学巨匠的常人生活和超常成就，还因此保护了一所城乡接合部的普通历史民居，这是人家的眼光。

　　还有一种建筑遗产保护的办法给我印象更深：这里的解说员都不是专业人士，而是由志愿者担任。我参观时看见两位，一位是大学生，受到在博物馆工作的母亲的影响，报名来这里打工。她刚念大学一年级，还不大熟悉巴尔扎克的生平和全部作品，经不起游客千奇百怪的询问，有时要趴到展墙上看说明词为大家解说，说错了，就甜甜一笑，回头再去看书。她可绝没有我国的博物馆讲解员或景点导游老练。但她作为一名青年志愿者出现，反倒拉近了历史遗产与现代游客的距离。游客见状，还用猜旁的什么遗产保护奥秘么？我想是不用了，因为最大的奥秘正是这种全民参与，还有把遗产变成现代青少年教育第二学校的社会规划。

另一位志愿者是位中年市民，但他可不是随便来此上岗的就业者，而是一位巴尔扎克迷。他熟读巴尔扎克的全部作品，还自费考察了巴尔扎克的家乡，搜集了巴尔扎克的大量照片、传说和研究资料。他为游客义务讲解，每说到关键处，就要从衣袋或裤兜里掏出自己珍藏的资料给大家看，从他那张兴奋的脸上，已知他为这位大作家奉献了无数的精力和热情。他大概不会写书，但他却有足够的能力口述，能把自己所考察的和听到的故事生动细致地介绍给游客。据说在我们不在场的时候，已有人把他的话记录下来，写成一本《巴尔扎克传》——当然是志愿者版的，可惜我看不到。

比起巴黎市内的卢浮宫、巴黎圣母院和达·芬奇密码教堂等声名显赫的遗产地，这里路途较远，下车后要步行好久，历史建筑也不恢弘华贵，甚至在志愿者口中，Hanska夫人的表现还有点可气（大概在巴尔扎克心中的夫人形象不会是这样），但有了这一长一少的志愿者，却让作家的故居生辉不少。特别是这位中年人，每当外面有新的游客进来，他都会自动从椅子上站起来，不知疲倦地从头讲起。谁也不知道他什么时候吃饭、什么时候喝水、什么时候能自己躲起来休息一小会儿。他的付出是不计代价的。他简直成了巴尔扎克的亲人,他的工作动力好像就是热爱巴尔扎克。他叫约瑟夫(Joseph.F),是个黑人,我一辈子也忘不了他。

看了巴尔扎克的故居,没有白来一趟的感觉,相反会从巴尔扎克与普通民居的关系的建立中,得到另一种充实。我认识到,在历史文化遗产的保护上,在容易保护和难以保护的历史建筑中,巴黎政府有关部门是把名人遗踪当作特殊资源加以开发利用的。尽管这所民居当年并没给巴尔扎克带来体面,但巴尔扎克却给这所民居带来了被世代保护的机遇。现代人反观这种遗产的定义,能发现,人类乐意共享的伟人资源是物质文化遗产的一种灵魂。从巴尔扎克故居的布局和展示看,就体现了把当年活生生的名人与一所普通建筑建立关系的过程:它通过介绍名人日记、遗物和日常行为,表现了名人与建筑各个部分的交流,通过名人自己述说对民居的感激和感恩,建立了普通建筑的历史价值及其唯一性,还通过现代社会世界各地游客的到来,给这座民居建筑不断地更新生命,使这种历史遗产能传承下去。

与巴尔扎克的故居相比，雨果的故居反差太大了。这里地处路易十三花园侧畔，位于亨利四世王宫庭院遗址内。从塞纳河的玛丽桥右岸前行，在圣安托万街和巴士底广场相接处左拐，穿过有名的历史街区浮日广场，就能看见这座红砖墙围成的建筑。雨果自1832年至1848年在这里居住，此前已以文学巨著《巴黎圣母院》成名。他在这里度过了31至46岁的时光，许多旷世杰作都是在这里完成的。从巴尔扎克故居转到雨果故居，就是从寻常民宅转到王谢堂前。但这也是巴黎文化遗产，也是法国人的一种保护眼光。

不用说，在雨果故居工作的，还是一批志愿者，不过人数要比巴尔扎克故居的多得多，讲解的内容也更宽泛，这与雨果的背景和经历有关。他出身于一个贵族世家，有将军老爸、上流社会的太太，还有崇高的社会地位，富有的私人经济，以及远至东方国家的丰富收藏等，里面都有故事。我发现那里也有一个黑人志愿者，也最受游客喜爱，介绍遗产也最耐心，他西服革履、蝴蝶领结、举止文雅，与雨果故居的氛围相衬，就像约瑟夫与巴尔扎克故居的氛围相衬一样。

雨果故居的最大特点是他生前亲手布置且一直使用

的一个中国客厅，客厅里面的墙上、橱柜里、地上，摆满了来自中国明清时代的艺术品，在靠近正门和内室入口的侧墙上，挂着中国的山水卷轴画、白蛇传竹帘画，西游记竹帘画和清代人物木刻像，游客从中可窥见当年雨果对东方中国的巨大的热情和喷薄寥远的艺术想象。在正门和朝向路易十三花园的欧式落地长窗之间的整个一面墙上，镶满了中国陶瓷花盘，从地面一直摆到高大的屋顶，最上一层瓷盘还是雨果自己画的中式图案。一缕金色阳光穿过皇家花园照在落地窗的玻璃上，反射到中国瓷盘那些白地蓝花或红花绿叶的画面上，形成彩环闪耀的七色光，乍惊还看，会产生美丽而浪漫的登临仙境之感。从窗口顺势望去，外面却依然是路易十三花园，那里昔日曾充满了傲慢之气，现在却摆放了长凳和椅子、秋千和滑梯，供普通市民享受悠闲时光。我在心里虚拟了一个雨果，站在窗前，正接待大仲马和小仲马，又完成了《玛丽·都铎》的巨著，还当上了法兰西学院的院士和法国议会的议员。我感叹巴尔扎克不及雨果福运双至，但两人都登入了世界级的名人殿堂。

雨果一生之富裕阔绰，衣食无忧，表现在他在中老年后依然过着自由洒脱的生活。中年时期，他又在英吉利

作者在巴黎先贤祠前与法国大学生合影（2002年，金丝燕摄）

海峡的格恩西岛买了一处别墅，建花园，搞收藏，观察地中海风光，远眺遥远东方的变化，极尽地挥洒无穷无尽的想象力，完成了《悲惨世界》等重要作品，这座建筑也被列入法国的文化遗产名录。

将巴尔扎克和雨果相比，两人都有亲密热烈的爱情故事，都有惊人的天才，都有不平凡的传奇经历，都是多面手，还都用如椽大笔描写了人类社会的精彩与无奈，这是他们的共同点。不同的地方是，巴尔扎克以缺少母爱而追求人生的阳光，创作了人间喜剧；雨果以缺少贫穷而追求人生的荒凉，创作了人间悲剧；这真是缺什么要什么。法国文化同时养育了他们，现在全世界又都在享受他们，他们都是成功的和伟大的。

现在说齐达内。我是这世上最差劲的足球粉丝，本来轮不到我说齐达内。只是凑巧2006年在法国正好赶上了世界杯足球赛，见识了齐达内的挂靴之战，于是不能不对法国文化的穿透力有所感受。

6月下旬，法国队在1/8决赛中战胜西班牙队，是日我正好结束了最后一次讲学，与法国同仁心情放松地穿过达·芬奇密码教堂，去往通向索邦大学的圣日耳曼大街。当时比赛还没有结束，齐达内和他的队友们刚刚踢到1比

1，法国市民一路高歌，小汽车沿路鸣笛，咖啡店里人头攒动，店外还排着队，店外人看不见店里的电视就跟着喊，连平时矜持的Marianne Bujard和中国学者定宜庄也突然穿过大街，钻到索邦大学地铁站边上的一家咖啡店外面去看球。等到法国队以3∶1的比分取胜时，大街上已欢声似海。我在Chatelet地铁站倒车回家时，看见大批法国学生进入地铁，其中两个学生披着红白蓝三色法国国旗领头狂奔，其他学生跟在后面奔跑。学生的人流灌满地铁站台，他们面向月台，整齐地伸出自己的胳膊，高唱起法国国歌，把地铁内变成了激情洋溢的歌会。还有更多的行人乘客加入，伴随着歌声，跟学生一起上下翻动着手臂，组成了跟在足球看台上一样此起彼伏的手浪臂墙。一辆地铁开过来，老远就拉响了长笛，向学生们鸣笛致意，车上乘客同时向站台上的人们挥手和欢呼，站台上的学生和乘客却不上车，只在下面更起劲地欢呼回应，所有人都成了球迷，都为一场足球赛的胜利而疯狂起舞，那情景我真是平生未见。等我下了地铁，进入过道后，另一批人流又注入地铁，又一拨歌声和欢呼声从我的耳边穿流而过，加上地铁隧道的回声，震耳欲聋，把所有过往行人都包裹在新的激情似海的氛围里。等我走上地面时，发现平时十分安静的国家广场一带也成了欢乐的海洋，白天静静开过的汽车这时都拉响了鸣笛，司机们在用喇叭说话，这台汽车的喇叭叫一声，那台汽车的喇叭就答一声，不同牌子不同声调的喇叭声你鸣我叫、一问一答，此起彼伏，唱响了天下少有的大地欢歌。路边的行人也笑语盈盈、互谅互让、相亲相爱，为了足球的胜利而优柔宽容。临街的楼上飘着国旗，大街小巷响彻法国国歌。这时我真正感受到，谁不爱自己的祖国？我们中国人爱，人家法国人也爱，只是法国人很会表达激情，会把激情像漫天礼花一样到处释放，中国人却不大会这么做，中国的文化是收敛的。

再过五天，1/4决赛，法国对巴西，法国队又赢了，又让我给赶上了。事先法国人都死盼这场球赛，自信能战胜巴西队。虽然浪漫的法国人遇上了会跳桑巴舞的巴西人，到底会是什么样，只有天知道，但在我看来最好是赢，赢了能把法国人甜死，法国人能上香榭丽舍大街狂欢。果然这回神勇的巴西队碰上了齐达内，连球也不会踢了，足球桑巴舞也不会跳了。当胜利的口哨吹响时，法国人又疯了，沿街的高楼窗口里到处都是法国国旗飘扬，千万人涌向香榭丽舍大街尽情欢乐，他们放焰火、唱国歌、跳拉手舞。地铁里和广场上挤得水泄不通，整个巴黎一夜无眠。

定宜庄说，那时她正好乘船经过塞纳河，还不知法国队是输是赢，当游艇穿过美丽的塞纳桥时，忽然看见桥上伸出无数双手臂向水面行进的游船欢呼，于是她看懂了那是胜利的符号。不久，法国又在半决赛中战胜葡萄牙，锐不可当，似一把尖刀，直逼冠军，齐达内的球王加冕在即，整个法国为之祈祷。

友人金丝燕是出名的女公子，潜心书斋，这时刚从外省开会回来，我有事打电话找她，却想不到她那个溢满书香的家里也坐了好几位法国球迷，正等着看法国对意大利比赛的电视转播，连国旗也提前准备好了。她住一处紧挨索邦大学广场的高楼，可以想象，当三色法国旗飘飘之时，又是一夜喜剧的开始。

7月9日世界杯决赛，法国队对意大利队。之前法国队依然所向披靡，但在加时赛的最后一刻，一向矜持的齐达内忽然以一个万人瞩目的撞人动作被红牌罚下，摘掉了队长的袖标，让所有热爱他的球迷瞠目结舌。当时法国总统希拉克正在看台上观礼，法国足球队教练正在场外运筹最后一步用兵之策，却被这灰色一刻倒转乾坤。在接下来的残酷点球大战中，法国队终以两球之差负于对手，与呼声最高的冠军奖杯擦肩而过。不过事后法国电视台在播报战绩时却称自己是"副冠军",自封二王,仍不失法兰西的骄傲之风。

根据我有限的经验,在这种时刻,难掩悲伤者是球迷。此前,据法国电视一台的转播,下午三点,距本场决赛开始还有4小时,香榭丽舍大街已挤满了小汽车和热情如火的人们。那时我正在地铁里,看见两个法国老太太正往香榭丽舍大街赶路,一人手里拿着法国小国旗,另一人身上披着法国大国旗,嘴里哼哼唧唧,旁若无人。地铁上还有一个法国小女孩,围着一条用法国国旗做成的围巾,左跳右跳,给齐达内喊加油。到比赛开始前,巴黎最大一家拥有电视转播屏幕的运动场已座无虚席,成千上万的市民等在那里盼望一个幸福的时刻。然而,就在这时,齐达内倒了,法国队输了,我能感觉到全巴黎都在哭。法国记者在电视里几乎说了一夜,邀请所有人跟着电视一起倾诉。接下来法国人怎样消化这场失败?怎样谈论失败的英雄?怎样从喜剧转向悲剧?这是我的问题。

以下我讲几个电视镜头,我敢保证它们都不是遴选过的,而是法国电视台一个接着一个地连播的,谁都能看见这些画面。在一个社区里,有十几个法国老太太,摆了一张桌子,桌上有金黄奶油糕点,糕点上用褐色的奶油写着齐达内的名字，四周烛光闪烁，老太太一齐为齐达内起立歌唱，为法国队的下一次征战开始祝福。在香榭丽舍大街，一对对青年情侣为齐达内相拥而泣，流下了比离婚还难受的眼泪。在一所小学校里，满是法国少年，少年的脸上画着法国国旗，从鲜艳油彩里流下了稚嫩的泪水。两位男女记者来到香榭丽舍大街上，男子戴黑框眼镜、西服革履，风度翩翩，与奥斯卡获奖影片《杀死一只知更鸟》中的男演员长相酷似；女子华服盛装，像个电影女明星。估计两人原是为庆祝胜利而登场的，现在却拿着话筒蹲在上万球迷中间，请他们慢慢述说。

问：现在您在想什么？

答：齐达内他一定希望能赢。

问：在比赛转播中，最美的画面是什么？

答：世界杯的全部精彩进球都很美，其实每个队都有最好的球员和技术，发挥得好，都精彩。

问：现在您难过吗？

答：有点悲伤，但也不是太悲伤。法国队毕竟走到了最后，还是胜利了。

问：您怎样看齐达内？

答：他永远是我们心中的球王，感谢他给法国人民带来的巨大欢乐。

现场很多法国人对记者说，比赛结束了，什么都没有了，但却留下了人类的一些美好的东西，人们应该更多地回想那些精彩的事情云云。

午夜过后，黎明将至，法国人用幻灯光在香榭丽舍大街的凯旋门上打出了齐达内的头像和一行字"我们想念你"。在第二天白天和晚上，法国电视台仍然在一次次播放齐达内饰演的老广告，同时又在广告后面追加了一个深蓝底色画面，上面用白字清晰地写着"谢谢你"。

我很偶然地在法国赶上了这场世界杯赛，经历了这个国家的球队从胜利到失败的半数过程，无意中看到了很多从来也没有看过的画面，于是我对法国人陈述喜悲剧的方式产生了求知欲，对这个浪漫民族处理大喜大悲事件的群体能力有了新的认识。我看到，法国不仅在19世纪向人类奉献了巴尔扎克和雨果的悲喜剧，也在21世纪上演了齐达内给足球带来的悲喜剧通俗文化。法国还是一个将经典文学和现代通俗文化的悲喜剧一起消化的国家，我特别对法国人坚持回忆他人美好之处的哲学钦佩不已，老实说，在这种激情与宽容之间，我承认我被法国人的疯和哭都感动了。

中国和法国，一个拥有世界级的儒学传统，一个拥有世界级的艺术才华，相互要学习的东西很多。人们只要生长在这两个国家，就属于这两种不同的伟大文化。足球只不过攫取文化在绿茵场上的挥洒表现而已，它让现代观众在文化最浅的地方看到文化最深的地方。在这个意义上说，足球也值得一看。

高速公路"一棵树"

早上10点，法国朋友如意（Victorie Surio）开车来接我们，稍作小憩，我们上路。如意买了一辆新奔驰，上手就是140脉，特带劲。法国的小汽车走在高速公路上，一路行进全靠路旁的路标指挥，路标的种类特别丰富，除了中国也有的那些交通标志外，还有很多中国没有的标志。我们的车一跑上高速公路，就能在车上能看见一个绿叶黄干的树形标志，如意说，这叫"一棵树"，是这条高速公路公司的名称。而我们中国的高速公路都是按照起始站和终点站的地名起名的，如"京哈"什么的，跟火车、飞机线路的系统命名一样，都是地名志的思路，怎么就没想到给高速公路起个自己品牌的好名字呢？我问如意为什么法国人会有这种思路，经她解释才知道，此路是两年前修成的，原来也有个用地名命名的名字。后来，筑路公司为了让人们记住这条公路的名字，就在路边每隔一段距离种植一排法国人喜欢的树，树有不同品种，如栗子树、梧桐树，每种都栽成一行，整齐地立在路边，每排树前还都立了一块牌子，上面都写了"一棵树"，又在牌子的上面写了这类树种的名称和保护要求，过路司机看了这些树，会因为喜爱树而喜爱这个公司，于是"一棵树"的名字就叫开了。公司也就把利用传统、美化环境、环境保护和打造品牌的四件事都做在一起了，这个思路不错。以后，我和如意一说起这条公路，就说"一棵树"。

　　"一棵树"的环保举动还包括动物。公司在路边设置了一种红三角的标志，在三角形中画了一只动物，大多是一只奔跑的羊。如意告诉我，此指前方路段可能有黄羊或其它动物，提醒司机要小心驾驶，不要伤害这些动物。更有意思的是，"一棵树"还专门给动物修了过街天桥，如意说叫"动物桥"，桥的两侧护栏都是全封闭的，桥身全部涂上了墨绿色，这样利于司机识别，也不至于使动物扭头看见桥下的车流害怕。据说其他高速公路也如此。法国人想事真是想绝了。

"一棵树"与其他高速公路同样设置的路标还有电话标志。在公路每隔不远的区间内，便有一种黄色的SOS电话筒，立在路边，司机从车窗里就能伸手摸到。我说，中国的高速公路也有路边电话，但听说司机好像很少用，一般都用手机联络。如意说，手机的麻烦是必须了解对方的电话号码，但紧急事故是多种多样的，一旦发生事故不知道该找谁时，拨叫SOS电话筒就非常方便，司机只要一按电话筒上的一个红钮，对方马上就接电话，能立刻查出打电话人的所在地点，在听清司机的要求后，对方会迅速派出合适的急救车来营救。我问费用如何解决，如意说，打电话是免费的，但急救部门出车营救是要付费的，交通安全管理部门和司机双方都要履行责任，这是公平的。

法国高速公路的两侧还不时闪现出一些绘画路牌，一般使用咖啡色的温雅色调而图像不同，"一棵树"也如此。我原来以为这些标志不过是旅游景点的导游牌，如意说不是，是公路沿途经过城市的标志，至于该城市使用何种图案做标志，全由他们的市民自己去决定。我看到有的是以古城堡为标志，有的是以花卉为标志，有的是以传统手工艺品为标志,各城各选自己的特色物化对象,作为市标,立在路边供人欣赏。过路司机和乘客坐在车上,便能知道自己经过的地方,还能联想到自己是在哪些城边上游走。如意看到时间来得及,就带我按照一个古城堡的市标,去了一家葡萄种植园的19世纪古城堡,到了那里,我们下车小憩,欣赏这种银白城堡在绿树掩映下的哥特式尖顶,看了周围大片葡萄园的美景,我们照了相,呼吸了从历史里飘来的空气,然后再上车,把所有的疲劳都忘了。

"一棵树"还有不少介绍路况的标牌。但也不是一标了之,而是区别详细,信息齐全。比如,有一种电子信息牌,在车上老远就能看到,上面写了前方的车流状况,也能当时间钟,还会告诉司机一些关怀语,如"请你系好安全带"等。在收费站附近,有一种T字路标,是专为每天走这条高速公路的司机写的,他们可以买一张打折年票,在经过收费站时,不用停车排队交费,便可以长驱驶过,公司已把他们的汽车牌照输入电脑,他们经过时,电脑会迅速扫描识别,然后自动放行。这无疑为司机节省了不少时间。这是"一棵树"公路公司对老顾客的优惠和回报。还有一种事故标志,上面画着一个人形,立在路旁,表示此地曾有致人死亡的交通事故，立一个人形，表示曾死亡一人；立两个人形，表示曾死亡两人。公司以此提醒司机引以为戒。这比写一行字"司机一杯酒，亲人两行泪"的效果要直观得多。我们还遇到个别修路的地段，也都有明显的路障标志，它们不是高擎黄色的排灯远远闪亮，就是用红白相见的方块水泥排成路障，让司机都是从远方即可看见，保证行车安全。

"一棵树"的两边没有任何商业广告，几乎所有的标志都与司机和乘客的安全有关，而且从中能反映法国人的生活传统、文化思想、审美兴趣、农业种植史、城市特色、动物保护观念、环境意识和安全教育等。也可以说，他们这些举措都是在对高速公路"一棵树"的品牌做广告，但又决不是让人感到被商业压头上。这是一种温和的文化渗透。人在高速公路上走，如同在法国的文化里走，这就是法国文化，缩小一点说，是法国的交通文化。

学者的农舍

她是跟我们合作的一位法国女学者，家住巴黎，却又在乡下买了一处房，两边住着，活得很潇洒，人也长得漂亮、穿的标致,会说汉、藏、英、法、拉丁、西班牙等多种语言,工作上是一把好手,身上有不少亮点,但其他法国同行一说起她,都先说她的乡下房子有多少好处,她好像是名将打球,未曾开局就先赢了三分,足见在他们的圈子里买这种乡下房子的价值。

一个下午,我终于去了她的山村,也住了她的房子。此地坐落在法国中部最高的波波内斯山(Montagne Bourbonnaise)内,属于Puy-Guillaune区,村名叫Philibin。我们用了大约五个小时的车程,穿过了九曲山峦和茂密的森林,一路盘旋而上,临渊行驶,真的很惊险,我都有点上飞机的感觉。但山区的风景很美,蓝天、绿树、黄草、红顶房子和白色的羊群,都在车窗上转,人就像走在油画里一样。原来她有一位叔叔住在这里,是名军医,参加过二战,光荣凯旋,后来这片山村就用叔叔的名字命名了一条街。她在叔叔生前经常来探望,在叔叔过世后就买了这里的一处房。这是一座石头小楼,三层,建于1886年,距今已有一百三十年的历史。那时中国的光绪皇帝还在,正统治着一片东方土地的万里江山,他肯定不知道当时的房子后来都叫历史文化遗产,也不知道在历史文化遗产众多的法国,当时还有了最时髦的蒸汽火车、铁路和歌剧院。

她把叔叔的照片挂在小楼走廊的墙上，这位战地医生西服礼帽、戴着眼镜，当年用过的一个红十字药箱摆在紧挨走廊的房间内，让照片上的那双智慧的眼睛随时可以看到。

她把在巴黎家里的旧汽车和破烂家具都搬到村里来了，一高兴就开车到村里住，把自己打扮成农民过日子。她花了小一万欧元买下这栋小楼，另外还有一个水塘，一片碧草和大块森林密布的土地。原来房主的孙子进了城，不想再要爷爷的东西，就把它贱卖了。我对她说："你要当女地主啊！"她说："是农民，我是真正的法国农民。"我想没来过法国的中国人一定不明白她在说什么。

她的邻居全都是山里的农民，他们听见了她的汽车刹车声，知道是她来了，都打开窗或拉开房门，跟她打声招呼，彼此已是老熟人。我随她参观了一个家族，到了一位"家长"的家，也到了家长的几个儿子和女儿的家，他们都有高大的房子和宽敞的院子，院里有盛开的鲜花、成群的鸡鸭，院外还有广袤的土地森林和遍地牛羊。那位家长见了我，端详了一会儿，说笑话："不许拍照。"说完不久，他就带着儿子和孙子来跟我们一起照相，给了我们一个特别的见面礼。我看出他和她的关系很好，才以这种方式接纳了我这个生人。她说，过去在法国乡村，这种大家庭聚族而居的事情很多，家长很有权威，现在法国这种现象少了，像他这种家族已经不多见了。

山里的农民个个都是出色的猎人，家长也不例外，他和孩子们除了种地，还靠打野猪等野兽为生。我看见"家长"的房门上钉了一排排野猪爪，问她是什么意思？她说，这是村里的风俗，表示农民打猎的能力。我看其他农舍的门上也有挂兽爪的，但都没有家长的多，可见家长是这一带最厉害的猎手。后来我还知道，现在山里人打猎和从前打猎已经有所不同了。法国政府为了保护野生动物，维护山区的动植物生态平衡，规定山里人每年每户最多捕猎七只野兽，还规定了捕捉的种类，像野猪。在政府政策之外狩猎会受到严厉的处罚。我看这里天高皇帝远，周围没有什么森林动物管理监督部门，怀疑农民是否会犯规打猎？便问了一户又一户，结果发现本不该问。原来法国政府在制定这些政策之前，已对当地的生活传统做过深入的调查，所以现在的政策是既能保护动物、又能做到不中断山区文化传统的，农民并不以为遵守政府政策有什么特别的不同，他们还是认为是在遵守祖先的规矩。

她还告诉我，家长的父母很穷，1950年代的时候都还住在前面森林里的小木屋里。但家长很能干，到了他这一辈，靠自己奋斗，已经把家庭经济给搞活了。到了60年代，全家已搬出了森林，住进了村子，还买了小型拖拉机。她问我是否愿意看看他现在的家，我表示愿意，于是她就带我参观了他家现在所有的房子和院子。这是我第一次参观法国农民的家，一下子明白了很多事情。原来家长是个保留传统生活方式的人，在他的所有新房子里都能看见过去的文化。在一间木屋里，放着石头砌的老式面包炉，旁边的耳房里放着笨重的铁皮面包炉，家长现在还用这些旧炉子烤面包，他是买得起新面包机的，但他不想这样做。在另一间专用的小屋里，放着一口大锅，是用来加工狗皮的。另外不远的一间房专是杀野猪的宰房。挨着宰房还有一间房子，整个门都是深红色的，房门紧闭，她说，那是专门用来腌野猪肉的房子，别人不许进，村里人都要靠吃野猪肉过冬。在一处有水槽地方，搭了一个牛棚，我探头一望，里面最少有20头牛。在另一片空地上，搁着一架多头犁铧，还有其他各式各样的老式农具都放在旁边，这些老农具在我国二十年前的农村到处都有，现在大概少见了，她问我它们是不是都很好看，我就说好看。

家长还是一个对新生活很有想象力的人。他开办了
两个木头加工厂,每年把从自己森林里淘汰下来的木头锯
成木材,卖给城里人;把剩下的不规则的木头枝杈加工
成木段木块劈柴,分类出售。她在冬天到这里住时,就向
他买劈柴。

家长也是个对性情有节制的人。她说,别看家长脸
红,但从来不喝酒。他心肠好,愿意帮助所有的人。每次
她回巴黎以后,家长就过来帮她看家、锄草,分文不取。

傍晚时分,我和她出去散步,家长的大儿子等在路
口,一定要带我们去看山道边的一个鸟窝,我是第一次看
见安卧在大自然中的鸟窝。鸟窝搭在山坡下的一片裸露
的树丛中,而不是搭在避人耳目的高枝上。这位男子说:
"今年鸟窝搭得低,证明今年山里的天气要变冷。"我意
识到这是山里人独有的气象知识,不会比全球卫星气象
播报系统的精准度差。当时法国已进入盛夏,听说北京
都热到了39度,法国的气温却还很低,我们都穿着毛衣,
对此,气象台解释了各种科学大道理,却都不如眼前这位
山中男子那么自信。他有祖先的点拨,也有鸟群的报信,所
以他有他的准头。她说,他只有一点不像他父亲,就是爱喝

酒，其他都好。

　　夜幕降临后，山村静悄悄，她的乳白色尖顶小楼溶入了深蓝的夜色和墨碧的林色中，变成了隔世的古堡，外面有牛羊声在低徊，像是从遥远时代传来的笛声。家长又带了几个村民来访，让我这个外人连产生寂寞生疏的时间都没有。他们一般晚上都是不出门的，但我认为，家长能看穿我的心，知道我明天要走，希望今夜能与他们多谈谈，就主动过来找我们。让我想不到的是，家长对现代的生产生活方式也有些不满。他认为，现代社会有了高科技的支持，山村的青年农民就开始用先进的远程猎枪和夜视镜打猎，青年人无须花费多大力气，就能在短时间内捕捉到七只野兽，达到指标，然后对外出售。而家长那一代是靠人类观察森林变化的眼睛和世代积累的动物出没经验打猎的，不会伤害幼小的动物，也不会危害稀有物种。这样保证能在繁殖强盛的野兽中选取猎捕对象，还差不多每年正好能打七只，所以狩猎行为的本身就是在维护生态平衡。家长说："现在青年人靠这些技术工具打猎，算什么本事？"这时我已能听懂家长的意思，知道他是在批评现代猎手虽然跟老一辈一样，打到了同样数量的猎物，却伤了老一辈的心。我也明白，这种变迁尽管只限于一个山村，但它的寓意却是普遍的。在全球化和现代化的驱使下，青年猎户开始迷信于超人体能力的武器装备和超传统知识的外来技术，结果丧失了人类对动物的通灵感觉，也放弃了人与自然种群和谐相处的祖传知识，最后终将酿成悲剧，伤及动物世界的自然繁衍，因为动物在夜视镜和远程猎枪之下是无处可逃的。

我是第二天走的，事先去看过家长和别的邻居。我尊敬家长，感谢这位法国女学者，她叫如意（Victore Surio）。

"三家村"

"三家村"，指巴黎圣日耳曼大街得培教堂对面的三家有名的咖啡店和饭馆。第一家叫"花神咖啡馆"，二战后闻名。二战中，法国家庭没暖气，一些学者和作家就到咖啡店里来取暖和写作，存在主义哲学家萨特与其情侣波伏娃在这里度过了漫长的时光，人们也到这里找他们。波伏娃小说里经常出现此店的名字，还有其他一些学者也把这里当作书斋兼会客的场所。我们慕名而入，直奔该店的二层，寻找名店的奥秘。不久发现，此家既吃传统，也还吃名人。他们把菜单印成一本书，封面是店名，封内是萨特名言："通向自由之路。"封二是广告，说自1994年起，此店投资基金6000欧，设立作家工作坊，传承萨特等人开创的传统，获奖者可在一年之内免费每日喝咖啡一杯。广告后面附有近年获奖的作家作品名录，我粗略地看了一下，这些作家的名字可能中国读者不熟悉，但作品的题目还是挺有意思的，值得一提，如《战斗的意义》《男孩、男孩、男孩》等。他们还把这些文章结集成书，陈列在一楼门厅的玻璃橱柜里，以展现此店的文化品位。封底介绍店史，说"花神"一词取自希腊神话花神与风神的爱情故事，现在"花神"成了店里品牌茶叶的名称。然后讲萨特和波伏娃落座写作的往事，讲到中国总理周恩来青年时代留法时，曾来此喝咖啡。我们稍做品尝，便领教了这家店的功夫：所有货品都比外面贵一倍，人家卖的就是牌子。

第二家是"双人像馆"，中国书上译做"双猴"咖啡店，其实不对。我们来此店时，望见大丛盛开的深红色玫瑰花插在花盆里，代主迎客。一层客厅用紫檀色屏风隔成内外间，顾客可任意调整屏风位置。客厅里的所有桌子和L型皮椅都是紫檀色的，与隔板相配。外间陈列了不少画作和照片，看题签可知，经常光顾此店的，有毕加索和海明威，他们当年的座位都是固定的。连去"花神"的萨特和波伏娃也常来这里，现在主人还保留了萨特的专用座位和他当年写作的照片。与"花神"不同的是，此店当年不仅招待了这些名家，还求得了他们的照片和墨宝，包括毕加索的两幅画和海明威与很多作家的合影，店家精心装潢，挂在外间的墙上，让小店生辉。

外间迎面墙上悬挂了两个硕大的古代木雕像，是两个中国人，皆穿清代官服、戴清代官帽，让人感到这里的内蕴更深厚，似与中国清代文化有关联。听店员的介绍才知道，此店原来得名于一家双人像店，当时已有两人雕像，后来才被现在这个店继承下来。我们又问双人像的含义，结果店员的回答让我们吃惊。他告诉我们，这是为了纪念两个远道而来的中国丝绸商人而雕刻的。两人曾在附近卖丝绸，也到此店喝咖啡，在他们身后，原店的老板就用他们的雕像做店标。我猜想二战时许多法国艺术家来此喝咖啡，顺便欣赏双人像，从中获得了许多灵感也说不定。

此店不是仅靠名人吃饭的，人家服务也好，这才是可持续经营的根本。以我要的番茄汁为例，店员不但送来了番茄汁，还赠送了三瓶调料，让我配着喝。调料的种类分别是英国的辣酱、美国的胡椒酱和法国的菜沫盐，我这才知道这是英法人民的一种吃法。店员还送来一小篮饼干和四块巧克力，均为店内自制，让我们免费品尝，我一试果然很可口。此店还办了一个网站，提供顾客查询服务项目和店史资料，这是他们注重文化实力建设之又一例。

第三家是里普饭店，是"三家村"里文化级别最高的资深饭店，被列入了巴黎文化遗产名录。中国书上说这是一种歌舞助兴的酒店，大概是搞错了。它建于清光绪年间，以店主的姓名Leonard Lipp而得名，已有一百二十年的历史。我们从店门前的巴黎文化遗产牌上得知，最初店主是用家乡的一条河Rhin的名字给它取名的，开始店里只有十张大理石桌子和一些简陋至极的造啤酒用具。后来他们创造了一道特色菜，是用白菜做的，类似中国的肘花酸菜，叫choucroute，一下子有名起来。1920年，一个叫Marcelln Cazes的人买下此店，用该店此前已设计好的方式进行了装修，加上经营有方，扩大了经营，使该店发展成一家著名饭店。从此这里名人云集，生意兴隆。20世纪30年代以后，里普饭店由Cazes的儿子Rogar Cazes继承，这位少老板很特别，自己发明了一种密码，发给固定的老主顾，只有这些人才能使用密码进饭店用餐，店主之讲究可知。现在此店门口还写着"不许穿短裤者入内"

这类的规矩，傲慢之风不减。

有一天，我们走进了里普饭店，领略了这家文化遗产饭店的风采。

百余年来，这家贵族饭店的规格被小心地保持着。它始终要求顾客正装进入，因此里面的顾客个个衣冠楚楚。饭店有两层小楼，分两个服务区，一层楼是吸烟区，二层楼是无烟区。门口有两个接待人，都在六七十岁上下，绅士风度、黑西服白衬衣，向来客彬彬有礼地打招呼，引导顾客上楼或下楼。室内空间不大，但欧式高大的窗户窗明几净、地板一尘不染，红木餐桌精致昂贵，红牛皮沙发椅柔软舒适。桌上铺了雪白的桌布，桌布上放了银光闪亮的刀叉。所有店员都是男性，年龄都在40岁以上，面带微笑，能说法语和英语，有一种成熟美。他们都不站在顾客旁边盯人服务，但只要顾客随便递出一个眼神，他们就会马上出现，给你倒酒，帮你照相，替你结账，体贴到位。问他们店史，他们说请看店外的巴黎文化遗产牌，便不再啰嗦，收敛中带着几分自信。

这里的室内墙壁都是按百年前的老图纸设计的，墙上挂着彩釉瓷砖条幅。每个条幅的中间，由金黄和幽蓝相间的方格拼成隔断。与隔断相连的是彩陶画，是由艺术家先画在陶瓷上，再由匠人烧制成壁画，远看像铺在墙上的景泰蓝。画面上有粉色的荷花、洋红的牵牛花、浅蓝叶子和洁白花瓣的兰花，也有碧绿如盖的椰子树。一幅牵牛花的彩陶画还让我想起了中国美丽的牛郎织女传说。每幅画的下面都有装修者的签字，写的是J&B de LA MORINERIE，让人至今还能欣赏他们的伟大创造力。巴黎很多历史建筑上都有建筑师或装潢师留下的名字，据说是一种传统。室内的灯具也很讲究，泛着金光的灯台，托着乳白色郁金香花瓣灯罩的烛灯，华灯初上时，一座座灯盏直如一丛丛盛开的奶油郁金香，在一所古老花园里绽放。据说这种装修是法国古典建筑艺术风格的证明。法国今年夏天很热，里普为顾客安装了空调，这样就方便了穿西服、顶烈日来此用餐的人们，使这里仍能保持穿戴讲究的上流社会传统。饭店也拒绝某种新潮，如他们在一个如花如盖的壁灯下挂了一个小广告，请顾客关掉手机，避免干扰他人用餐。

里普的品牌菜有三种：一是普通的猪肘炖酸菜，一是特色猪肘炖酸菜，一是咖喱猪肉菜，都很好吃，味道大体像中国的猪肉酸菜或东坡肘子，也许早年老板得到了什么中国方子，反正中国人吃了感觉像家乡菜。里普的品牌酒有两种,一种是特制啤酒,一种是特制葡萄酒,都是自产自销,内部供应。店内菜单每月一换。每份菜单都用红框线标出传统特色菜,保证做到菜单换而特色菜不换。

"三家村"的共同特点是设有室外茶点服务,并以程度不同的名气招徕顾客。现在来到这里,还能看见法国人和各国游客在咖啡馆里巡视,看见他们赴约时兴高采烈的情绪表现,看见他们在剧场散场后,哄然而奔夜宵的热闹场面,也能看见店家不断地按市场的变化而变化。在"三家村"中,大有不同的是里普,他们不提供沙拉、咖啡等世界快餐,上的都是名牌大菜,拒绝普通。顾客是不可能在这里要杯咖啡消磨时间的,作家、诗人、画家等中产阶级人物是不可能在这里构思和写作的,因此这里看不见墙上的名人字画和名人的照片。

中国也以美食享誉世界,而且国内的老字号饭店遍布各地,在数量和风格上都胜法餐一筹。然而,能把"吃饭"这件事当作历史文化遗产保护下来并不容易,因为它还要像可物化和非物化的文化遗产一样,具备相当的硬、软件条件,要能达到与世界优秀餐饮场馆比拼和竞争的水平。刚刚提到的法餐历史文化遗产名店里普,就是具备了这些条件才成功的,走进这种饭店,能看见它的古典建筑和装修风格的历史连续性、它的富有传统的品牌食谱、它的稳定优质的特色服务,它的培养文化食客和创造文化史事件的经营理念,以及它把历史传统与现代时尚相结合的市场眼光。在这种名店里,顾客可以说是"吃饭",但也可以说是欣赏"历史"和"今天"。而任何历史上的优点能坚持到今天就是遗产,这难道还用说吗?中华美食不乏文化基础,但要体现历史,变成遗产,还有许多工作要做。以"三家村"为例,对它们的理念和做法,我们就还需要消化,需要时间想想我们该怎么办。

后　记

　　在本书出版之前，作者在中华书局"文史知识文库"系列丛书中还出过另外一本《说话的文化》，那是为《文史知识》的"民俗志"栏目撰写的专稿的结集。本书基本未收入那批文稿。这次主要是按照"编委文丛"确定的新体例，选用了别的文章，编为此册。它们大都是回忆前辈道德文章的旧稿，有的已在《文史知识》上发表过，也有的为《文史知识》所未刊，但它们肯定都不是写"民俗志"的，而是讲为什么要写"民俗志"的。为什么要这样做呢？这是因为本书的出版背景已有所不同，所面向的读者对象也发生了变化，而我认为这是特别需要考虑的。

　　本书构思时，与我在20世纪90年代写"民俗志"的时代已大不相同。现在是21世纪，全球网络互通，博客微信普及。依靠人类生态传承的民俗文化，有的可以推陈出新，有的已不在这个新系统内。不过，我们也还要清醒地看到，文化与信息两者又是不能完全等量齐观的：它们的发展不一定同步，它们的容量不见得对称，它们的价值也不能简单地对等。人类的文化绵长而多元，从历史上流传到今天，皆因其历史传统、社会认同、乡土情感和价值观等方面的特质，联系着本土的国运民心，此即联合国教科文组织21世纪呼吁保护的文化多样性。从物种平衡的角度说，世界上有多少统一性，也就有多少多样性；从火辣滚烫的日常实际说，世界上的文化多样性要大大超过统一性。然而"民俗志"只介绍民俗文化为何物，却不介绍在全球化和网络信息化发达到几乎可以复制一切的今天，为什么还需要保护这类慢工细活的、缓慢生长的、多样性的民俗文化，以及谁来解释和传扬这种文化，这是迫切需要解决的问题。民俗学者以其所从事的专业，需要出面担当。这份担当都包括哪些内容呢？有两个：既要介绍民俗文化，也要站在当代全球化、现代社会转型和网络信息化时代的立场上，去说明怎样正确地理解正在"化"或不"化"的民俗文化，这又是需要经过跨文化比较和专业研究，才能开展说服你我的工作。"民俗志"本身并不能承担这种责任，为此本书改用了新的内容。

本书起名《穿越文化层》，还受到另两位编委的启发：一是王邦维，他的书名叫《感怀集》；一是陈来，他的书名叫《山高水长集》，两人不约而同地都写了回忆前辈泰斗之作。《文史知识》乘祖国改革开放的"天时"，与老一代学者重返讲坛的"地利"，以及我国文化教育大举复兴的"人和"，搭建了成就事业、培养后学、美美与共的大平台，这种意义绝不亚于一份杂志本身，它创造了自20世纪80年代的"文化热"至今的一份重要精神遗产。在我国这个重视整体文化传承的文明古国，这个美丽的故事是需要一直讲下去的，借用一首流行歌词所唱："没有天哪有地，没有地哪有家，没有家哪有你，没有你哪有我？"为此我也想加入他们，为《文史知识》点赞。

我与两位学长不同的是，前辈带我行走于上、中、下三层文化之间，但重点是做中、下层文化研究。这也是一片沃土，前人来得不多，后人一定要多来。《文史知识》的"知识"的概念是整体性的，讲究在各层面上有机联通，构成系统，本书希望能对此有所补充。如果多少还能产生"穿越"的效果，那是再好不过。

再次感谢中华书局创造了这次"有创意"的出版机会！

一并感谢责任编辑陈若一付出的大量辛劳。

董晓萍

2015年2月25日初稿

2016年2月25日改定